本书是 2019 年度国家社科基金重大项目"宋元明清文献字用研究"
（项目批准号 :19ZDA315）阶段性成果

出土文献与中国文学研究丛书

陈良武　主编

碑刻文献校读考辨

杨继光◎著

社会科学文献出版社
SOCIAL SCIENCES ACADEMIC PRESS (CHINA)

作 者 简 介

　　杨继光，文学博士，三级教授，硕士研究生导师。闽南师范大学学术委员会委员，闽南师范大学汉语言文字学、语言学及应用语言学学位点负责人，中国训诂学研究会会员，福建省辞书学会理事。主要从事汉语词汇学、俗字学、校勘学研究，先后主持国家社科基金一般项目、重大项目子课题，教育部人文社科研究一般项目、青年项目，福建省哲学社会科学规划青年项目等科研项目，出版学术专著2部，在《古汉语研究》《汉语史学报》《古籍研究》《中国农史》《励耘语言学刊》等刊物发表学术文章百余篇。

内 容 简 介

　　本书主要以《河南散存散见及新获汉唐碑志整理研究》《西南大学新藏墓志集释》《台湾南部碑文集成》《台湾中部碑文集成》《新出宋代墓志碑刻辑录·南宋卷》等材料为研究对象，运用传统的训诂学、词汇学、校勘学方法，利用汉语俗字理论和俗变规律，对其中的字形释读和校注问题提出自己的看法，对碑刻中的一些词语进行了考释，尤其抉发了部分较为重要的典故词语，有助于墓志碑刻文献的解读和研究，亦对语文字典辞书编纂有所裨益。

总　序

　　闽南师范大学文学院的"出土文献与中国文学研究丛书"即将付梓，嘱予为之序。看着这沉甸甸的十部著作，回忆起多年来文学院的教师们在这一学科领域中所付出的巨大精力与艰辛，我不由得心潮澎湃。

　　出土文献与中国文学研究，是中国文学史研究中极具前沿性的研究方向。常言道，"十年磨一剑"，这十部著作，正展示了闽南师范大学文学院近十年来在该研究领域中所取得的丰硕成果。其中，有多项是国家社科基金和教育部规划项目的结项成果，已经获得有关鉴定专家的好评；一批相关论文也已在报刊公开发表，在一定程度上填补了相关领域空白，拓展了研究的思路。

　　20 年前，闽南师大文学院（当时是漳州师范学院中文系）在讨论学科的重点研究方向时，便将出土文献与中国文学研究确定为古典文学研究的重点方向，以提高古代文学师资队伍质量，也用以培养硕士研究生对这一研究领域的关注和兴趣。虽然说当时系里的师资力量并不雄厚，但是并没有人对此提出异议。报送福建省教育厅后，教育厅十分支持，立即将我校这一课题列为省古代文学的重点研究方向。2005 年，教育部对我们申报的课题"出土文献与中国文学史研究"予以批准立项，给我们很大的鼓励，也成了我们第一阶段工作的起点。我在《出土文献与中国文学史研究（先秦卷）》（2011 年版）的后记中有这样一段话：

　　　　感谢教育部对这项课题的支持与资助。从 2005 年教育部立项后，我们立即组织漳州师范学院古典文学教研室的老师投入这一课题的研究，希望能够尽快拿出成果来。但是这毕竟是一个比较新的研究课题，而且应当承认我们这支队伍中的多数人原先接触这方面的材料也很有限，更遑论自己进行研究了。然而，仅仅综述前人的研究成果意义虽有，但并不很大。因此，我们在组织队伍并进行分工时，就要求大家一要熟悉相关内容，熟悉前人的研究成果，掌握最新资料；二要投入研究，以自己的研究成果来补充和加强、加深研究工作的进展，应能提出本专题在未来研究中具有前瞻性的问题。我们不仅是为完成课题而开展研究，更希望在这一工作进行的过程中，培养和锻炼出一支能够熟悉并从事这一领域研究的队伍来。因此，我们的这一部书，既有各专题研究状况的综述，又有各自作为支撑的研究成果。应当讲，我们的目的已经初步达到。

2008 年，我们的课题已经取得阶段性的成果。为了推进这一领域的研究，也考虑到距离 1999 年"出土文献与中国文学研究学术研讨会"已过九年，我向学校提出，由我校组织召开第二届全国出土文献与中国文学史研究学术研讨会。这个建议当即得到校领导特别是老校长林继中先生的支持，古代文学教研室的教师大多撰写了相关研究领域的论文。会议召开时，省外也来了不少学者，本次会议达到了我们预期的效果。不久，我们出版了会议论文集，也相应加快了课题的研究进度。

2010 年，我们的课题如期结项，并于 2011 年正式出版了先秦卷。这样，加上此前出版的《出土文献与〈楚辞·九歌〉》《汉魏晋南北朝诔碑文研究》，我们已经有了四部出土文献与中国文学史研究的著作，可以开始考虑第二个十年的工作计划了。

特别值得高兴的是，我们第二届会议的召开，确实起到了二传手的作用，高校的古代文学界被触动了。我们的会议开完不久，山东济南大学蔡先金副校长和张兵主任与我们联系，讨论共同推进在高校古代文学研究中重视出土文献研究的工作。蔡先金副校长告诉我们，他们准备召开第三届出土文献会议，届时邀请我们参加。此后，济南大学成立了"出土文献与中国文学研究中心"（2010），并一鼓作气连续举办了第三届（2012）、第四届（2014）出土文献与中国文学史研究学术研讨会，进一步起到了扩大宣传的作用。

　　闽南师范大学文学院从第二个十年开始，就向更高的目标冲击。2013年，黄金明老师的"出土文献与秦汉魏晋南北朝文学研究"获得国家社科基金项目立项。2014 年，陈良武老师的"百年来出土文献与中国文学史研究史论"获得国家社科基金项目立项。要完成这两个课题，如果过去没有一定的积累，是很不容易的。金明得益于自己前期的诔碑文研究的成果积累，而良武得益于在"先秦卷"中承担了大量的工作。因为当时我承担的任务太多，同学们在背后叫我"汤总"，意思是什么事都管。陈良武和郭常斐在"先秦卷"中协助我做了许多工作。

　　与此同时，我拉着王朝华老师一起来完成中华书局约好的《老子》"三全本"的撰写任务。我也是从"先秦卷"中发现朝华具有比较强的思辨能力。在《老子》"三全本"撰写过程中，我们毫无异议要认真研究最新出土的各种文献资料，尤其是帛书《老子》和北大简《老子》。2014 年7 月《老子》"三全本"如期出版，得到了专家和读者的一致好评，迄今已发行几十万册。前年已签订版权转让合同，入选国家对外学术交流的"大中华文库"。2020 年，商务印书馆又出版了现代阐释本《老子》。本丛书所收的王朝华老师的《出土简帛与先秦两汉典籍专题研究》应能体现出其行文的风格。

　　尤其值得一提的是，本丛书收入了五位年轻学者的几部专著。这些专著中有四部多是从文字学的角度，结合出土文献，对许多问题作出新的阐释，让人有耳目一新之感。"第八届出土文献与中国文学研究学术研讨会"由复旦大学出土文献与古文字研究中心承办，我当时就特别高兴。在致辞中，我说"这是一次突破"。因为准确释读古文字，是研究出土文献的基础。以前，每一期的《古文字研究》我都是要看的，网上一些重要的相关信息我也十分关注。不仅文字学，考古学动态也非常需要了解。以前《考古》《文物》《中原文物》《江汉考古》等重要的考古学杂志，我也是每期必读的。不同学科相互联系的重要性，我就不必多说了。

　　本丛书还有一部我校 2016 年举办的"第五届出土文献与中国文学史研究学术研讨会"的论文集。六年前开的会，现在出论文集，是迟了一些，但论文集中许多学者的真知卓见是不会过时的。第五届会议上，来自全国各地高校的学者特别多，他们对于我校一连获得两个关于出土文献的国家社科基金项目深感惊讶。我校不仅有在校生提交了这方面的研究论文，也有已毕业的学生带着他们的研究成果返校来参加本次会议，大家都认为我校在这一研究领域成果确实喜人。第五届会议之后，黄金明、陈良武、蔡树才等的国家社科基金项目先后顺利结项，其成果已纳入本丛书中。嗣后，本丛书中的作者又先后获得"《诗经》学出土文献汇辑汇校集释与《诗经》学专题研究"（陈良武，2022）、"出土文献视域下的《老子》字义诠释和文本整理"（吴文文，2022）、"出土战国叙事文献整理与研究"（蔡树才，2021）等几项国家社科基金项目，显现出我校在此领域研究中良好的发展态势。

2022年，经过努力，酝酿多年的"出土文献与中国文学暨文化研究中心"获准成立。中心将继续聚焦出土文献，开展出土文献与古代文学暨文化的研究，开展中华文化元典的整理、阐释、现代转化及普及工作。陈良武为中心负责人，本丛书即由其策划、主编。本辑丛书包括的十部著作具体书目胪列如下（按作者姓名拼音排序）

蔡树才：《出土简帛与东周文学考论》（2015年度国家社科基金项目成果）

陈练军：《居延汉简词汇的历史语用研究》

陈良武：《百年来出土文献与中国文学史研究史论》（2014年度国家社科基金项目成果）

何家兴：《新出文献文本释读与文学研究》

黄金明：《出土文献与秦汉魏晋南北朝文学研究》（2013年度国家社科基金项目成果）

黄金明、陈良武主编《出土文献与中国文学暨文化研究论稿》（第五届出土文献与中国文学史研究会议论文集）

贾燕子：《甲骨文文字分类解析》

王朝华：《出土简帛与先秦两汉典籍专题研究》

吴文文：《北大汉简老子研究》（2014 年度教育部人文社会科学研究青年基金项目成果）

杨继光：《碑刻文献校读考辨》

我衷心祝贺本丛书早日问世，并期待"出土文献与中国文学暨文化研究中心"后续更多成果的出现。是为序。

汤漳平

2022 年 11 月 12 日

序

    杨继光教授的大作《碑刻文献校读考辨》即将付梓，要我写几句话。

    碑刻为金石学的一个重要组成部分，自宋代欧阳修、赵明诚以来，治金石之学者甚众。历代墓志碑刻之所以为学界关注和重视，至少出于这些方面的价值：一是墓志碑刻作为出土文献材料，反映了刻碑志时真实的时代面貌，包括当时社会字词使用的实际状况——没有经过后人的改动；二是墓志碑刻内容丰富，"迹其囊括包举，靡所不备，凡经史小学，暨于山经地志、丛书别集，皆当参稽会萃，核其异同而审其详略"（王昶《金石萃编序》语）。碑志内容包括经史子集，蕴含官制兵制历史，可以证史补缺，帮助了解山川风物、人文地理变迁，补充人物传记材料，等等。碑志材料对书法学、语言文字学、史学、文学、哲学、宗教学、民俗学等众多学科的研究均有助益，利用价值极高。因此，学界对墓志碑刻的整理和研究也颇为重视。今天的研究者基本上是从小以规范语言文字为教材养成读古书文本的习惯的，如果历代墓志碑刻文献均是用典范的正字（即规范字）书写，则阅读和研究这些文献会比较容易一些，但是墓志碑刻文献有一些特殊性，我们面对这些墓志碑刻拓片，发现文本中夹杂有大量的俗写。整理和研究者最好有一些汉语俗字学的理论知识，这样就能减少一些文本解读错误。当然，也有不少拓片本身漫漶不清，给释录文字增加了不少困难。

    杨继光教授主要以《河南散存散见及新获汉唐碑志整理研究》《西南大学新藏墓志集释》《台湾南部碑文集成》《台湾中部碑文集成》《新出宋代墓志碑刻辑录·南宋卷》等墓志碑刻材料为研究对象，对其中的字形释读和校勘问题提出自己的看法，对碑刻的一些词语进行了考释。我粗读其文一过，觉得书中有不少独到见解，值得学界参考。我约略谈以下几点印象。

其一，以朴素的传统训诂学的方法，释读碑刻中的一些疑难字词问题。继光年轻时跟随我攻读硕士学位，学习训诂学。他学习勤奋，好以传统训释方法研读古籍，每有所得；时至今日，研究方法已经多元，他依旧坚持以老办法抽绎古籍文句，排比归纳，下己断语。读者初翻其书章节，形式上可能会觉得中规中矩，非常朴实，章节安排甚至比较老套。但如果细细品读每条考辨，还是很容易发现有作者自己的心得，于平淡之中体现创新。如魏元广墓志："皇上悼怀，僚𠬢叹惜。"从字形上看，"𠬢"确实像"及"字，但根据辞例，无疑解读为"僚友"是正确的，作者指出北魏元遥墓志"友"字字形与此相同。"友"的俗写往往会右侧多一点，如柳公权书《玄秘塔碑》："宪宗皇帝数幸其寺，待之若宾𠬻。"由"𠬻"讹变为上揭字形。墓志文字的解读，不能仅仅满足于字形相似，如果辞例读不通，文字释录就有可能是错误的。书中有许多地方在依据字形的基础上，又读通辞例，足见其功力。如《大周故银青光禄大夫行笼州刺史上柱国燕郡开国公屈突府君（诠）墓志铭》"嘗时钟磬，此日旌轩"，作者谓"嘗时"不辞，当释读作"當时"；《大唐故冠军大将军史北勒墓志》的"树剑良朋，悲深吴礼"，"吴礼"当作"吴札"；宋李惟肖夫人熊氏墓志的"夫人若节来归"，"若节"当作"苦节"；金王琳墓志"吾兄与母，想朝夕西望，早蒙贲发，愿减其数之半"，作者谓"贲发"不辞，当释读作"贲发"。这些结论是可信的。

其二，有效利用汉语俗字方面的理论和俗变规律。虽然此书没有具体章节专门介绍汉语俗字研究方面的理论和方法，但我们在许多条目中可以看出作者熟练运用俗字方面的规律，解决碑志字词上的疑难问题，用得非常纯熟。如作者指出北魏辛穆墓志铭的"痛迎市廛，悲深黄屋"，"迎"当作"匝"，"莛"当释读为"筵"；"𠁣"兼为"凡""瓦"二字的俗字，东魏尧奋墓志中"振𠁣啼猿"之"𠁣"字当释读为"瓦"字，而非释文所谓"凡"字；隋韩恒贵墓志中"倍卫畫室"的"畫"是"畫"的俗字，而非释文所谓的"盡"字；唐崔暄夫人王媛墓志中"精阴阳历𤍠之术"的"箕"是"筭"的俗字,而非释文所谓"美"字;宋汤之尹墓志中"轻刑薄赋"的"轻"为"轻"字的俗写,而非释文所谓"轾"字,"轻"亦见于敦煌文献及明清小说。这些论断都是正确的,在俗字解读方面多可信从。

其三,对典故词语的考释颇见功力,既有理论价值,也有实用价值。由于关注焦点的差异,典故词语在生成过程中有一定的随意性,所以常见同一个典故生成多个典故词。墓志碑刻文献喜用典故,考察典故词语,对于文献释读和辞书编纂非常重要。作者常在把握语境、排比文例的基础上,指正释文中的文字、标点或注解错误。如作者认为北齐张宗宪墓志释文中"裁芙锦"不辞,所谓"芙"字,原拓作"芙",此形兼表"芙""美"二字,墓志中当释读为"美"字。"裁美锦"为用典,典出《左传·襄公三十一年》,后用以比喻为官治邑。此典又作"裂美锦""割美锦",又省作"裁锦""制锦"。又如作者考释"八子"又为"八龙"的别称,指东汉荀淑八子,可为语文辞书及典故辞典补充新义。在此基础上,指出北齐魏神墓志"冠盖接辙,真等八子之芦"中的"芦"当为"庐"的同音误字,与碑文前文"字"字互文同义。又如唐李德墓志:"夫人张氏、王氏,七篇分春,四德早璋。"编者注"七篇"为"佛教术语,即七种罪聚"云云,作者认为求之过深而未得确诂,"七篇"实指东汉才女班昭所作《女诫》七篇。此说可信,且可为语文辞书"七篇"条增加新义。

其四,此书对墓志碑刻的解读有帮助。书中对碑志文字的解读,都是在核对原始碑志拓片基础上进行的,虽然方法朴素,但通过一个个具体的字词条目的实例,帮助读者领悟到正确释读墓志碑刻文献应该坚持什么样的方法和原则。

如果要给此书提点更高的要求,我觉得有的词语考释还可以从更广泛的视角来探讨,增加一些理据上的分析,提升理论层次的思考。如书中谈及"大壤"一词,新出宋代张念妻倪氏墓志:"恭勤治生,致家大壤。"谓"大壤"同"大穰"是可从的。"壤""穰"都是丰、多的意思,"致家大壤"相当于治家大富。佛经中有例子,《大正藏》本《大方便佛报恩经》卷一:"尔时,波罗奈大王聪睿仁贤,常以正法治国,不枉人民。惟王福德力故，风雨时节，五谷丰熟，人民优壤。"同前卷三："天神欢喜，风雨以时，人民丰壤炽盛。"《杂宝藏经》卷六："时彼俗法，绕藉右旋，施设饮食，以求丰壤，若左旋者，以为不吉。"《大方等无想经》卷二："若遭饥荒，谷米勇贵，读诵是经，则得丰壤。"从以上例子看，"壤"有丰、多的意思。《史记·货殖列传》："天下熙熙，皆为利来；天下壤壤，皆为利往。""壤壤"谓人众多貌。日本泷川资言《史记会注考证》："《盐铁论·毁学篇》引《司马子》'壤'作'穰'。壤、穰通。"当然，碑志中有些字词的解读可能会见仁见智。对书中的个别字条也许读者会有不同的理解，这都是正常的。我们都是在不断学习中进步的，相信继光在学问上一定会继续勇猛精进，取得更大的成绩。

略缀数语，是为序。

曾　良

2023 年 6 月 2 日于合肥

撰写体例

一，各条一般先征引所要考辨原释文，并括注所在原书页码和对应的拓片行数（以"/"区隔），然后考订疑误或加以申说。第四章因为原拓与释文在不同分册中，一并注明所用拓片信息。

二，文中称引相关碑刻文献时，仅对称引的志石首题即原题加书名号，对于一切"姓氏＋墓志"类简称标题不使用书名号。

三，为保持材料的真实性，原文标点符号错误一仍其旧。需要使用繁体字或异体字方能说明字际关系的地方，则直接使用繁体字或异体字。

四，本书论证时所征引的文献资料，凡引自通行本传世文献的，或由中华石刻数据库等可以检索获取的（有该网站著录的完整标题），均不出注，仅对出自特殊版本的传世文献或由学者研究著作披露尚未正式公布等不易获取的碑刻文献注明来源，以免繁冗。

五，本书解释词义所依据的《汉语大词典》均为罗竹风主编版本，《辞源》一般使用第三版，其他文献信息详见文后参考文献。

目　录

第一章　《河南散存散见及新获汉唐碑志整理研究》再整理 ················· 1

第一节　文字误认 ·························· 1

第二节　文字失校 ·························· 25

第三节　文字误改 ·························· 28

第四节　注释不确 ·························· 29

第五节　标点不当 ·························· 30

第六节　墓志词语的辞书学价值 ·················· 36

第二章　《西南大学新藏墓志集释》补正及语言学价值探讨 ········· 39

第一节　文字问题 ·························· 39

一　不辨俗字而误释 ······················ 39

二　不辨形讹字而失校 ····················· 42

三　不辨同形字而误释 ····················· 45

四　误释形近字 ························· 49

五　同音、近音误字失校或误校 ················ 67

六　字际关系未阐明或解说不当 ················ 73

第二节　注解问题 ·························· 80

一　不明词义而误注 ······················ 80

二　典故失注或注释不当 ···················· 83

第三节　标点商榷 ·························· 90

第四节　其他问题 ·························· 104

一　原碑或释文脱字 ………………………………… 104

二　不识重文符号而阙录 …………………………… 106

三　解题信息有误 …………………………………… 107

四　残泐字可据典故知识隶定 ……………………… 107

第五节　词汇学与辞书学价值 ……………………… 108

一　增补词语义项或增加成词 ……………………… 108

二　为辞书补充书证 ………………………………… 124

三　将辞书始见例时间提前 ………………………… 129

附：词条待质录 …………………………………… 134

第三章　台湾碑文勘误与语料价值 ………………… 136

第一节　《台湾南部碑文集成》（上）校读札记 …… 137

一　文字校理 ………………………………………… 137

二　标点商榷 ………………………………………… 153

三　字词考释 ………………………………………… 154

第二节　《台湾南部碑文集成》（下）校读札记 …… 155

一　文字讹误 ………………………………………… 155

二　脱文、衍文、倒文 ……………………………… 163

三　标点问题 ………………………………………… 165

四　对于辞书研究的价值 …………………………… 166

第三节　《台湾中部碑文集成》校读札记 ………… 169

一　文字校理 ………………………………………… 170

二　标点、语序、词语校理 ………………………… 172

三　词语考释 ………………………………………… 173

第四章　《新出宋代墓志碑刻辑录·南宋卷》校读与文献价值探讨

…………………………………………………… 174

第一节　释文校勘 …………………………………… 174

　　　　一　标点商榷 ……………………………………………………… 174

　　　　二　文字校理 ……………………………………………………… 175

　　第二节　词语考释 ……………………………………………………… 186

　　　　一　考释辞书未收词目 ……………………………………………… 186

　　　　二　增补辞书未收的义项 …………………………………………… 201

　　第三节　补充辞书书证 ………………………………………………… 207

　　　　一　为无证或孤证条目补充书证 …………………………………… 207

　　　　二　将始见例的时代提前 …………………………………………… 215

　　　　三　补充所缺后期书证 ……………………………………………… 218

附　录　《韩忠武王祠墓志》文字校勘商兑 …………………………… 220

主要参考文献 …………………………………………………………… 222

后　记 …………………………………………………………………… 250

第一章　《河南散存散见及新获汉唐碑志整理研究》再整理

河南省历史悠久，人文荟萃，向来是我国的文献之邦。历代许多名门望族或普通百姓埋葬在河南这块热土上，由此产生了大量的墓志碑刻文献。陈朝云先生在长期走访、广泛搜集的基础上，著成《河南散存散见及新获汉唐碑志整理研究》①　一书，共收录了河南省内目前散存野外和各地文物管理单位或私人收藏家的汉唐时期18通碑碣及157方墓志。书中有较多属首次刊布的录文及拓本资料，图片像素较高，文字清晰，编者对碑志铭文的迻录与考释基本精准，大大便利了学界对这些文献资料的使用和研究。但智者千虑，难免有失，我们运用拓片仔细研读，受益良多，同时也发现该书尚有多处录文、注释及标点可商榷，影响到研究者对材料的使用和进一步研究。今不揣谫陋，将该书中存在的问题总结为文字误认、文字失校、文字误改、注释不确、标点不当等五个方面，并进行校补，以就教于方家。最后，以汉唐碑志中的几个词语为例，揭示碑志材料的辞书学价值。

第一节　文字误认

所谓文字误认，是指原碑本作此字，不误；而编者误认作彼字，反误。《河南散存散见及新获汉唐碑志整理研究》一书中，文字误认的情况较多。

---

① 陈朝云：《河南散存散见及新获汉唐碑志整理研究》，科学出版社，2019。

1.《北魏韩小文造像碑》："其父子兄弟合家等，玄心道原，志崇清远，殊形共气，敬造石像一坬，画饬□□，神颜晖赫，零容澄湛，再迬修管，三春乃讫。"（105/5-7）

按："画饬"扞格难通。饬，拓片作"餝"，当隶定作"餝"，是"饰"的俗字。《玉篇·食部》："餝，同饰，俗。"汉魏以后墓志碑刻常见，例不赘。画饰，义为彩画装饰。《隋书·礼仪志三》："辎车……七品已上油幰，施襈，两箱画云气，垂四旒苏。八品已下，达于庶人，鳖甲车，无幰襈旒苏画饰。"

2.《魏故宁远将军洛州刺史元公（广）之墓志》："春秋五十，熙平元年岁次丙申八月乙未朔廿二日丙辰薨于第。皇上悼怀，僚及叹惜。"（142/10-11）

按："僚及"不辞。及，拓片作"友"，当隶定作"友"。该书所收北魏元遥墓志中"友"字（147/3）[①] 字形相同。僚友指同官的人。《礼记·曲礼上》："夫为人子者，三赐不及车马，故州闾乡党称其孝也，兄弟亲戚称其慈也，僚友称其弟也，执友称其仁也，交游称其信也。"东汉郑玄注："僚友，官同者。执友，志同者。"《南齐书·谢朓传》："子隆在荆州，好辞赋，数集僚友。"

3.《魏故平南将军使持节豫州刺史兰陵郡开国公裴君（谭）墓志》："龙辀俨乘，素幙寒虚。"（153/17）

按："素幙"扞格难通。幙，拓片作"幙"，当隶定作"幙"，"幕"的异体字。唐代俗写巾、忄二旁相混不别。[②]

4.《魏故假节辅国将军东豫州刺史元公（显魏）墓志铭》："沃若方骋，羊角初搏。"（155/14）

---

① 为覆核原拓，此处所注系拓片所在原书页码及误字所在行数，以便直接翻检。下同者不烦详注。

② 曾良：《俗字及古籍文字通例研究》，百花洲文艺出版社，2006，第66页。

按：搏，拓片作"搏"，当隶定作"搏"。"搏"指鸟类向高空盘旋飞翔，"羊角"指旋风，"搏羊角"典出《庄子·逍遥游》："搏扶摇羊角而上者九万里。"唐成玄英疏："旋风曲戾，犹如羊角。"该书《大隋使持节上开府仪同三司荆州总管上明恭公杨使君（纪）之墓志》："翩端初矫，便有搏风之势。"（206/7）《唐故正议大夫守太子宾客上柱国赐紫金鱼袋赠工部尚书范阳卢府君（士玫）墓志铭》："鹏搏扶摇，河出昆仑。"（396/34）其中两个"搏"字，拓片亦作"搏"。

5.《魏故持节都督秦州诸军事平西将军秦州刺史孝王（宝月）墓志并铭》："骥局未遏，长途已憩。为山非止，如何篑覆。"（158/27-28）

按：上揭文字有两处讹误。其一，局，拓片作"跼"，当隶定作"跼"，指马行不进。《西京杂记》卷四："滕公驾至东都门，马鸣，跼不肯前。"南朝齐谢朓《白马篇》之一："骥子跼且鸣，铁阵与云平。"其二，篑，拓片作"篑"，当隶定作"篑"，指盛土的竹筐。《尚书·旅獒》："为山九仞，功亏一篑。"晋陆机《豪士赋》序："一篑之衅，积成山岳。"清朱彝尊《折桂令》曲："归去来休，二顷秋田，一篑糟丘。"上引二句分别用骏马不进未能致远、为山未止而土筐倾覆比喻人中途逝世。

6.《魏故持节后将军幽州刺史贞简辛侯（穆）墓志铭》："萧条乐古，恬淡寡欲，案积图篇，莚无绮玩。"（169/7-8）

按："莚"字于义无取，编者误认文字。录文所谓"莚"字，拓片实作"筵"，当隶定作"筵"，指坐席。俗写艹、竹二旁往往相混。此字《北魏辛穆墓志铭考释》一文亦错误隶定为"莚"。[1]

7.《魏故持节后将军幽州刺史贞简辛侯（穆）墓志铭》："春秋七十有七，以孝昌三年五月五日薨于位。痛迎市廛，悲深黄屋。"（169/19-20）

按："痛迎市廛"扞格难通，当有误字。录文所谓"迎"字，拓片实

---

① 何俊芳：《北魏辛穆墓志铭考释》，《洛阳理工学院学报》2011年第1期，第79页。

作""，当隶定作"迊"，为"匝"的碑别字。此字《北魏辛穆墓志铭考释》一文亦错误隶定为"迎"。① 此处"匝"义为"满；遍"，如南朝梁沈约《三月三日率尔成篇》诗："花开已匝树，流嘤复满枝。"唐来鹄《卖花谣》："紫艳红苞价不同，匝街罗列起香风。""辶"旁俗写作"辶"，古籍中经见，如《艺文类聚》卷三十《人部》十四"别下"引梁江淹《去故乡赋》："穷阴迊海，平芜带天。"② 碑刻文献中亦屡见不鲜。③

以上""""二字，虽然《河南散存散见及新获汉唐碑志整理研究》编者因俗写字形错误隶定，然杨宁《近五年（2008-2012）新见汉魏六朝石刻搜集与整理》、徐梅《〈秦晋豫新出墓志蒐佚续编〉（汉魏六朝部分）字词专题研究》皆正确释录""作"筵"、""作"匝"。④

8. 《魏故始平王（元子正）墓志铭》："器字渊凝，风神颖发。"（176/8）

按："器字渊凝"扞格难通。字，拓片作""，当隶定作"宇"。器宇，指度量、胸怀。《三国志·吴书·薛莹传》"著书八篇，名曰《新议》"，南朝宋裴松之注引晋王隐《晋书》："莹子兼，字令长，清素有器宇，资望故如上国，不似吴人。"唐王勃《秋日饯别序》："论其器宇，沧海添江汉之波。"

9. 《魏故使持节侍中太保司徒公都督冀定沧瀛四州诸军事骠骑大将军冀州刺史平原武昭王（元祉）墓铭》："是以顿日秋冈，遨清风以遣累；鸣丝赴涧，委长鑿以祛尘。"（182/12-13）

按：上揭释文有两处讹误。其一，"遨清风"不辞。遨，拓片作

① 何俊芳：《北魏辛穆墓志铭考释》，《洛阳理工学院学报》2011年第1期，第79页。
② （唐）欧阳询撰，汪绍楹校《艺文类聚》，上海古籍出版社，1982，第530页。
③ 参毛远明《汉魏六朝碑刻异体字研究》，商务印书馆，2012，第205页。
④ 杨宁：《近五年（2008-2012）新见汉魏六朝石刻搜集与整理》，西南大学硕士学位论文，2014，第59页；徐梅：《〈秦晋豫新出墓志蒐佚续编〉（汉魏六朝部分）字词专题研究》，西南大学硕士学位论文，2017，第29、158页。

"**⿱⿰⿱**"，当隶定作"邀"。"敫""敖"二旁形近相混，且据文例，"邀清风""委长壑"相对成文。三国魏曹植《斗鸡篇》："挥羽邀清风，悍目发朱光。"其二，"鸣丝"不辞。鸣，拓片作"**鳴**"，当隶定作"鸣"。"鸣丝"指琴瑟等弦乐器。唐李白《邯郸南亭观妓》诗："歌鼓燕赵儿，魏姝弄鸣丝。"宋梅尧臣《次韵和长吉上人淮甸相遇》："横琴乃玄悟，岂必弄鸣丝。"上揭二字《北魏元祉墓志考释》释录不误。①

10.《魏故使持节侍中太保司徒公都督冀定沧瀛四州诸军事骠骑大将军冀州刺史平原武昭王（元祉）墓铭》："左琴右书，超然烟霞之际；表里无尘，自得匈衿之娱。"（183/34—35）

按："表裹无尘"扞格难通。裹，拓片作"**裏**"，其中从"里"，当隶定作"裏"。"表里无尘"指天下安定。《魏书·蒙逊传》："赖宗庙灵长，将士宣力，克翦凶渠，震服强犷，四方渐泰，表里无尘。"此处《北魏元祉墓志考释》释录不误。②

11.《齐哀世子（元德）之墓志》："方嘗简在帝心，式縻好爵，岂谓福善无验，祸仁忽微。"（198/9—10）

按："方嘗"扞格难通。嘗，拓片作"**當**"，当隶定作"當"，俗体"當"其下从日。本碑中"福"字，拓片作"**福**"，其右下部件亦从日，可资参证。方当，犹将要、会当。《后汉书·方术传上·杨由》："又有风吹削哺，太守以问由。由对曰：'方当有荐木实者，其色黄赤。'顷之，五官掾献橘数包。"《晋书·甘卓传》："使大将军胜，方当崇将军以方面之重；如其不胜，朝廷必以将军代之。""當"之碑别字下部从日，又见于北魏《元隐墓志》、东魏《崔混墓志》等。③

12.《隋故开府长兼行参军安君（备）墓志铭》："但事与愿远，遇周

① 吴业恒：《北魏元祉墓志考释》，《洛阳考古》2017年第4期，第67页。
② 吴业恒：《北魏元祉墓志考释》，《洛阳考古》2017年第4期，第68页。
③ 毛远明：《汉魏六朝碑刻异体字典》，中华书局，2014，第147页。

统者，许昌失宠，归于廉之第。"（201/10-11）

按：远，拓片作""，当隶定作"违"，俗体。此字《洛阳新出土隋〈安备墓志〉考释》亦误录作"远"。① 者，拓片作""，当隶定作"齐"，俗体。《洛阳新出土隋〈安备墓志〉考释》正释作"齐"，不误。"周统齐"指北周灭北齐，统一北方。

13.《大隋使持节上开府仪同三司荆州总管上明恭公杨使君（纪）之墓志》："高掌极天，长河带地。"（206/2）

按："高掌极天"扞格难通。掌，拓片作""，当隶定作"峯"。唐《相州张士高墓志铭》有"高峰极天，长□带地"。

14.《大隋使持节上开府仪同三司荆州总管上明恭公杨使君（纪）之墓志》："但汉池襟带，荆门遐阻，表裹山川，一都之会，俞往之命，非才勿居。"（206/15-16）

按："表裹山川"扞格难通。裹，拓片作""，其中从"里"，当隶定作"裏"。"表里山川"指内有高山，外有大河。形容地势极其险要。典出《左传·僖公二十八年》："子犯曰：'战也！战而捷，必得诸侯。若其不捷，表里山河，必无害也。'"晋杜预注："晋国外河而内山。"《晋书·杜预传》："又巴丘湖，沅湘之会，表里山川，实为险固，荆蛮之所恃也。"《宋史·南汉刘氏列传》："且足下以英明之姿抚百越之众，北距五岭，南负重溟，籍累世之基，有及民之泽，众数十万，表里山川，此足下所以慨然而自负也。"

15.《唐故开府索君（玄）墓志铭》："并瓌表秀异，深衷凝远。"（222/5-6）

按：瓌，拓片作""，并非"環"字，当隶定作"瓌"。"瓌"，古同"瑰"，"瑰"的异体字。"瑰表""深衷"对文。古代文献中"瓌"字

---

① 毛阳光：《洛阳新出土隋〈安备墓志〉考释》，《考古与文物》2011 年第 5 期，第 84 页。

常被误认作"環"字。① 另如该书《唐故通议大夫守夔王傅分司东都上柱国赐紫金鱼袋吴兴姚府君（勖）墓志》："生男子三人：曰環，小字都官；曰瓒，小字丹霞；曰琢，小字初阳。"（436/23）所谓"環"字，拓片亦作"瓅"，并非"環"字，亦当隶定作"瓅"。

16.《大周故银青光禄大夫行笼州刺史上柱国燕郡开国公屈突府君（诠）墓志铭》："麾幢所莅，士女奔走而相欢；节传或移，故老攀援而洒泣。"（233/31-32）

按："麾幢"于义难通，当有误字。录文所谓"麾"字，拓片为正楷书写，分明作"麾"。此字《武周屈突诠墓志考释》一文亦错误隶定为"麾"。② 麾幢，指官员出行时仪仗中的旗帜。《三国志·吴书·全琮传》："权召琮还牛渚，罢东安郡。"南朝宋裴松之注引晋虞溥《江表传》："琮还，经过钱唐，修祭坟墓，麾幢节盖，曜于旧里。"《南史·韦叡传》："叡怒曰：'将军死绥，有前无却。'因令取伞扇麾幢树之堤下，示无动志。"

17.《大周故银青光禄大夫行笼州刺史上柱国燕郡开国公屈突府君（诠）墓志铭》："致果为毅，输忠郊节。"（233/39-40）

按："郊节"不辞，当有误字。录文所谓"郊"字，拓片为正楷书写，分明作"挍"。此字《武周屈突诠墓志考释》一文亦错误释录为"郊"。③ 不过，此处"挍"字不可以本字视之，而是"效"的碑别字。"效节"即效忠。《晋书·刘琨传》："唯恨下不能效节于一方，上不得归诚于陛下。"《南齐书·虞玩之传》："授命于道消之晨，效节于百揆之日，臣忠之效也。"《辽史·康延寿传》："大丈夫为将，当效节边垂，马革裹尸。"

---

① 曾良认为《新中国出土墓志·河南》［壹］下册一四七"王嵩墓志"中"環材"不词，"環"当为"瓅"，见曾良《隋唐出土墓志文字研究及整理》，齐鲁书社，2007，第210页；林大志撰文力辨初唐重要作家、诗人苏颋父名应为"瓅"，而非"環"，见林大志《苏颋父名"瑰"的一条重要证据》，《中国典籍与文化》2012年第2期，第80页；周阿根辨正《辽代石刻文续编·萧阐墓志》中"環奇"不词，"環"当为"瓅"，见周阿根《〈辽代石刻文续编〉校点琐议》，《语言科学》2013年第1期，第221页。

② 李献奇、周铮：《武周屈突诠墓志考释》，《中原文物》2002年第3期，第61页。

③ 李献奇、周铮：《武周屈突诠墓志考释》，《中原文物》2002年第3期，第61页。

18.《大周故银青光禄大夫行筅州刺史上柱国燕郡开国公屈突府君（诠）墓志铭》："嘗时钟磬，此日旌轩。"（234/42-43）

按："嘗时"不辞，当有误字。录文所谓"嘗"字，拓片实作"🔲"，当隶定作"當"。"當时钟磬"与"此日旌轩"相对为文，怡然理顺。此处《武周屈突诠墓志考释》一文亦错误隶定为"尝"。① 唐代碑刻中，"田"旁往往写作"日"旁。前举该书《齐哀世子（元德）之墓志》释文有"方嘗简在帝心，式縻好爵，岂谓福善无验，祸仁忽微"（198/9-10），其中"嘗"字拓片作"嘗"，其下从日，亦当隶定为"當"字；其中"福"字拓片作"福"，其右下亦从日，可资参证。又唐贞元十七年（801）裴真卿墓志："贞元初，太尉李公分阃岐下，辟公参谋幕書。"按："幕書"不辞，当为"幕畫"。此处编者释文径改作"畫"，后加注曰："原刻作'畫'，乃未刻竖画，于是与'畫夜'之'畫'相混。"② 其实未必是漏刻竖画，而是当时碑别字中"日""田"两构件相混不别。

19.《大周洛阳县尉尔朱公（杲）夫人韦氏墓志铭》："岂家人不见其愠喜，且君子有弃于辅佐。"（242/13）

按："君子有弃于辅佐"扞格难通，当有误字。录文所谓"弃"字，拓片实作"🔲"，当隶定作"憑"，碑别字。南北朝时期多见，如北魏杨舒墓志、北齐刘悦墓志、北周步六孤须蜜多墓志等。③ 此字《武周尔朱杲及夫人韦氏墓志考释》一文亦错误隶定为"弃"。④

20.《大周洛阳县尉尔朱公（杲）夫人韦氏墓志铭》："尔朱公悲深异室，思绪同衾。"（242/16-17）

按："思绪同衾"扞格难通，当有误字。绪，拓片作"🔲"，当隶定作"结"。"悲深异室，思结同衾"对偶，怡然理顺。此字《武周尔朱杲

① 李献奇、周铮：《武周屈突诠墓志考释》，《中原文物》2002年第3期，第61页。
② 毛远明编著《西南大学新藏墓志集释》，凤凰出版社，2018，第540页。
③ 毛远明：《汉魏六朝碑刻异体字典》，第677页。
④ 李献奇：《武周尔朱杲及夫人韦氏墓志考释》，《中原文物》1998年第4期，第86页。

及夫人韦氏墓志考释》一文亦错误隶定为"绪"。①

21.《大唐故右金吾卫守翊府中郎将上柱国黑齿府君（俊）墓志铭》："立功立事，悬名于畫月之旗；为孝为忠，纪德于系年之史。"（249/3-4）

按：畫，拓片作"畫"，确实可隶定作"畫"，但此处当释读为"畫"。唐代碑刻文字中，构件"田"往往写作"日"。唐大和六年（832）赵纂墓志："淮上卒无纤窈惊，公之畫也。"编者注"畫"字曰："畫，原刻作'畫'，乃竖画未刻而讹误。今径改。"② 其说解近是，但认为是误刻则不当。此字《唐代百济黑齿常之、黑齿俊父子墓志文解读》一文亦隶定为"昼"而无说。③ 画月之旗，即月旗，旗名。绘月于旗上，故名。唐陆龟蒙《开元杂题·照夜白》诗："雪虹轻骏步如飞，一练腾光透月旗。"《宋史·仪卫志三》："太祖又诏别造大黄龙负图旗一，大神旗六，日旗一，月旗一。"《元史·舆服志二》："月旗，青质，赤火焰脚，绘月于上，奉以云气。"清《皇朝礼器图式》卷十一："月旗：蓝缎为之，斜幅不加缘，中绣月，内为顾兔，尺寸如青龙旗，杆如八旗骁骑纛之制。"

22.《大唐故右金吾卫守翊府中郎将上柱国黑齿府君（俊）墓志铭》："岂图二竖□□，俄从北斗之名。"（249/13-14）

按：名，拓片作"召"，当隶定作"召"。古人认为北斗是管人之魄的，人死了则魄归北斗，魂归泰山。故"从北斗之召"为逝世的婉辞。此字《唐代百济黑齿常之、黑齿俊父子墓志文解读》一文亦错误隶定为"名"。④ 据曾良研究，"召""名"不别，出现较早，至少汉代就有了。⑤《隶释》卷七《竹邑侯相张寿碑》："沛相名君，骆驿要请，君捐禄收名，

① 李献奇：《武周尔朱昊及夫人韦氏墓志考释》，《中原文物》1998 年第 4 期，第 86 页。
② 毛远明编著《西南大学新藏墓志集释》，第 589 页。
③ 束有春、焦正安：《唐代百济黑齿常之、黑齿俊父子墓志文解读》，《东南文化》1996 年第 4 期，第 67 页。
④ 束有春、焦正安：《唐代百济黑齿常之、黑齿俊父子墓志文解读》，《东南文化》1996 年第 4 期，第 67 页。
⑤ 曾良：《俗字及古籍文字通例研究》，第 112 页。

固执不顾。""名君"即"召君"。《大正藏》第三册吴康僧会译《六度集经》卷五《童子本生》:"妻寻再拜,垂泣而进三步又拜,称名曰:'妾是子男某妻,亲召妾为某。当奉宗嗣箕帚之使。'"校勘记称:"召"字,宋、元、明三本作"名"。当以"名"为是。

23.《大唐安国相王故孺人晋昌唐氏墓志铭》:"贰招精爽,用置松门。"(251/17–18)

按:"贰招精爽"扞格难通,疑释文有误字。贰,拓片作"**式**",当隶定作"式"。式,语助词,常用于动词前,如《诗经·大雅·荡》:"式号式呼,俾昼作夜。"《左传·昭公十二年》:"祈招之愔愔,式招德音。"《旧唐书·文宗纪下》:"载轸在予之责,宜降恤辜之恩,式表殷忧,冀答昭诫。"

24.《大唐故冠军大将军史北勒墓志》:"树剑良朋,悲深吴礼。"(266/15)

按:礼,拓片作"**礼**",当隶定作"札"。古文"礼"汉魏就已经出现,与"札"字形近。"札""礼"二字常互讹。《三国志·蜀书·谯周传》:"研精《六经》,尤善书札。"据语境,"书"当指《尚书》;"札"即"礼"字之误,指《仪礼》。吴札即春秋时期吴国公子季札的省称。墓志用的是季札挂剑的典故,是指春秋时期吴国公子季札将佩剑挂在徐君墓前(表示赠予)的历史事件。《史记·吴太伯世家》:"季札之初使,北过徐君。徐君好季札剑,口弗敢言。季札心知之,为使上国,未献。还至徐,徐君已死,于是乃解其宝剑,系之徐君冢树而去。从者曰:'徐君已死,尚谁予乎?'季子曰:'不然,始吾心已许之,岂以死倍吾心哉!'"此字《唐代粟特人史多墓志初探》一文亦错误隶定为"礼"。①

25.《大唐故锦州刺史赵府君(洁)墓志文》:"代不泛贤,惟材是急。"(274/23)

---

① 赵振华:《唐代粟特人史多墓志初探》,《湖南科技学院学报》2009年第11期,第80页。

按："代不泛贤"扞格难通。泛，拓片作"乏"，当隶定作"乏"。"代不乏贤"怡然理顺。《旧唐书·礼志四·礼仪》："欲其业重籯金，器成琢玉，日新厥德，代不乏贤。"明王守仁《平乐同知尹公墓志铭》："尹自春秋为著姓，降及汉、唐，代不乏贤。"明陈霆《渚山堂词话》卷二"朱淑真词"："古妇人之能词章者，如李易安、孙夫人辈，皆有集行世。淑真继其后，所谓代不乏贤。"①

26.《唐故尚书左丞相燕国公赠太师张公（说）墓志铭》："宜其诩戴圣后，师范百寮。"（280/16）

按："诩戴"不辞。诩，拓片作"翊"，当隶定作"翊"。翊戴，指辅佐拥戴，《晋书·阎鼎传》："乃与抚军长史王毗、司马傅逊怀翊戴秦王之计。"唐权德舆《故太尉兼中书令赠太师西平王挽词》："翊戴推元老，谋猷合大君。"明归有光《宋史论赞·石守信》："太祖神武盖世，素为守信之徒所翊戴。"

27.《唐故沧州东光县令段府君（嗣基）墓志铭》："遭家不造，罸罚所钟，越在稚年，再集荼蓼。"（283/17）

按：现有辞书唯见《汉语大字典》收录"荼"字，释作"姓"。②则"荼蓼"不辞。荼，拓片作"荼"，当隶定作"荼"。荼味苦，蓼味辛，因用"荼蓼"比喻艰难困苦。《后汉书·陈蕃传》："今帝祚未立，政事日蹙，诸君奈何委荼蓼之苦，息偃在床，于义不足，焉得仁乎！"北齐颜之推《颜氏家训·序致》："年始九岁，便丁荼蓼，家涂离散，百口索然。"《隋书·许善心传》："善心早婴荼蓼，弗荷薪构，太建之末，频抗表闻，至德之初，蒙授史任。"

28.《唐故荥阳郡夫人郑氏（德曜）墓志铭》："高堂象设兮如在，大

---

① （明）陈霆：《渚山堂词话》，王幼安校点，人民文学出版社，1960，第13页。

② 汉语大字典编辑委员会编《汉语大字典》（第二版），四川辞书出版社、崇文书局，2010，第3434页。

梦杳冥兮无寝。"（296/29-30）

按：寝，拓片作""，当隶定作"寱"。"大梦杳冥兮无寱"意谓人死后长眠不会再醒来。

29.《唐故朝议郎河间郡束城县令李府君（崇默）墓志铭》："斯为亢宗，贻阙洪蔓。"（311/4）

按："贻阙"不辞。阙，拓片作""，当隶定作"厥"。贻厥，义为"留传；遗留"，语出《伪古文尚书·五子之歌》："明明我祖，万邦之君，有典有则，贻厥子孙。"西汉孔安国传："贻，遗也。言仁及后世。"《后汉书·皇后纪序》："向使因设外戚之禁，编著《甲令》，改正后妃之制，贻厥方来，岂不休哉！"《北史·崔光传》："陛下遵酌前王，贻厥后矩，天下为公，亿兆己任。"

30.《大燕圣武观故汝道士马凌虚墓志铭》："鲜肤秀质，有独立之姿；瓌意蕙心，体至柔之性。"（335/3-4）

按："瓌意"不辞。瓌，拓片作""，当隶定作"瓌"①。瓌为美玉，蕙为香草，以喻淑女。墓主马凌虚是女道士，故有此喻。"瓌"为"瑰"的异体字。"瑰意"指美好的情意。汉刘向《新序·杂事第一》："夫圣人瑰意奇行，超然独处；世俗之民，又安知臣之所为哉！"五代孙光宪《北梦琐言》卷十一："葆光子曰：'士无华腴寒素，虽瑰意琦行，奥学雄文，苟不资发扬，无以昭播。是则希颜慕蔺，驰骋利名者不能免也。'"

顺及：该墓志标题中"汝道士"当作"女道士"。②

31.《大燕圣武观故汝道士马凌虚墓志铭》："至于七盘长袖之能，三日遣音之妙，挥弦而鹤舞，吹竹而龙吟。"（335/5-6）

---

① 《唐代墓志汇编》录作"瓌"，不误。见周绍良主编《唐代墓志汇编》，上海古籍出版社，1992，第1724页。

② 《唐代墓志汇编》录作"女道士"，不误。见该书第1724页。

按："三日遗音"扞格难通。遗，拓片作""，当隶定作"遗"。[1]"三日遗音"典出《列子·汤问》："昔韩娥东之齐，匮粮，过雍门，鬻歌假食。既去，而余音绕梁欐，三日不绝，左右以其人弗去。"《礼记·乐记》："《清庙》之瑟，朱弦而疏越，一倡而三叹，有遗音者矣。"三国魏阮籍《咏怀》之三十："萧管有遗音，梁王安在哉。"宋苏轼《送俞节推》诗："吴兴有君子，淡如朱丝琴。一唱三太息，至今有遗音。"

32.《有唐朝散大夫守汝州长史上柱国安平县开国男赠卫尉少卿崔公（皑）墓志》："伊博陵崔公讳皑。"（350/4）

按：皑，拓片作""，当隶定作"皑"。"白""日"二旁形近常混误。此字《唐代墓志汇编》亦隶定错误。[2]该书《有唐通议大夫守太子宾客赠尚书左仆射崔孝公（沔）墓志》："考讳皑府君，朝散大夫、汝州长史、安平县开国男、赠卫尉少卿。"（344/10）《有唐中书侍郎同中书门下平章事常山县开国子赠太傅博陵崔公（祐甫）墓志铭》："大父，库部员外郎、汝州长史、赠卫尉少卿皑。"（360/4）此二处释录不误。

又按：该书《有唐安平郡君赠安平郡夫人王氏（媛）墓志》："乃归我安平公博陵崔府君讳皑，时年十有三矣。"（356/9）皑，拓片作""，亦当隶定作"皑"。[3]

33.《有唐安平郡君赠安平郡夫人王氏（媛）墓志》："外无汗马行侵之劳，内无危言謇谔之节。"（355/29-30）

按："行侵"不辞，疑释文有误字。侵，拓片作""，当隶定作"役"[4]，碑别字。行役，旧指因服兵役、劳役或公务而出外跋涉。《诗经·魏风·陟岵》："嗟！予子行役，夙夜无已。"《周礼·地官·州长》："若国作民而师田行役之事，则帅而致之。"唐贾公彦疏："行谓巡狩，役谓役作。"

---

① 《唐代墓志汇编》录作"遗"，不误。见该书第1724页。
② 见周绍良《唐代墓志汇编》，第1822页。
③ 《唐代墓志汇编》正录作"皑"，不误。见该书第1804页。
④ 《唐代墓志汇编》正录作"侵"，不误。见该书第1804页。

汉桓宽《盐铁论·备胡》："行役戍备，自古有之，非独今也。"

34. 《有唐安平郡君赠安平郡夫人王氏（媛）墓志》："尝于禅诵组纴之暇，精阴阳历美之术。"（355/35）

按："历美"不辞，疑释文有误字。美，拓片作"**箕**"，当隶定作"筭"①，"算"的异体字。历算，犹历法。《后汉书·卓茂传》："茂，元帝时学于长安，事博士江生，习《诗》《礼》及历算，究极师法，称为通儒。"《旧唐书·李淳风传》："淳风幼俊爽，博涉群书，尤明天文、历算、阴阳之学。"宋程大昌《考古编·正朔六》："又远而开辟，其天行历算，皆可覆其疏密。"

35. 《有唐中书侍郎同中书门下平章事常山县开国子赠太傅博陵崔公（祐甫）墓志铭》："自秋沮冬，手足半废。"（361/25）

按："自秋沮冬"扞格难通，疑释文有误字。沮，拓片作"**沮**"，当隶定作"徂"。此字《唐代墓志汇编》亦错误隶定为"沮"。②"自……徂……"是古代汉语中表示时间或方位的凝固格式，"自"与"徂"后面分别插入时间词或时间短语、方位词或方位短语、人称代词，等等，如北齐魏收《魏书·裴伯茂传》："余摄养舛和，服饵寡术，自春徂夏，三婴凑疾。"唐陆龟蒙《刈获》诗："自春徂秋天弗雨，廉廉早稻才遮亩。"元脱脱《宋史·张珏传》："自秋徂冬，援绝粮尽。"

36. 《有唐中书侍郎同中书门下平章事常山县开国子赠太傅博陵崔公（祐甫）墓志铭》："自顷执政者一日不觌龙颜，人情则有墨论。"（361/27-28）

按："墨论"不辞，释文当有误字。墨，拓片作"**異**"，当隶定作"異"。此字《唐代墓志汇编》亦错误隶定为"墨"。③此处"異论"指怪

---

① 《唐代墓志汇编》正录作"美"，不误。见该书第1804页。
② 《唐代墓志汇编》，第1823页。
③ 《唐代墓志汇编》，第1823页。

异的言论，他例如《隋书·杨素传》："上以此日崩，由是颇有异论。"宋魏泰《东轩笔录》卷八："朝士，迂儒也，喜为异论，乃判其状曰：'周文王之苑囿，犹得刍荛，薛少卿之坟茔，乃禁樵采。'"清章学诚《文史通义》卷四："自后师法渐衰，学者聪明旁溢，异论纷起。"

37.《唐故银青光禄大夫兵部尚书上柱国汉阳郡公赠太子少保马公（炫）墓志铭》："贼师窦建德、高开道等攻逼四境。"（365/8）

《唐故正议大夫守太子宾客上柱国赐紫金鱼袋赠工部尚书范阳卢府君（士玫）墓志铭》："而范阳师刘总愿画疆土，分授节旄。"（396/19-20）

同上："遂因贼师之请而适范阳。"（396/24）

《唐故清河崔夫人墓志铭》："蒙蜀师故太尉韦公辟为从事。"（398/9-10）

《唐故光禄大夫太子太保赠司徒弘农杨公（元卿）墓志铭》："公以淮右之师，自希烈以降，有年矣，虽云授爵，不曰顺命。"（407/9-10）

《唐故邠宁庆等州节度观察处置等使朝散大夫检校户部尚书兼御史大夫赐紫金鱼袋赠尚书右仆射北海史公（孝章）墓志铭》："是时，先侍中代田公布为魏师。"（423/12-13）

《唐故范阳卢氏荥阳郑夫人墓志铭》："廿六首冠上第，兴元师辟为支使。"（448/24）

按：上揭释文所谓"师"字，拓片分别作"▨""▨""▨""▨"等形，皆当隶定作"帥"。碑别字师、帅形极近，但还是有明显区别，"帅"字右旁中竖出头，"师"字右旁中竖不出头，如《唐故正议大夫守太子宾客上柱国赐紫金鱼袋赠工部尚书范阳卢府君（士玫）墓志铭》有"归养洛师""提整师律"，"师"字拓片皆作"▨"（397/7、21），右旁中竖不出头。

38.《唐朗州员外司户薛君妻崔氏（蹈规）墓志》："善笔礼，读书通古今。"（387/4-5）

按：礼，拓片作"▨"，当隶定作"札"。笔札，本指毛笔与简牍，转指写作、书写。如《北齐书·李绘传》："素长笔札，尤能传受，缉缀词议，简举可观。"明凌蒙初《初刻拍案惊奇》卷九："那府中事体烦杂，宣徽要请一个馆客做记室，代笔札之劳。"

39.《唐王绾李如愿夫妇合葬墓志》："生才至学，家则无货，敛乎而已。"（402/15—16）

按："敛乎"不辞，疑释文有误字。乎，拓片作"大"，当隶定作"手"。敛手，拱手，表示恭敬。《世说新语·贤媛》"桓宣武平蜀，以李势妹为妾"，南朝梁刘孝标注引《妒记》："（郡主）见李在窗梳头，姿貌端丽，徐徐结发，敛手向主，神色闲正，辞甚凄惋。"五代和凝《江城子》词："含笑整衣开绣户，斜敛手，下阶迎。"《林则徐日记·道光十九年七月二十六日》："惜夷服太觉不类……帽里每藏汗巾数条，见所尊则摘帽敛手为礼。"①

40.《唐苏州海盐县令卢君（绘）亡夫人陇西李氏（胡）墓表》："而他门鼎族慕其姻媾，若锦罽之袭于茞兰，琼瓁增美于雕琢。"（430/11—12）

按："琼瓁"不辞，复审原拓，"瓁"实作"瓛"，二字形极近，因而误识。"瓛"为"瑰"的异体字，琼瓛（琼瑰）为次于玉的美石。《诗经·秦风·渭阳》："何以赠之？琼瑰玉佩。"毛传："琼瑰，石而次玉。"又用以泛指珠玉。《左传·成公十七年》："初，声伯梦涉洹，或与己琼瑰食之。"晋杜预注："琼，玉；瑰，珠也。"《晋书·庾亮传论》："古者右贤左戚，用杜溺私之路……是以厚赠琼瑰，罕升津要。"唐李商隐《赠庾十二朱版》诗："固漆投胶不可开，赠君珍重抵琼瑰。"宋欧阳修《和刘原父澄心纸》："子美生穷死愈贵，残章断藁如琼瑰。"出土历代墓志中"瓛"误识作"瓁"者经见。《新中国出土墓志·河南·王嵩墓志》："并杞梓瓁材，纯钧利器。"②"瓁材"不辞，复审原拓，实作"瓛材"。中华石刻数据库《大唐故朝散郎行潞州上党县尉王少府公墓志铭并序》已订正。《辽

---

① （清）林则徐：《林则徐全集》第9册，海峡文艺出版社，2002，第403页。
② 中国文物研究所、河南省文物研究所编《新中国出土墓志·河南［壹］》下，文物出版社，1994，第135页。

代石刻文续编·萧阐墓志》："昆弟与妹四人：……三曰阊，风神秀异，体貌环奇。"①"环奇"不辞，复审原拓，实作"璝奇"，于义正合。

41.《唐故清河张府君（怀让）杨氏夫人墓志铭》："嗣子三人，长曰庆武，五常为性，孝治成家，不惑之年，奄从蒿里。次子楚，次子琮，乃习己兄之风，存孝悌之志，在家竭包养之敬，军门秉忠谨之道。"（441/11-14）

按：以上录文有两处讹误。

其一，"己兄"之"己"，原拓实作亡，乃"亡"之俗写。②"亡兄"即杨夫人长子庆武。前文"不惑之年，奄从蒿里"明指庆武已亡。唐天宝十载（751）杨文墓志："亡男钦，次章，次宗。"其中"亡"字原拓亦作"亡"。③

其二，此语境中"包养"扞格难通，疑释文有误字。复审原拓，"包"实作色，乃"色"之俗写。"色养"于义若合符节。唐代俗写"包""色"二字相混不别。④"色养"一词，典出《论语·为政》："子游问孝。子曰：'今之孝者，是谓能养。'……子夏问孝。子曰：'色难。'"三国魏何晏集解引包咸曰："色难者，谓承顺父母颜色乃为难也。"后因称人子和颜悦色奉养父母或承顺父母颜色为"色养"。南朝宋刘义庆《世说新语·德行》："王长豫为人谨顺，事亲尽色养之孝。"《旧唐书·裴灌传》："灌色养劬劳，十数年不求仕进。"明李贽《复士龙悲二母吟》："近闻此孙不爱读书，稍失色养于二大母。"该书其他墓志中亦有"色养"一词，如《唐故沧州东光县令段府君（嗣基）墓志铭》："苟□而禄不逮，色养之辰，抱志时深。"（283/18）《大唐故国学生高府君（逸）墓志铭》："勤奉色养，不遑弹冠。"（306/13-14）

42.《唐故清河张府君杨氏夫人墓志铭》："府君讳怀让，字德谦，祖崇，

①　向南、张国庆编著《辽代石刻文续编》，辽宁人民出版社，2010，第146页。
②　臧克和主编《汉魏六朝隋唐五代字形表》，南方日报出版社，2011，第150页。
③　毛远明：《西南大学新藏墓志集释》，第472页。
④　曾良：《俗字及古籍文字通例研究》，第166页。

父春，本临汝人也，后徙居成皋，皆累棄不仕，利为商估，优游自乐。"（441/2-3）

按："累棄不仕"扞格难通，释文疑有误字。复审原拓，"棄"实作荣，乃"葉"之俗写。"葉"，简体字中归并在"叶"字下。"累叶"义同"累世"，义为"历代，接连几代"。此义置诸上揭例，若合符节。《后汉书·耿弇传论》："三世为将，道家所忌，而耿氏累叶以功名自终。"晋左思《吴都赋》："虽累叶百迭，而富强相继。"唐杨炯《大周明威将军梁公神道碑》："连州跨郡，迈陶氏之隆基；开国承家，掩张门之累叶。"清吴伟业《赠文园公》诗："庐陵忠孝两贤继，待诏声名累叶同。"该书其他墓志中亦有"累叶"一词，如《唐御史大夫张公故夫人颍川郡夫人陈氏（尚仙）墓志铭》："夫人讳尚仙，字上元，累叶家于颍川。"（290/4-5）《唐故银青光禄大夫门下侍郎兼工部尚书同中书门下平章事监修国史判国子监事上柱国清河县开国伯食邑七百户赠尚书右仆射追封开国公谥恭靖崔公（协）墓志铭》："公禀旷时之秀气，膺累叶之纯熙。"（471/10）

43.《唐故清河张府君（怀让）杨氏夫人墓志铭》："夫人弘农杨氏，端和迥秀，淑德有闻，言由礼经，动合箴试。颙颙妇道，商商母仪，贞志可佳，冰霜在质。"（441/8-10）

按：以上录文有两处讹误。

其一，"箴试"不辞，疑释文有误字。复审原拓，"试"实作誡，乃"诫"之俗写誡的残渺。"箴诫"指规戒的言词，亦谓规戒。《隋书·后妃传·炀帝萧皇后》："综箴诫以训心，观女图而作轨。"唐柳宗元《先侍御史府君神道表》："用柔明勤俭以行其志，用图史箴诫以施其教。"明张居正《太岳集·书胡氏先训卷》："称慕古昔，率中规矩，以守道居约箴诫子姓。"该书《唐故金紫光禄大夫守司空致仕赠司徒相国赵公（宗儒）墓志铭》："德宗文皇帝察纳素尚雅，多其诫慎隐约，擢吏部侍郎。"（404/19-20）拓片"诫"字亦形似誡。另有："属词大柢根六经，姑以正褒贬、垂劝诫。"（404/13）拓片"诫"字作"誡"。

其二，"商商母仪"不辞。复审原拓，"商商"实作商乙，乃"肃肃"

之俗写，后为重文符号。颙颙、肃肃为一组同义词，皆有肃敬、严正义，二者有时对举，如汉班固《十八侯铭·御史大夫汾阴侯周昌》："肃肃御史，以武以文，相赵距吕，志安君身。"唐卢照邻《益州至真观主黎君碑》："贞观之末，有昭庆大法师，魁岸堂堂，威仪肃肃。"唐褚亮《享先农乐章·肃和》："肃肃享祀，颙颙缨弁。"唐代墓志中亦有"肃肃母仪"的用例，《唐故郭府君魏夫人苗夫人墓志铭并序》："夫人苗氏，肃肃母仪，雍雍妇德。"明代墓志中亦有"肃肃母仪"的用例。明刘基《处州路教授吴府君夫人梁氏墓志铭》："儒门有秩，淑人是宜。兢兢妇道，媞媞母仪。孝慈既备，寿考以宁。"

44.《唐故棣州刺史兼侍御史敦煌令狐公（梅）墓志铭》："事在瞬息，不急争之，欲坐视相君为虀粉耶！"（444/35）

按："虀粉"不辞，疑释文有误字。虀，拓片作""，当隶定作"虀"。虀粉，指粉末、碎屑。常用以喻粉身碎骨。《陈书·傅縡传》："蹈汤炭，甘虀粉，必行而不顾也。"唐杜甫《青丝》诗："殿前兵马破汝时，十月即为虀粉期。"清李渔《玉搔头·擒王》："若还稍迟归顺，敢教乌合众，立成虀粉。"

45.《唐故范阳卢氏荥阳郑夫人墓志铭》："公自谏议大夫、知制诰转中书舍人，固辞出翰莞，守右庶子，拜户部侍郎。"（448/27-28）

按："翰莞"不辞，疑释文有误字。莞，拓片作""，当隶定作"菀"，此处用同"苑"。翰苑又作翰院，翰林院的别称。唐赵璘《因话录》卷三："舍人在名场淹屈，及擢第首冠诸生，当年宏词登高科，十余年便掌纶诰，侍翰苑。"《宋史·萧服传》："文辞劲丽，宜居翰苑。"清钮琇《觚剩续编·得树》："二甲第二入翰苑，非其志也。"

46.《大唐故晋昌唐府君夫人田氏墓志》："呜呼！虑怅悄然，慈颜永隔，金乌告日，丹旐翩翩。"（450/15-16）

按：上揭文字为人去世的委婉说法，"虑怅"扞格难通。复审原拓，

"虑帐"实作"緫帐"。唐代俗写巾、忄二旁相混不别，故"緫帐"实为"緫帐"，本指用细而疏的麻布制成的灵帐。该书中还有"緫帐"的同义词"緫帷"，《唐故清河崔夫人墓志铭》："洎外姻内姻、孤者孺者，来馆于我而依夫人，率皆瞻其緫帷，无不流恸。"（398/19-20）编者误录为"穗帷"，当校正。传世文献中"緫帐"用例亦经见，三国魏曹操《遗令》："于台堂上安六尺床，施緫帐。"唐刘禹锡《哭庞京兆》诗："今朝緫帐哭君处，前日见铺歌舞筵。"后泛指布帛制成的帐幕。明徐渭《雪》诗："天孙纤手裁素罗，緫帐横施九万里。"

47.《唐故太子司议郎刘府君（干）墓志铭》："呜呼！孰意梦楹之兆，旋成易簀之悲。以咸通三年夏四月廿二日终于东都崇政里第，享年五十八。"（452/15-16）

按："易簀"不辞，复审原拓，"簀"实作"簀"。"易簀"是用典，典出《礼记·檀弓上》："曾子寝疾，病，乐正子春坐于床下，曾元、曾申坐于足，童子隅坐而执烛。童子曰：'华而睆，大夫之簀与？'……曾子曰：'然。斯季孙之赐也，我未之能易也。元，起易簀！'"按古时礼制，簀只用于大夫，曾参未曾为大夫，不当用，所以临终时要曾元为之更换。后因以称人病重将死为"易簀"。此义置诸上揭例，若合符节。传世文献中"易簀"亦经见，《周书·宇文广传》："可斟酌前典，率由旧章。使易簀之言，得申遗志；黜殡之请，无亏令终。"《旧五代史·列传四》卷三："赵莹际会风云，优游藩辅，虽易簀于绝域，终归柩于故园，盖仁信之行通于遐迩故也。"今人整理的墓志汇编类文献中时见误将"易簀"释作"易簀"。[①]

48.《唐故刑部尚书崔公府君（凝）墓志》："公以幸出危途，愿楼幽泉，不恃赴阙，且欲闭关。"（464/18）

按："楼幽泉"扞格难通，疑释文有误字。楼，拓片作"**楼**"，当隶

---

① 如吴钢主编《全唐文补遗》第 8 辑第 11 页《高缵墓志》；王其祎、周晓薇主编《隋代墓志铭汇考》第五册第 278 页《于纬暨妻唐氏墓志》；等等。

定作"楼"。此字《唐代墓志汇编续集》隶定不误。泉，拓片作""，当隶定作"谷"。此字《唐代墓志汇编续集》亦错误隶定为"泉"。① "幽谷"指幽深的山谷。《诗经·小雅·伐木》："出自幽谷，迁于乔木。"南朝梁沈约《修竹弹甘蕉文》："虽处台隅，遂同幽谷。"宋王安石《次韵春日即事》："潺潺嫩水生幽谷，漠漠轻烟动远林。"清魏秀仁《花月痕》第五回："段首四句是：尔乃亭亭净植，莲出污泥，烈烈奇香，兰生幽谷。"志文中"栖幽谷"指隐居不仕，故下文云"不恃赴阙，且欲闭关"。恃，拓片作""，当隶定作"時"。此字《唐代墓志汇编续集》亦错误隶定为"恃"。②

49.《唐故刑部尚书崔公府君（凝）墓志》："定三典之轻重，辨九士之耗登。"（464/20-21）

按："九士"与"耗登"搭配，殊为扞格难通，疑释文有误字。士，拓片作""，当隶定作"圡"，"土"的俗写。③ 九土，泛指各种地形、土质。《左传·襄公二十五年》："蒍掩书土、田：度山林，鸠薮泽，辨京陵，表淳卤，数疆潦，规偃猪，町原防，牧隰皋，井衍沃，量入修赋。"晋杜预注："量九土之所入，而治理其赋税。"唐孔颖达疏："量其九土所宜，观其收入多少，乃准其所入，修其赋税。"自山林至衍沃为九土。因墓主兼管户部事务，所以需要了解各种地形、土质的丰歉情况。

50.《唐故刑部尚书崔公府君（凝）墓志》："佞物舆专，当仁被责。"（465/34）

按：舆，拓片作""，当隶定作"興"。佞物兴专，谓奸佞之臣专擅朝政。《唐代墓志汇编续集》亦误释为"舆"。④

51.《唐故刑部尚书崔公府君（凝）墓志》："罔值奏医，俄成岱客。"

---

① 周绍良、赵超主编《唐代墓志汇编续集》，上海古籍出版社，2001，第1161页。
② 周绍良、赵超主编《唐代墓志汇编续集》，第1161页。
③ 《唐代墓志汇编续集》正释录作"土"，不误。见该书第1161页。
④ 周绍良、赵超主编《唐代墓志汇编续集》，第1161页。

（465/35）

按："秦医"不辞，疑释文有误字。秦，拓片作""，当隶定作"秦"①。秦医，本指扁鹊，古之良医，秦人。《尸子·治天下》："弱子有疾，慈母之见秦医也，不争礼貌。"《韩非子·说林下》："秦医虽善除，不能自弹也。"后泛指良医。唐颜真卿《颜鲁公文集》卷八《河南府参军赠秘书丞郭君神道碑铭》："南中污下，遂得气疾，先大夫怜其浸剧，命访秦医。"

52.《大梁故宋州观察支使将仕郎检校祠部员外郎兼侍御史赐绯鱼袋贾府君（邠）墓志》："夫人蓬首素食，万计克归于大茔山南。搦管为志，哀而不铭。"（469/14-15）

按："大茔"特指祖坟。唐丁氏墓志："乃以其年九月十一日，葬于江阳县嘉宁乡之五乍村，归于大茔，合祔先君之右。"②《宋史·包拯传》："（拯）尝曰：'后世子孙仕宦，有犯赃者，不得放归本家，死不得葬大茔中。'"可知"大茔山南"扞格难通，疑录文不确。南，拓片作""，当隶定作"甫"。山甫即本墓志撰者郑山甫，也是墓主的妻弟。所以，此处标点亦误，"山甫"二字当属下句。

53.《崔氏范阳卢夫人墓志之铭》："夫人承嫡出，适我家为冢妇，淑雅和明。"（474/4-5）

按："豕妇"不辞，复审原拓，为正楷字体，"豕"实作"冢"，甚是。古代以"冢子"指长子尤其是嫡长子，《礼记·内则》："父没母存，冢子御食。"郑玄注："御，侍也，谓长子侍母食也。"《左传·闵公二年》："大子奉冢祀社稷之粢盛，以朝夕视君膳者也，故曰冢子。"故"冢妇"指嫡长子之妻，传世文献中用例经见，《礼记·内则》："冢妇所祭祀宾客，每事必请于姑。"《元史·孛术鲁翀传》："远妻雷为贼所执，贼欲妻之，乃诒贼曰：'我鲁参政冢妇，县令嫡妻，夫死不贰，肯从汝狗彘以生乎！'"《红楼梦》第一百一十回："邢夫人虽说是冢妇，仗着'悲戚为孝'四个字，

---

① 《唐代墓志汇编续集》正释录作"秦"，不误。见该书第1161页。
② 王思礼等主编《隋唐五代墓志汇编》（江苏山东卷），天津古籍出版社，1991，第112页。

倒也都不理会。"该书《唐卢氏（绘）故夫人陇西李氏（胡）墓志铭》："常恨身为冢妇，无嗣子以继世。"（428/19）

54.《崔氏范阳卢夫人墓志之铭》："夫人倾岁以协丁外艰，哀疲奉礼过性，侵尽妇道，遂构疾亟甚，医药不切。未逾月，偕与协先姚太君同权事河中府临晋县北上王村。"（474/11-13）

按：上揭文字有两处讹误。

其一，"倾岁"不辞，复审原拓，为正楷字体，"倾"实作"顷"，甚是。此处"顷岁"义为昔年。《梁书·王僧辩传》诗："顷岁征讨，自西徂东，师不疲劳，民无怨谤，王业艰难，实兼夷险。"《金史·纥石烈牙吾塔传》："宋与我国通好，百年于此，顷岁以来，纳我叛亡，绝我贡币，又遣红袄贼乘间窃出，跳梁边疆，使吾民不得休息。"

其二，"医药不切"扞格难通，复审原拓，"切"实作"功"，乃"功"之俗写，该书所收北魏元遥墓志中"功高器厚"之"功"亦作"功"（147/16）。"功"碑别字作"功"，唐碑屡见。唐贞元十五年（799）韩暹妻卢媛墓志："夫人衔哀厄具，底力就功。"[1] 唐咸通十五年（874）李又玄夫人邵氏墓志："二年遘疾，医功困术无愈。"[2] 唐广明元年（880）杨府君宋氏夫人墓志："何期染遘疴瘵，药饵亏功。"[3] "不功"即无功，没有产生功效。《周礼·夏官·大司马》："若师不功，则厌而奉主车。"清孙诒让正义引王引之云："不，无也。师不功，言师无功也。"[4] 与"医药不功"相同的意思，在该书收录的唐代墓志中又用"医僚无工（功）""方药徒施""医方无疗""药石无验""灵药凑寻，竟无一功"等表述。《隋故开府长兼行参军安君（备）墓志铭》："忽萦疾，医僚无工（功）。大命运穷，奄从朝露，时年卅有四。"（201/13-14）《唐故清河张府君（怀让）杨氏夫人墓志铭》："方药徒施，备莫能救，至墓殁于私第，可为伤叹矣。"（441/7-

---

[1] 毛远明：《西南大学新藏墓志集释》，第532页。
[2] 毛远明：《西南大学新藏墓志集释》，第700页。
[3] 毛远明：《西南大学新藏墓志集释》，第718页。
[4] （清）孙诒让：《周礼正义》，中华书局，1987，第2355页。

8)《大唐故晋昌唐府君夫人田氏墓志》："去大中十二年三月中遘疾，医方无疗。其月廿三日奄归大梦，享年五十四。"（450/9-11）《唐故留守兵马使魏公（涿）墓志》："至八年八月廿日昏黑归家，心觉迷乱，名医走召，灵药凑寻，竟无一功。"（460/10-11）《唐崔氏亡室李夫人墓志》："泊予闵凶，遂婴微疹，再茹荼蓼，发为沉疴，药石无验，风烛兴悲。"（467/11-12）

上揭二字《新见五代崔协夫妇墓志小考》一文亦错误地隶定为"倾"字、"切"字。①

55.《崔氏范阳卢夫人墓志之铭》："先原如書，吉岁良辰。福利之域，周为四邻。"（474/27）

按："先原如書"扞格难通，当有误字。書，拓片作"**畫**"，当隶定作"畫"。但此处实当释为"畫"字。唐代碑刻中，构件"田"往往写作"日"，例见上举《大周故银青光禄大夫行笼州刺史上柱国燕郡开国公屈突府君（诠）墓志铭》中"當"字、"福"字的写法。又如唐贞观七年（633）曹令姝墓志："岂期畫柳低昂，背郭门而寂寞。"其中"畫"字原拓作"書"。编者注："畫柳，古代棺和柩车画饰物的总称。'畫'原刻误作'書'。"② 唐显庆三年（658）柳雄亮墓志："君趍侍書堂，陪游青琐。"编者注："書堂，疑为'畫堂'，古代宫中有彩绘的殿堂。《汉书·成帝纪》：'孝成皇帝，元帝太子也。母曰王皇后，元帝在太子宫生甲观畫堂，为世嫡皇孙。'颜师古注：'畫堂，但画饰耳……霍光止画室中，是则宫殿中通有彩画之堂室。'"③"先原"在墓志中指埋葬祖先的地方、祖辈的坟地，即祖茔、先茔；"先原如畫"意为祖茔是块风景优美的宝地。域，拓片作"**城**"，当隶定作"城"。"福利之城"即墓志中更常用来喻指墓地的"佳城"。此二字《新见五代崔协夫妇墓志小考》则分别隶定为"尽""域"④，亦皆不确。曾良遍举类书、敦煌文献、汉文佛经、唐代墓志等语料说明古

① 仇鹿鸣：《新见五代崔协夫妇墓志小考》，《唐史论丛》2012年第1期，第236页。
② 毛远明：《西南大学新藏墓志集释》，第171页。
③ 毛远明：《西南大学新藏墓志集释》，第225页。
④ 仇鹿鸣：《新见五代崔协夫妇墓志小考》，《唐史论丛》2012年第1期，第236页。

籍中"畫""盡"二字往往相讹①，信然。

56.《大唐故金紫光禄大夫检校司徒行亳州团练使充太清宫副使上柱国兼御史大夫赠太尉陇西李公（重吉）墓志铭》："途家靡惑，瓯掷弥坚。"（477/41）

按："途家靡惑"扞格难通，疑释文有误字。家，拓片作"🔲"，此字形确实既像"家"的草书，又像"穷"的草书。②据文义，当隶定作"穷"。"途穷"喻走投无路或处境困窘。《陈书·高祖本纪》："公以中军无率，选是亲贤，奸寇途穷，灌然冰泮。"宋魏泰《东轩笔录》卷一："受恩无补报，反袂泣途穷。"《明史·熊明遇传》："滇、黔之守令皆途穷，扬、粤之监司多规避，是远方无吏治。"铭文"途穷靡惑"怡然理顺，且与志文前文"公以今皇帝曾非本心，独沮群议，及辱居缧绁，壮志不回"相照应。

第二节　文字失校

所谓文字失校，是指原碑有讹字或碑别字，而编者不察，未予出校。该书《凡例》申明："碑志名、释录文及拓片图题采用通行繁体字，其中异体字（人名除外）、碑别字均改为通行正字，通假字及现在仍通行的简体字照录原文；对于碑志中的误字或遗漏字，整理时仍按原拓录文，其中订正字、增补完善字填写在（）内。"不过事实上还是有一些碑别字和不属于通假字的音同、音近误字未加以订正。

1.《北魏韩小文造像碑》："其父子兄弟合家等，玄心道原，志崇清远，殊形共气，敬造石像一坨，画饬□□，神颃晖赫，零容澄湛，再迤修管，三春乃讫。"（105/6-8）

---

① 曾良：《俗字及古籍文字通例研究》，第96-97页。

② 明代祝允明《赤壁赋》墨迹"穷"字草书作"🔲"，与上揭墓志中"🔲"字形体相似。参洪钧陶编《草字编》（全四册），文物出版社，1983，第3000页。

同上："巍巍神宇，寂寂零区，南面屈岗，北背双沟，中有韩堤。"（105/9）

按："零容""零区"不辞。"零"，拓片作"㓥"，隶定作"零"不误，但此处为"灵"的假借字，当出校。一则，神颅、灵容相对为文。二则，神宇本指华美的屋宇，[1] 灵区本指美善之区、奇美之地，[2] 二者在墓志中都用作坟墓的美称。

2.《魏故使持节假车骑将军都督晋建南汾三州诸军事镇西将军晋州刺史大都督节度诸军事兼尚书左仆射西北道大行台平阳县开国子元君（恭）墓志》："蚣斯之福已繁，骐趾之庆弥远。"（185/4）

按："蚣斯"不辞，当作"螽斯"，"蚣"为"螽"的假借字，当出校。《诗经·周南·螽斯序》："螽斯，后妃子孙众多也，言若螽斯不妒忌，则子孙众多也。"后用为多子之典实，如《后汉书·皇后纪下·顺烈梁皇后》："夫阳以博施为德，阴以不专为义。螽斯则百，福之所由兴也。"《晋书·明穆庾皇后传》："夫坤德尚柔，妇道承姑，崇粢盛之礼，敦螽斯之义。"《南史·王诞传》："夫螽斯之德，实致克昌，专妒之行，有妨繁衍。"

3.《北齐道明墓志铭》："於□嵩山，居乾之和。灵养八龙，莫适与过。询询善诱，等以四科。猷猷君子，闺门有则。"（196/18—19）

按："询询"不辞，当校作"循循"。历代文献中，"询询善诱"仅此一见，可知为讹文。"循循善诱"谓善于有步骤地引导、教育人。亦泛指教导有方。语本《论语·子罕》："夫子循循然善诱人。"南朝梁刘孝标《辩命论》："瓛则关西孔子，通涉六经，循循善诱，服膺儒行。"清沈复《浮生六记·闺房记乐》："先生循循善诱，余今日之尚能握管，先生力也。"

4.《齐哀世子（元德）之墓志》："其基绪所由来，即与魏氏同出，王

---

① 罗竹风主编《汉语大词典》第 7 卷，汉语大词典出版社，1991，第 862 页。
② 罗竹风主编《汉语大词典》第 11 卷，汉语大词典出版社，1993，第 762 页。

功帝德，固以郭于前史矣。"（198/3-4）

按："郭于前史"扞格难通。据文义，"郭"当校作"彰"，义为"彰显"。

5.《唐夏官郎中慕容君唐故夫人费氏（婉）墓志铭》："春入翦（剪）刀，每裁鸡而怙燕。"（237/11）

按：怙，当校作"帖"。唐代俗写巾、忄二旁相混不别。

6.《唐故沧州东光县令段府君（嗣基）墓志铭》："夫人荥阳郑氏，相州滏阳今行感之女也。"（283/14）

按：今，原拓以正楷刻写，确实作"今"，但此处当校作"令"，义为"县令"。另有碑别字"令"字与"今"字同形者，如南朝宋永初二年（421）谢珫墓志"令"字作""。①

7.《大燕圣武观故汝道士马凌虚墓志铭》："吴妹心愧，韩娥色沮。"（335/6）

按："吴妹"之"妹"，拓片作""，隶定作"妹"不误，但此处当为"姝"的误书，当出校。吴姝，指吴地美女。《天禄阁外史》卷四《入梁》："臣闻王之宴也，楚姬舞于前，吴姝歌于后，赵女鼓瑟于左，秦娥泛筝于右。"②《太平广记》卷一二三《韦判官》："无何，复有人纳吴姝，艳于金闺，应纳之。"前文谓墓主"余妍特禀于天与"，所以纵使吴姝这样的美女也自惭形秽。

8.《唐故朝散大夫监察御史里行上柱国赐鱼袋卢公（湘）墓志铭》："双旐翩翩，一车憧憧。"（380/27-28）

按："憧憧"不辞。憧憧，当校作"幢幢"，唐代俗写巾、忄二旁相混不别。翩翩、幢幢对文同义，皆指回旋貌、晃动貌。《三国志·魏书·管

---

① 毛远明：《汉魏六朝碑刻异体字典》，第551页。
② （汉）黄宪：《天禄阁外史》，商务印书馆，1936，第43页。

辂传》：“有飘风高三尺余，从申上来，在庭中幢幢回转，息以复起，良久乃止。”唐鲍溶《途中旅思》诗：“天光见地色，上路车幢幢。”

9.《唐苏州海盐县令卢君（绘）亡夫人陇西李氏（胡）墓表》：“由是贞白贻为家范，端殻传为壼则。”（430/11-12）

按：“端殻”不辞，当有误字或通假字。复审原拓，“殻”确作“”，但此处当读为“愨”。“端愨”义为“正直诚实；正直诚谨”，例如《国语·齐语》：“惟慎端愨以待时，使民以劝。”《商君书·慎法》：“初假吏民奸诈之本，而求端愨之末，禹不能以使十人之众，庸主安能以御一国之民？”《荀子·修身》：“愚款端愨，则合之以礼乐，通之以思索。”又作“端悫”，例如《荀子·修身》：“端悫诚信，拘守而详；横行天下，虽困四夷，人莫不任。”① 《述学校笺》引《淮南子·主术训》：“其民朴重端愨。”东汉高诱注：“端，直也；愨，诚也。”② 清正谊堂全书本《朱子文集》卷十六《籍溪先生胡公行状》：“先生生而沈静端悫，不妄言笑。”《正字通》：“愨”为“悫”之俗字。

第三节　文字误改

所谓文字误校，是指原碑用字不误，而编者以为有误，校为他字；或原碑确有讹字，但本应校作此字，而编者误校作彼字。

《唐故银青光禄大夫兵部尚书上柱国汉阳郡公赠太子少保马公（炫）墓志铭》：“嗣子陶，志荷先构，学通旧史，官至太子中舍人，不幸早世（逝）。”（366/27）

《唐故中书舍人集贤院学士安陆郡太守苑公（咸）墓志铭》：“长男籍，大历中授河南府伊阳县尉，不幸早世（逝）。”（383/31-32）

按：以上二例中，“世”字不误，不烦改为“逝”。早世，指过早地死

---

① （清）王先谦撰《荀子集解》，中华书局，1988，第118页。
② （清）汪中：《述学校笺》，中华书局，2014，第817页。

去，夭死。《左传·昭公三年》："则又无禄，早世殒命，寡人失望。"《后汉书·桓帝纪》："曩者遭家不造，先帝早世。"唐李贤注："谓顺帝崩也。"其他墓志中也有"早世"的用例。北齐皇建二年（561）李华墓志："方欲教被他宗，化沾同室。理应成兹妇道，克终母仪。何期三八之年，收光早世。"① 唐天宝三载（744）王元谦墓志："及期，兄将早世，君乃继焉。"② 唐大中元年（847）马庆全墓志："有女二人：长嫁抚州参军韦泾，不幸早世。"③ 唐咸通十四年（873）李元嗣墓志："有兄早世，故嗣为冢嫡。"④

第四节　注释不确

1. 《有唐安平县君赠安平郡夫人王氏（媛）墓志》："夫人本宗清贫，礼葬未克，每撤甘旨损服用。"（355/33-34）

按：著者以"甘旨""损服"为词加以注释，不当。此处"撤甘旨"与"损服用"对文，应以"甘旨""服用"为词加以注释。服用，指衣着器用。唐薛用弱《集异记·李清》："至于屋室树木，人民服用，已尽变改。"宋王栐《燕翼诒谋录》卷二："咸平、景德以后，粉饰太平，服用浸侈。"

2. 《有唐中书侍郎同中书门下平章事常山县开国子赠太傅博陵崔公（祐甫）墓志铭》："而传乘旁午，以召良医；御府珍药，相继道路。"（361/26）

按：编者释"旁午"为"旁舞，即不同的见识，众说纷纭，错综交杂。午，纵横交叉。新刻《儒门事亲·序》：'长沙以还，明哲辈出，家擅专门，人立异见，诸说旁舞，多歧亡羊。'""旁午"一词，本含义为"交错；纷繁"。《汉书·霍光传》："受玺以来二十七日，使者旁午，持节

① 毛远明：《西南大学新藏墓志集释》，第 60 页。
② 毛远明：《西南大学新藏墓志集释》，第 463 页。
③ 毛远明：《西南大学新藏墓志集释》，第 632 页。
④ 毛远明：《西南大学新藏墓志集释》，第 686 页。

诏诸官署征发。"颜师古注："一从一横为旁午，犹言交横也。"《剪灯余话·秋夕访琵琶亭记》："旁午纷纭，殊无宁月。"本例中"传乘旁午"指驿站的车马交错纷繁，为的是到处寻找良医，与见识、议论等无关。唐代墓志中亦见"旁午"一词，如唐大和三年（829）郭睎墓志："公谦以接物，使者旁午，号为良能。"此书编者注"旁午"为："纵横交错，往来频繁。"① 甚是。

第五节　标点不当

1.《大唐故福州刺史管府君（元惠）之碑》："始，门荫为卫官，寻调左金吾，长上。"（114/7）

按："左金吾"与"长上"皆为官名。长上，武官名。唐时九品，其职为守边和宿卫宫禁。《晋书·慕容宝载记》："宝发龙城……次于乙连。长上段速骨、宋赤眉因众军之惮役也，杀司空乐浪王宙，逼立高阳王崇。"唐韩愈《凤翔陇州节度使李公墓志铭》："有长上万国俊者，以军势夺兴平人地，吏惮莫敢治。"《新唐书·百官志一》："正九品下曰仁勇副尉、怀化执戟长上；从九品上曰陪戎校尉；从九品下曰陪戎副尉、归德执戟长上……余直诸卫为十二番，皆月上。"故中间逗号当删除。

2.《风穴七祖千峰白云禅院记》："百谷来归，上善服沧溟（冥）之量；众星含曜中秋，推皎月之光。"（130/11-12）

按："中秋"当属下而误属上。上下两个分句对偶，正确标点为："百谷来归，上善服沧溟（冥）之量；众星含曜，中秋推皎月之光。"

3.《唐故曹州离狐县丞盖府君（蕃）墓志铭》："乘驷赴官，先兄而至，躬率人力，渡碛东迎。德昭每言及天下友，于即引府君为称首。"（224/13-14）

按："于"当属上而误属下。《尚书·君陈》："惟孝友于兄弟。"后即

_____

① 毛远明：《西南大学新藏墓志集释》，第584页。

以"友于"为兄弟友爱之义。《三国志·吴书·孙晧传》:"又使既废之亮,不得其死。友于之义,薄矣!"《南齐书·文惠太子传》:"十年,豫章王嶷薨,太子见上友于既至,造碑文奏之,未及镌勒。"《明史·钟同传》:"伏望扩天地之量,敦友于之仁,蠲吉具仪,建复储位,实祖宗无疆之休。"编者此处因不明文义而误点,割裂词语。

4.《大唐故中大夫使持节鄂州诸军事鄂州刺史上柱国范阳卢府君(正道)墓志铭》:"夫峒牧垂耳耶,竟有过都邑,效千里之实;岷山滥觞耶,终见吼雷电,流九派之疾。何则其源长,其流远?才俊势激,使之然也。"(288/14-16)

按:多处标点不当,尤其"何则"当独立成句。"何则"即为什么,多用于自问自答。《史记·鲁仲连邹阳列传》:"谚曰:'有白头如新,倾盖如故。'何则?知与不知也。"《新唐书·沈既济传》:"所以黎人重困,杼轴空虚。何则?四方形势,兵未可去,资费虽广,不获已为之。"故上揭墓志正确的标点为:"夫峒牧垂耳耶?竟有过都邑,效千里之实。岷山滥觞耶?终见吼雷电,流九派之疾。何则?其源长,其流远,才俊势激,使之然也。"

5.《有唐安平郡君赠安平郡夫人王氏(媛)墓志》:"向非辅佐有力,庇宗得所,孰能使六亲邕邕二族交泰,故君子题之。"(354/16-17)

按:"邕邕"后加逗号为宜。① "六亲邕邕"与"二族交泰"两小句对偶。

6.《有唐安平郡君赠安平郡夫人王氏(媛)墓志》:"及初遘疾也,便命具汤沐易衣裳,发箧中缣彩遗亲,亲告别不营医疗,精爽自如。"(355/36-37)

按:第二个"亲"及"告别"当属上而误属下。亲亲,指亲属、亲戚。《汉书·哀帝纪》:"汉家之制,推亲亲以显尊尊。"唐颜师古注:"天子之至亲,当极尊号。"南朝宋刘义庆《世说新语·贤媛》:"汝若不与吾

---

① 《唐代墓志汇编》"邕邕"后加逗号,见该书第1804页。

家作亲亲者，吾亦不惜余年。"前蜀贯休《施万病丸》诗："贤守运心亦相似，不吝亲亲拘子子。曾闻古德有深言，由来大士皆如此。"正确的标点当为："发箧中缣彩遗亲亲告别，不营医疗，精爽自如。"① 著者此处盖不明"亲亲"为词，误以为第一个"亲"指亲人，第二个"亲"为"亲自"义。

7.《有唐安平郡君赠安平郡夫人王氏（媛）墓志》："儿女进药衔悲，固请曰：强为汝饮之，知无益也。"（355/37）

按：著者此处不明文义，致标点不当。"固请"的主语是儿女，"曰"的主语是墓主王氏。正确的标点当为："儿女进药，衔悲固请。曰：强为汝饮之，知无益也。"② 编者此处应是不甚明文义而误点。

8.《唐故试许州许昌县尉清河孙府君（和）墓志铭》："长子颂、仲子灵台、次子师师、小子软奴皆幼稚，相过衔悲，孺泣攉忝同故里，莫不感其盛德。"（373/13-15）

按："孺泣"一词，义为"对父母的哀悼哭泣"。《汉语大词典》仅举一个书证，即南朝梁王筠《昭明太子哀册文》："孺泣无时，蔬馔不溢。"可知本墓志中"孺泣"的主语是墓主儿女，故"孺泣"应属上。"攉"指的是墓志撰者姚攉，故应另起一句。正确的标点当为："长子颂、仲子灵台、次子师师、小子软奴皆幼稚，相过衔悲孺泣。攉忝同故里，莫不感其盛德。"

9.《唐故中书舍人集贤院学士安陆郡太守苑公（咸）墓志铭》："唐故中书舍人集、贤院学士、安陆郡太守苑公墓志铭并序。"（382/1）

按："集"字当属下。集贤院学士，官名，唐玄宗开元十三年（725）置，以授宰相与其他侍从官，使掌修书之事。代宗大历（766-779）中，改为集贤殿学士。五代，与集贤殿学士并置。宋初置集贤院，为三馆之

---

① 《唐代墓志汇编》此处标点不误，见该书第 1804 页。
② 《唐代墓志汇编》此处标点不误，见该书第 1804 页。

一，遂定置集贤院学士。

10.《唐故中散大夫守太子宾客上柱国赐紫金鱼袋赠工部尚书河东薛府君（丹）夫人陇西县君李氏（饶）墓志铭》："敬公娶东都留守兼河南尹裴公迥之女，实生女子，子是为夫人。"（392/6-7）

按：第二个"子"当属上。《仪礼·丧服》："女子子在室为父。"东汉郑玄注："女子子者，子女也，别于男子也。"唐贾公彦疏："男子、女子各单称子，是对父母生称，今于女子别加一字，故双言二子，以别于男一子者。"《礼记·曲礼上》："姑姊妹，女子子，已嫁而反，兄弟弗与同席而坐，弗与同器而食。"北齐颜之推《颜氏家训·风操》："凡言姑姊妹、女子子：已嫁，则以夫氏称之；在室，则以次第称之。"清刘大櫆《郑之文传》："之文死时，有妾二人，女子子一人。二妾请先自经死，其女见母死，亦碎首而死于阶下。"① 编者此处当因不明"女子子"为词而误点，割裂词语。

11.《唐故清河崔夫人墓志铭》："其相敬也，如凤凰和鸣、颉颃云路。未始终夕，涉于反目之讥。"（398/11）

按：上揭释文多处标点不当，尤其是"终夕"后绝不当点断。正确标点当为："其相敬也，如凤凰和鸣，颉颃云路，未始终夕涉于反目之讥。"

12.《唐故中大夫澧州刺史赐紫金鱼袋范阳卢府君（昂）墓志铭》："及剖符以莅，专城而视，宽以导民。峻以操吏，有怀凶德，尽歼厥类。"（401/28）

按："民"后当改为逗号。"宽以导民"与"峻以操吏"对偶，不应割裂，分属上下句。

13.《唐故金紫光禄大夫守司空致仕赠司徒相国赵公（宗儒）墓志铭》："德宗文皇帝察纳素尚雅，多其诚慎隐约，擢吏部侍郎。"（404/19-20）

① （清）刘大櫆《海峰文集》，清刻本，第345叶。

按："雅"当属下，为程度副词，义为"甚、颇"；"多"为动词，义为"称赞；重视"。素尚，指朴素高尚的情操。① 南朝梁任昉《〈王文宪集〉序》："或功铭鼎彝，或德标素尚。"《南史·王昙首传》："幼有素尚，兄弟分财，昙首唯取图书而已。"故上文的正确标点当为："德宗文皇帝察纳素尚，雅多其诚慎隐约，擢吏部侍郎。"此处标点失当的主要原因是编者盖不明"雅"之词性、词义。

14.《唐故光禄大夫太子太保赠司徒弘农杨公（元卿）墓志铭》："将绝，左右者候所欲言，乃泫然视柳氏孀妹曰：'我病革矣，唯恐汝有衣食之阙。'命以余俸多与之而殁，无他所属服。名教者闻之，为之酸涕。"（408/30-32）

按：据文意可知，此处"属"为"嘱"之古字，义为"委托；嘱咐"。《左传·隐公三年》："宋穆公疾，召大司马孔父而属殇公焉。"三国魏曹操《与荀彧书追伤郭嘉》："以其通达……欲以后事属之。"宋叶适《水心集·著作正字二刘公墓志铭》："痛且远，德将湮，无以属来者矣。"既明"属"之词义，则知上文标点有误。"服"字当属下。"服"有"学习"义。《礼记·孔子闲居》："何为其然也，君子之服之也，犹有五起焉。"东汉郑玄注："服，犹习也。君子习读此诗，起此诗之义，其说有五也。"《韩非子·显学》："藏书策，习谈论，聚徒役，服文学而议说，世主必从而礼之。"南朝宋鲍照《代陆平原君子有所思行》："智哉众多士，服理辨昭昧。"宋王禹偁《小畜集·用刑论》："予自幼服儒教，味经术，尝不喜法家流。""服名教者"指学习、信奉封建礼教的人，如唐权德舆《送从舅泳入京序》："青纯被体，桂枝在手，服名教者相贺，况吾之心耶？"宋宋祁《景文集·砂师行状》："公之子国子博士从简，以哀死苦次，亦世服名教者。"后二句正确的标点为："命以余俸多与之而殁，无他所属。服名教者闻之，为之酸涕。"此处标点失当的主要原因是编者盖不明"服"之词性、词义。

---

① 罗竹风主编《汉语大词典》第 9 卷，汉语大词典出版社，1992，第 734 页。

15.《唐朝议郎守太子宾客分司东都上柱国赐紫金鱼袋卢载墓志铭》:"事文宗尽忠,尝恨边备不修,戎狄堪虑,风俗奢侈,黎庶饥寒,每因事必上表,极言皆发于至忧,亲厚者感之。"(432/6-8)

按:"每因事必上表"语义未完,"极言"二字当属上。"极言"义为竭力陈说。① 《礼记·礼运》:"言偃复问曰:'夫子之极言礼也,可得而闻与?'"宋周密《齐东野语·张魏公三战本末略》:"吴玠、郭浩极言虏锋方锐,且当分守其地,掎角相援,待其弊乃可乘。"该分句正确的标点为:"每因事必上表极言,皆发于至忧。"

16.《唐林存古墓志铭》:"余从事河东,日尝授职于衡庭。洎分务洛中,时亦列名于曹署。"(458/3-5)

按:"日""时"二字当分别属每一句的第一小句。即正确的标点当为:"余从事河东日,尝授职于衡庭。洎分务洛中时,亦列名于曹署。"二句对偶。

17.《唐故刑部尚书崔公府君(凝)墓志》:"且夫语嵩衡之峻,非培塿之能;知论江海之深,岂污潢之所测。"(465/27-28)

按:"知"字当属上。"语嵩衡之峻,非培塿之能知;论江海之深,岂污潢之所测。"二句对偶。

18.《唐崔氏亡室李夫人墓志》:"胡福善祸淫之,道茫昧如斯耶?"(467/13)

按:"道"字当属上,是全句主语的中心成分。正确的标点为:"胡福善祸淫之道,茫昧如斯耶?"

19.《唐故银青光禄大夫门下侍郎兼工部尚书同中书门下平章事监修国史判国子监事上柱国清河县开国伯食邑七百户赠尚书右仆射追封开国公谥恭靖崔公(协)墓志铭》:"而犹想非熊而获,英佐思上。帝以赖良弼,

_____

① 罗竹风主编《汉语大词典》,上海辞书出版社,2008,第6025页。

式示旁求，乃膺爰立。"（472/21-22）

按：以上释文多处标点不当。"想非熊而获英佐，思上帝以赖良弼"两句对偶。正确的标点为："而犹想非熊而获英佐，思上帝以赖良弼。式示旁求，乃膺爰立。"

20.《崔氏范阳卢夫人墓志之铭》："及后唐未振，起已前邀，是四十余年，迁举（奉）归先原不得。今遇本姓，岁月良便，天下已平。"（474/14-15）

按：以上释文多处标点不当，导致文义扞格难通。"邀"有"远离"义。汉扬雄《方言》第六："邀，离也。"晋成公绥《啸赋》："邀娇俗而遗身，乃慷慨而长啸。"南朝梁江淹《自序》："十三而孤，邀过庭之训。"宋叶适《水心集·朝奉大夫致仕黄公墓志铭》："昔君之来兮，友兹山而谁俦？今君之去兮，邀兹山乎何求？"既明"邀"字之义，则可知前句正确的标点当为："及后唐未振起已前，邀是四十余年，迁举（奉）归先原不得。"意为在后唐建立之前的四十多年间，夫人灵柩无法迁移归葬于祖先的坟地。

21.《大周故礼部尚书致仕卢公（价）墓志铭》："其少也，谨敬以事其长长者，于是称之曰孝悌；其长也，仁惠以绥其少少者，于是称之曰慈爱。"（479/20-21）

按："长者""少者"分别为小句主语，当属下。正确的标点为："其少也，谨敬以事其长，长者于是称之曰孝悌；其长也，仁惠以绥其少，少者于是称之曰慈爱。"二句对偶。

第六节　墓志词语的辞书学价值

罗维明以语文辞书尤其是《汉语大词典》为参照，详细论述了中古墓志的语言学价值。[①] 刘志生同样以《汉语大词典》为参照，详细阐述了东

---

① 　详参罗维明《中古墓志词语研究》，暨南大学出版社，2003，"前言"部分第13-20页。

汉碑刻复音词研究的意义。① 刘志生详细阐述了东汉碑刻复音形容词研究对《汉语大词典》编撰的价值。② 安静《唐代墓志委婉语研究》专辟一章阐释唐代墓志的研究价值，其中之一是"词典补充研究价值"③。周阿根《五代墓志词汇研究》专辟一章阐述五代墓志词汇研究对语文辞书编纂的价值。④ 可见历代墓志中的词语对语文辞书编纂具有重要价值。下面我们以《河南散存散见及新获汉唐碑志整理研究》一书所收汉唐墓志中的几个词语为例，粗略阐发墓志词语对语文辞书编纂的价值。

1. 《魏故始平王（元子正）墓志铭》："器字渊凝，风神颖发。"（176/5）

按：前文已考辨"器字"当作"器字"（见第一节第 8 条）。"渊凝"一词，现有辞书唯见《汉语大词典》收录，释为"深厚"。⑤ 仅举一个书证，《魏书·礼志二》："陛下睿哲渊凝，钦明道极，应必世之期，属功成之会。"可据本墓志补充书证。其实传世文献中该词还有用例。梁释僧祐《弘明集》卷十："惠示敕答臣下审《神灭论》，睿旨渊凝，机照深邈。"《魏书·咸阳王禧传》："王尊惟元叔，道性渊凝，可进位太保，领太尉。"《魏书·礼志四》："伏惟皇太后睿圣渊凝，照临万物，动循典故，贻则后王。"

又按："颖发"一词，现有辞书唯见《汉语大词典》收录，释为"才华显露"。⑥ 仅举一个书证，宋叶适《科举》："今江淮之间，或至以仅能识字成文者充数；而闽浙之士，其茂异颖发者，乃困于额少而不以与选，奔走四方，或求门客，或冒亲戚，或趁籴纳。"可据本墓志补充书证，且将辞书中该词目始见例的年代提前。其实传世文献中该词还有用例。后凉《凉州记》："天锡明鉴颖发，英声少著。"《旧唐书·肃宗本纪》："左丞相

---

① 详参刘志生《东汉碑刻复音词研究》，暨南大学出版社，2007，"前言"部分第 19-29 页。
② 详参刘志生《东汉碑刻词汇研究》，"前言"部分第 83-112 页。
③ 详参安静《唐代墓志委婉语研究》，华东师范大学博士学位论文，2013 年，第 177-184 页。
④ 详参周阿根《五代墓志词汇研究》，中国社会科学出版社，2015，第 221-381 页。
⑤ 罗竹风主编《汉语大词典》第 5 卷，汉语大词典出版社，1990，第 1490 页。
⑥ 罗竹风主编《汉语大词典》第 12 卷，汉语大词典出版社，1993，第 322 页。

张说退谓学士孙逖、韦述曰:'尝见太宗写真图,忠王英姿颖发,仪表非常,雅类圣祖,此社稷之福也。'"

2.《唐故试许州许昌县尉清河孙府君(和)墓志铭》:"长子颂、仲子灵台、次子师师、小子软奴皆幼稚,相过衔悲,孺泣攉黍同故里,莫不感其盛德。"(373/13-15)

按:上节第 8 条已指出"孺泣"一词的主语是墓主儿女,故"孺泣"应属上。现有辞书中唯见《汉语大词典》收有"孺泣"一词,释为"对父母的哀悼哭泣"。① 仅举一个书证,即南朝梁王筠《昭明太子哀册文》:"孺泣无时,蔬馈不溢。"可据本墓志补充书证。其实出土文献及传世文献中该词还有用例。唐上元三年(676)《大唐故怀德县主墓志铭并序》:"毁抗寅门,变春松于孺泣。"《大唐故通议大夫行仪王府司马上柱国武阳郡开国公京兆韦府君墓志铭并序》:"开元四年丁平公忧,哀过孺泣,疾不胜亡。"明茅国缙《先府君行实》:"俄而讣至,府君痛禄之不逮亲也,孺泣者无昼夜。"②

① 罗竹风主编《汉语大词典》第 4 卷,汉语大词典出版社,1989,第 252 页。
② (明)茅坤:《茅鹿门文集》,明万历刻本,第 985 叶。

第二章 《西南大学新藏墓志集释》补正及语言学价值探讨

　　《西南大学新藏墓志集释》（下文简称《新藏》）收录西南大学石刻研究中心 2010 年以来新藏墓志共 259 方。这批墓志基本为首次公布的近年出土的北魏至五代时期的墓志，原为民间收藏，散在各地，后由碑刻文献学、汉语言文字学家西南大学毛远明先生从河南、河北、山西、陕西等地陆续搜访而得。碑刻文献属于一手史料，时代明确，内容真实，信息丰富，对于文史研究有很高的价值。《新藏》将每一方墓志以拓片、提要、释文和注解的形式呈现，方便读者理解墓志内容和开展进一步的研究。惟志石年深日久，难免侵蚀剥泐，造成文字或残或缺，或模糊漫漶；加之志文中异体字、讹俗字、碑别字众多，难免释录有误；又因志文多引经据典，涉及典故、制度、历史人物众多，难免有注解不确或漏注重要典故、制度之处，影响读者理解。何山曾撰文对《新藏》进行校理，指正了书中多处录文、注释、标点等问题，① 值得参看。笔者经仔细研读发现，《新藏》中还有多处疏误学界未予拈出，乃不揣谫陋，从文字、词语、标点、典故、典章制度等角度对《新藏》一书中部分释文、标点和注解提出商榷。

第一节　文字问题

一　不辨俗字而误释

1. 北魏延昌二年（513）张永墓志："得蒙士豪，赐赉衣杖。"（4/8）

---

① 参何山《关于〈西南大学新藏墓志集释〉录文及注释的几个问题》，载《出土文献综合研究集刊》第 11 辑，巴蜀书社，2020，第 144-163 页；何山《唐代碑刻俗字考释十五题》，载《中国文字研究》第 33 辑，华东师范大学出版社，2021，第 130-135 页。

按："士豪"不辞。释文所谓"士"字，原拓实作"圡"，当隶定为"玉"，实为"土"的俗字。汉《衡方碑》"□□□圡，家于平陆"，顾蔼吉《隶辨》卷三注："'土'本无点，诸碑'士'或作'土'，故加点以别之。"① 《新藏》北周建德二年（573）元瑛墓志："方驰逸足，翻嗟圡牛。"（110/19）② 《新藏》唐贞元十三年（797）萧遇墓志："葬有时兮还故乡，体归圡兮迷所藏。"（524/27）《新藏》唐长庆四年（824）郭弘墓志："负圡霜天，是崇窀穸。"（577/12）《河南散存散见及新获汉唐碑志整理研究》③（下文简称《汉唐》）北魏延昌元年（512）鄐乾墓志："锡圡分茅，好爵是縻。"（137/12）《汉唐》北齐天保三年（552）道明墓志："冥冥泉壤，烬为圡灰。"（197/21）张涌泉将此类俗字归入"增繁"类型下的"繁化以区别形近的字"④。该志前文有"诠究士类""引接士流"，"士"字原拓皆作"士"。显然二形非同一字。

2. 东魏武定元年（543）尧奋墓志："优游击剑之术，反覆骑上之才，莫不振凡啼猿，褰旗横阵者矣。"（34/9）

按：释文所谓"凡"字，原拓实作"凡"。此字形兼为"凡"与"瓦"二字的俗字。本墓志中当释读为"瓦"字。《新藏》北齐天统三年（567）独孤华墓志："瓦鸡不署，银灯色敛。"（65/30）"瓦"字亦作"凡"。"振瓦"又作"震瓦"，"振"通"震"，典出《史记·廉颇蔺相如列传》："秦军军武安西，秦军鼓噪勒兵，武安屋瓦尽振。"唐李白《发白马》诗："武安有震瓦，易水无寒歌。"后亦用以比喻声威之盛。宋陆游《春寒》诗："滔天来泽水，震瓦战昆阳。"曾良指出"凡"与"亢""冗"相通，⑤"凡"与"几""丸""九"相混，⑥ 而未论及"凡"与"瓦"相

① （清）顾蔼吉编撰《隶辨》，中华书局，1986，第94页。
② 为覆核原拓，此处所注系拓片所在原书页码及误字所在行数，以便直接翻检。下同者不烦详注。
③ 陈朝云：《河南散存散见及新获汉唐碑志整理研究》，科学出版社，2019。
④ 张涌泉：《汉语俗字研究》（增订本），商务印书馆，2010，第84页。
⑤ 曾良：《俗字及古籍文字相通例研究》，百花洲文艺出版社，2006，第69-73页。又见曾良《隋唐出土墓志文字研究及整理》，第71-72页。
⑥ 曾良：《俗字及古籍文字相通例研究》，第97-100页。

混，可补。蔡忠霖列举了大量敦煌汉文写卷中"从'瓦'之部件作'⿰'例"，认为从"瓦"之部件写作"⿰"，应是从隶书楷化而来。[1] 其他墓志中"振瓦"的例子如唐载初元年（690）赵兴墓志："振瓦声威，即申画地之计。"[2] 另《新藏》所收唐垂拱二年（686）宋昉墓志："中黄瓦碎，永离膝下之恩。"（293/9）释文"瓦"字，原拓亦作"⿰"。此处编者释录正确。

3. **唐载初元年（690）王芊墓志："岂谓逝川不息，芳生有涯。"（307/8）**

按："芳生"不辞。释文所谓"芳生"之"芳"字，原拓作"⿰"。此字实为"劳"的碑别字。[3] "逝川""劳生""有涯"皆为典故词。"逝川"语本《论语·子罕》："子在川上曰：'逝者如斯夫！不舍昼夜。'"本指一去不返的江河之水。晋葛洪《抱朴子·勖学》："鉴逝川之勉志，悼过隙之电速。"唐骆宾王《秋日饯陆道士陈文林得风字》诗序："登高切送归之情，临水感逝川之叹。"清孙廷铨《挽船行》："皆云江南来，束人投逝川。"后用以比喻流逝的光阴。南朝齐谢朓《王抚军庾西阳集别时为豫章太守庾被征还东》诗："离会虽相亲，逝川岂往复。"唐吴融《子规》诗："举国繁华委逝川，羽毛漂荡一年年。""劳生"典出《庄子·大宗师》："夫大块载我以形，劳我以生，佚我以老，息我以死。"后以"劳生"指辛苦劳累的生活。唐张乔《江南别友人》诗："劳生故白头，头白未应休。"宋王禹偁《惠山寺留题》诗："劳生未了还东去，孤棹寒蓬宿浪花。"明刘基《次韵和孟伯真感兴》之二："无用文章岂疗饥，劳生筋骨已支离。""有涯"义为"有边际；有止境；有限"。典出《庄子·养生主》："吾生也有涯，而知也无涯。"南朝梁刘勰《文心雕龙·序志》："赞曰：生也有涯，无涯惟智。"前蜀韦庄《关山》："危时祇合身无着，白日那堪事有涯。""逝川不息，劳生有涯"意谓时光流逝不停息，辛劳生活有止境。怡然理顺。

---

① 蔡忠霖：《敦煌汉文写卷俗字及其现象》，文津出版社，2002，第303-304页。
② 毛阳光、余扶危主编《洛阳流散唐代墓志汇编》，国家图书馆出版社，2016，第82页。
③ 毛远明：《汉魏六朝碑刻异体字典》，第503页。

4. 唐开元二十六年（738）柳崇敬墓志："探二九而斫吏，藏万襓以渔人。"（424/12-13）

按："探二九"文义费解，疑释文有误。经查，释文所谓"九"字，原拓作"丸"。编者注"二九"曰："当是'丸'的隐语。探丸斫吏，谓杀人报仇。《汉书·酷吏传·尹赏》：'长安中奸猾浸多，闾里少年群辈杀吏，受赇报仇，相与探丸为弹，得赤丸者斫武吏，得黑丸者斫文吏。'《隋书·酷吏传》：'至于威行郡国，力折公侯。乘传赋人，探丸斫吏者，所在蔑闻焉。'明徐渭《帐词寿中军某侯帐词》：'探丸斫吏，四方急羽檄之驰；借箸筹兵，一语静风尘之警。'"今谓编者对典故"探丸""斫吏"注释得甚为准确，引例精当。唯不当错认"丸"形为"九"字。其实"丸"即"丸"字之俗写，撇上的一点移位到底部中间。类似的"丸"字字形有：北齐武平元年（570）《陇东王感孝颂》作"丸"①，北齐武平七年（576）李云墓志作"丸"②，唐刘禄墓志作"丸"③。释文所谓"二九"，当为"二丸"，即注文所谓"赤丸""黑丸"。因其有两种不同的颜色，故合称"二丸"。"二丸"与下文"万襓"对仗工整，作"二九"则失对。

二　不辨形讹字而失校

1. 隋开皇十八年（598）韩恒贵墓志："自非允洽民誉，参赞军谋，岂能俗位宫闱，参名戎伍。"（134/9）

按："俗位"不辞，疑释文有误。释文所谓"俗"字，原拓作"俗"，确为"俗"的异体字。④《西安碑林博物馆新藏墓志续编》亦录作"俗位"，作有校注："志文'俗位宫闱'的'俗'字，疑是'倍'字之讹。"⑤校注意见当从。"倍"当为"倍"的缺笔形讹字。墓志中"倍"为"陪"的古字。《穆天子传》卷六："丧主即位，周室父兄子孙倍之。"东晋郭璞注："倍，倍列位也。"清洪颐煊校："倍，古陪字。"唐韩愈《大行皇太后挽

---

① 毛远明：《汉魏六朝碑刻异体字典》，第 905 页。
② 毛远明：《汉魏六朝碑刻异体字典》，第 905 页。
③ 臧克和主编《汉魏六朝隋唐五代字形表》，第 21 页。
④ 参见毛远明《汉魏六朝碑刻异体字典》，第 847 页。
⑤ 赵力光主编《西安碑林博物馆新藏墓志续编》，陕西师范大学出版总社有限公司，2014，第 28-29 页。

歌词》之三:"追攀万国来,警卫百神倍。"《敦煌变文集·维摩诘经讲经文》:"居士曰:'比欲相随,今愿倍从。'"① 据此,则"倍位"即"陪位",义为"陪同"。《史记·滑稽列传》:"齐、赵陪位于前,韩、魏翼卫其后。"《三国志·魏书·高贵乡公髦传》:"其日即皇帝位于太极前殿,百僚陪位者欣欣焉。"清孔尚任《桃花扇·设朝》:"我等文武百官,昨日迎銮江浦,今早陪位孝陵。"

2. 唐乾封二年(667)常褒墓志:"五侯齐轨,七贵连骊。"(240/16-17)

按:"连骊"不辞,疑释文有误。复核原拓,确实作"骊"。今谓"骊"当因与"骖"形近而讹。"骖"又同"镳",本指一种马具,马嚼子两端露出嘴外的部分。因借指马。《龙龛手镜·马部》:"骖,正作镳,马衔也。"《晋书·张载传附张协》:"肴驷连骖,酒驾方轩。"《文选》卷三五张协《七命》作"镳"。唐许敬宗《唐并州都督鄂国公尉迟恭碑》:"戮鲸鲵于洙泗,弱骖骖于漳滏。"宋杨无咎《望海潮·上梁帅生辰》:"看即泥封峻召,无计驻华骖。""连镳"谓骑马同行,与"齐轨"义近。南朝宋刘义庆《世说新语·捷悟》:"王东亭作宣武主簿,尝春月与石头兄弟乘马出郊,时彦同游者连镳俱进。"唐段成式《酉阳杂俎·盗侠》:"建中初,士人韦生,移家汝州,中路逢一僧,因与连镳,言论颇洽。"清高士奇《缫丝行》:"巨舶贩海洋,连镳卖城府。"

3. 唐开元二十二年(734)李文墓志:"共究之仪,秀崇之制。"(417/7-8)

按:"共究"不辞,疑释文有误。经查,原拓确作"究"。本句前文云:"夫人周氏、乐氏,姿容四德,六行允修。"后文云:"即以开元廿二年十月十日,合葬于柏仁城北三里平原,之礼也。"据语境,可知"共究"当为"共穴"之讹。"究""穴"二字形近致误。"共穴"义同"同穴"。《诗经·王风·大车》:"谷则异室,死则同穴。谓予不信,有如皦日!"后

---

① 王重民等编《敦煌变文集》下,人民文学出版社,1957,第554页。

以"同穴"指夫妻合葬。亦用以形容夫妇相爱之坚。晋潘岳《寡妇赋》："要吾君兮同穴,之死矢兮靡佗。"唐陈子昂《唐故袁州参军李府君妻清河张氏墓志铭》："永惟同穴之仪,仰遵归祔之典。"清戴名世《汪烈妇传》:"亡夫尚在浅土未葬,异日得一抔之土,与同穴可也。"本志中"共穴"指志主李文与周、乐二夫人死后合葬。历代墓志中"共穴"一词用例甚夥。唐天宝四载(745)沈从道墓志:"昔殊偕老,兹焉共穴。"① 唐天宝四载(745)王爽墓志:"同衾共穴,地久天长。"② 明宣德八年(1433)《蔡国公徐忠夫人武氏墓志》:"昔称未亡,今乃共穴。"③

4. 唐咸通八年(867)杨㧑愈墓志:"有子一人曰彦融,捡挍太子宾客、右神策军衙前虞候。"(663/21)

按:释文"捡校"二字,原拓实作"捡挍"。现有辞书唯《汉语大词典》收录"捡挍",释为:"亦作'捡校'。查看,查视。"并举两例。晋葛洪《抱朴子·祛惑》:"敢为大言,乃云:已登名山,见仙人。仓卒闻之,不能清澄、捡挍之者,鲜觉其伪也。"一本作"检校"。宋蔡梦弼《杜工部草堂诗话》卷二:"老杜当干戈骚屑之际……遣弟捡挍草堂。"捡,一本作"检"。上揭词义与墓志用例不合。实则墓志中用例词形当校作"检校",为官名,晋始设,原为散官,元以后为属官,清代仅府有检校官,为低级办事官员。唐张鷟《朝野佥载》卷一:"正员不足,权补试、摄、检校之官。"宋陆游《老学庵笔记》卷四:"宣和末,郑伸自检校太师,忽落检校为真太师,国初以来所无有也。"清袁枚《随园随笔·古官尊卑不一》:"大抵古小而今大者尚书侍郎也,古大而今小者检校提举也。"原拓"检""校"二字皆作"扌"旁,乃因俗写"扌"旁、"木"旁不别。释文未同时恢复二字的正字写法,而仅恢复"校"字。导致所录别为一词。

---

① 毛阳光主编《洛阳流散唐代墓志汇编续集》,国家图书馆出版社,2018,第329页。
② 周绍良主编《唐代墓志汇编》,上海古籍出版社,1992,第1585页。
③ 转引自邵磊《南京出土明初勋贵及其家族成员墓志考》,《文献》2010年第3期,第134页。

5. 唐咸通十五年（874）郭佐思墓志："来墓之谣，襦袴之咏，可以规矩后来。"（695/15）

按："来墓"扞格难通。但原拓以正楷刻写，确实作"来墓"。今谓"墓"字系"暮"字之讹，编者失校。"来暮"系用典，《汉语大词典》已立为词目。语本《后汉书·廉范传》："成都民物丰盛，邑宇逼侧，旧制禁民夜作，以防火灾，而更相隐蔽，烧者日属。范乃毁削先令，但严使储水而已。百姓为便，乃歌之曰：'廉叔度，来何暮？不禁火，民安作。平生无襦今五袴。'"叔度，廉范字。后遂以"来暮"为称颂地方官德政之辞。唐王勃《上绛州上官司马书》："藩维克振，既参来暮之歌；邦国不空，自有康沂之相。"宋柳永《永遇乐》词："拥朱轓，喜色欢声，处处竞歌来暮。"下句"襦袴"也同出此典。此墓志铭文中有"人歌晚至"，亦是化用此典。编者在注释中已引用该典故，惜乎未发现上揭墓志正文中"墓"字之误。

三　不辨同形字而误释

1. 东魏武定元年（543）尧奋墓志："未建为山，奄从逝水。"（34/20）

按："为山"一词，典出《尚书·旅獒》："为山九仞，功亏一篑。"又见于《论语·子罕》："譬如为山，未成一篑。"本指筑山。后用以比喻建功立业。晋陶潜《悲从弟仲德》诗："在数竟不免，为山不及成。""未建为山"语义扞格。释文所谓"建"字，原拓作"建"。此形可兼表"建""逮"二字。上揭墓志中当释作"逮"，义为"及；到"。"未建为山"与陶潜诗"为山不及成"义正同。

2. 北齐天统元年（565）崔曜华墓志："求箴靡倦，待傅斯行。"（63/21）

按："待傅斯行"语义难通。释文所谓"傅"字，原拓作"傳"。此形兼表"傅""傳"二字。在此处当释读为"傳"，义为"驿站或驿站的车马"。《左传·成公五年》："梁山崩，晋侯以传召伯宗。"杜预注："传，驿。"《后汉书·陈忠传》："发人修道，缮理亭传。"《北魏安州刺史长孙季墓志》："待傅斯行，实为女则。"原拓亦作"傳"。① 曾良以睡虎地秦墓

---

① 张志亮：《北魏安州刺史长孙季墓志》，《东方艺术》2013 年第 6 期，第 88—89 页。

竹简等为例，指出秦隶中已"傅""傳"不别。① 毛远明亦指出构件"甫"与"重""甫""占"讹混，使得"傅"与"傳""倬"成为同形字。② 遗憾的是，《新藏》个别地方还是出现了误认同形字的问题。

3. 北齐武平二年（571）张宗宪墓志："既裁芙锦，仍解乱绳。"（72/12）

按："芙锦"不辞。释文所谓"芙"字，原拓作"🔲"。此形兼表"芙""美"二字，墓志中当释读为"美"字。"裁美锦"为用典，典出《左传·襄公三十一年》："子皮欲使尹何为邑。子产曰：'少，未知可否。'子皮曰：'愿，吾爱之，不吾叛也。使夫往而学焉，夫亦愈知治矣。'子产曰：'不可。……子有美锦，不使人学制焉。大官、大邑，身之所庇也，而使学者制焉，其为美锦不亦多乎？'"后以"裁美锦""裂美锦""割美锦"等比喻为官治邑。北周天和六年（571）赵佺墓志："既裂美锦，且泛鸣弦。"③ 隋大业十一年（615）白仵贵墓志："美锦既裁，棼丝见理。"④ 武周久视元年（700）李仙童墓志："禁戒务□，美锦裁工。"⑤ 唐开元十五年（727）王内则墓志："弹鸣琴以字物，割美锦而调人。"⑥

此典又可省作"裁锦"，义同。北魏杨衒之《洛阳伽蓝记·秦太上君寺》："陛下《渭阳》兴念，宠及老臣，使夜行罪人，裁锦万里，敬奉明敕，不敢失堕。"此典又可省作"制锦"，义并同。《金石萃编》卷四九引隋无名氏《洺州南和县澧水石桥碑》："又有宣威将军县令马君，以美誉清风，制锦斯邑。"宋卢炳《满江红·送赵季行赴金坛》词："制锦才高书善最，鸣琴化洽人欢怿。"明叶宪祖《鸾鎞记·摧落》："从教曳白自登科，饶咱制锦空延伫。"

《汉魏六朝碑刻异体字典》已指出"芙"为"美"之构件讹变异体

① 曾良：《隋唐出土墓志文字研究及整理》，第48-49页。
② 毛远明：《汉魏六朝碑刻异体字典》，第245页。
③ 陈长安主编《隋唐五代墓志汇编·洛阳卷》（第11册），天津古籍出版社，1991，第145页。
④ 王其祎、周晓薇编著《隋代墓志铭汇考》第五册，线装书局，2007，第115页。
⑤ 转引自邵秀梅《新见唐代墓志（2009-2019）整理与字词考释》，西南大学硕士学位论文，2021，第70页。
⑥ 胡戟、荣新江主编《大唐西市博物馆藏墓志》，北京大学出版社，2012，第447页。

字，与"芙蓉"之"芙"成为同形字，① 但《新藏》此处仍误认误判了同形字。② 这也说明了碑刻文献整理之不易，既要严格地审辨字形，还要结合语境准确判断字用情况和字际关系。

4. 隋开皇三年（583）薛舒墓志："闲馆迎风，无复传觞之日；薄惟鉴月，讵有弹琴之期。"（122/17-18）

按："薄惟"不辞。复核原拓，以正楷刻写，确实作"惟"。但此处当释读为"帷"。在俗写系统中，"巾"旁常作"忄"旁，盖因书写求速，"巾"之横画成了虚笔，只见左右两点。③ 故"惟"与"帷"字的俗写为同形字，皆写作"惟"。唐开元十三年（725）《大唐故银青光禄大夫湖州刺史朱公墓志铭并序》："职务六条，寄重八道，所任惟剧，所理惟精，求瘝褰帷，自群牧而仰止。"《新藏》所录唐开元二十一年（733）寇太珪墓志："公褰帷千里，宣示六条。"（406/14）二志中"褰帷"皆刻作"褰惟"。典出《后汉书·贾琮传》："琮为冀州刺史。旧典，传车骖驾，垂赤帷裳，迎于州界。及琮之部，升车言曰：'刺史当远视广听，纠察美恶，何有反垂帷裳以自掩塞乎？'乃命御者褰之。"后因以"褰帷"为官吏接近百姓，实施廉政之典。《梁书·刘孝绰传》："方且褰帷自厉，求瘝不休。"《新藏》所录唐开元二十七年（739）桓臣范墓志："褰帷临左辅之郊，离毕降随车之泽。"（438/29）宋王禹偁《拟除开封县令可郑州刺史》："以尔具官某，宰予赤县，绰有政声，宜旌墨绶之贤，用布褰帷之化。"《新藏》所录唐开元二十二年（734）李文墓志："广座之内，举袂成帷。"（416/2）《新藏》所录唐贞元十四年（798）氾府君夫人张氏墓志："沉沉緫帷，风嗖嗖而空度。"（527/21）以上二条，原拓作"惟"，录文即作"帷"。"惟"为"帷"的俗写。《唐故清河崔夫人墓志铭并序》："泪外姻内姻、孤者孀者，来馆于我而依夫人，率皆瞻其緫帷，无不流恸。"《新

---

① 毛远明：《汉魏六朝碑刻异体字典》，第595页。
② 徐梅《〈秦晋豫新出墓志蒐佚续编〉（汉魏六朝部分）字词专题研究》此处亦误释为"芙"，西南大学硕士学位论文，2017，第207页。
③ 蔡忠霖：《敦煌汉文写卷俗字及其现象》，第277页。

藏》所录唐开元二十五年（737）关则及妻崔氏墓志："武进奇谋，筹胜决于帷幄。"（418/2）"幄"，原拓作"偓"，录文作"幄"，"偓"为"偓"的俗写。《大正藏》第五十一册唐代僧详《法华传记》卷四"释法诚"条："尝有人欲害，夜往其房，见门内猛火腾焰升怅，遂即退悔。""升怅"不辞，"怅"为"帐"的俗写。《大正藏》第五十册《续高僧传》卷二十八"释法诚"条正作"帐"。《新藏》所录唐天宝十载（751）杨文墓志："三从久备，四德早彰，春秋卌有一，终于闺帐。"（472/8）"帐"，原拓作"怅"，录文作"帐"，"怅"为"帐"的俗写。敦煌写卷各期俗字中，凡从"巾"之偏旁，多写作"忄"，如"账"作"怅"，"幢"作"憧"，"幡"作"憿"，"幅"作"愊"，等等。

以文例言之，墓志上下两句为对偶，"闲馆"与"薄帷"位置相对，结构相同，都是定中式的名词，可见"惟"释读作"帷"文从字顺。"薄帷鉴月"当是用典。《文选》卷二三西晋阮籍《咏怀》："薄帷鉴明月，清风吹我衿。"《艺文类聚》卷一引北周王褒《咏月赠人》："月色当秋夜，斜晖映薄帷。"《全唐诗》卷五九李峤《月》："皎洁临疏牖，玲珑鉴薄帷。"《全唐诗》卷五〇七蒋防《秋月悬清辉》："晶晃浮轻露，裴回映薄帷。"

顺及："闲馆迎风"亦为用典。典出《三辅黄图·汉宫》："武帝作迎风馆于甘泉山。"用以指朋友聚会。西晋陆机《拟今日良宴会》："闲夜命欢友，置酒迎风馆。"南朝齐谢朓《隋王鼓吹曲·钧天曲》："高宴颢天台，置酒迎风观。"

5. 隋开皇十八年（598）韩恒贵墓志："及大隋肇运，广辟英贤。遂得倍卫盡室，侍列驰道。"（134/13-14）

按："盡室"不辞。释文所谓"盡"字，原拓作"畫"。此形《汉魏六朝碑刻异体字典》未收。其兼为"盡""畫"二字的俗体，墓志中当释读为"畫"字。"畫室"为用典，典出《汉书·霍光传》："明旦，光闻之，止畫室中不入。"注云："如淳曰：'近臣所止计画之室也，或曰雕画之室。'师古曰：雕画是也。"清王先谦补注引周寿昌曰："畫室当是殿前西阁之室。《杨敞传》'上观西阁上画人，指桀、纣画谓乐昌侯王武'云云，又云'画人有尧、舜、禹、汤'，则知西阁画古帝王像，故称畫室。"①据此，则"畫室"指汉代殿前西阁之室，因雕画尧、舜、禹、汤、桀、纣等古帝王像，故称。墓志后文有："云台畫影，久灭丹青。藏室书名，终亡简策。"（133/17）"畫"字原拓亦作""，据此内证字形，参之词义，可见释文所谓"盡室"当为"畫室"无疑。《西安碑林博物馆新藏墓志续编》""字释作"畫"，甚是。②《新藏》所录唐开元二十八年（740）韦望墓志："东军大将奏充幕畫。"（445/5）"畫"字原拓亦作""。此处编者释录正确。曾良遍举类书、敦煌文献、汉文佛经、唐代墓志等语料，揭示古籍中"畫""盡"二字经常相讹。③

四　误释形近字

1. 唐永徽四年（653）萧鉴墓志："百年已矣，万古万同。"（210/26）

按："万古万同"扞格难通。原碑以楷体刻写，释文所谓"万古"之"万"，原碑作""；释文所谓"万同"之"万"，原碑作""。仔细比勘，二字并非全同，只是形体非常接近，第二字比第一字上方多一点，是为"方"字无疑。墓志上下两句对偶，"百年""万古"皆为时间名词，"已""同"皆为动词，"矣""方"皆为虚词。南朝梁刘令娴《祭夫徐敬业文》："百年何几，泉穴方同。"与志文意思相同，亦用"方同"。墓志中"方同"还有其他用例。北周宣政元年（578）宇文瓘墓志："当春早落，厚夜方同。"④ 唐天宝五载（746）杨晓墓志："未适愿兮，方同逝者。"⑤ 唐咸通十二年（871）《大唐王氏夫人墓志铭并序》："夫人天滋柔顺，家懔纪纲，兢兢姑嫜，雍雍妯娌，内外瞻仰，方同雅范之风。"⑥ "方同"盖为"死方同穴"的省缩。典出《诗经·王风·大车》："谷则异

---

① （清）王先谦撰《汉书补注》，中华书局1983年影印清光绪虚受堂刻本，第1304页上栏。
② 赵力光主编《西安碑林博物馆新藏墓志续编》，第28页。但是该书同时误将上揭墓志引文中原拓字迹清晰可辨的"倍卫"二字录作"倍位"。
③ 曾良：《俗字及古籍文字相通例研究》，第97—99页。
④ 罗新、叶炜：《新出魏晋南北朝墓志疏证》，中华书局，2005，第292页。
⑤ 齐运通、杨建锋编《洛阳新获墓志二〇一五》，中华书局，2017，第206页。
⑥ 安阳文物考古研究所、安阳博物馆编著《安阳墓志选编》，科学出版社，2015，第190页。

室，死则同穴。"东魏武定二年（544）王令媛墓志："居室且异，临穴方同。"① 唐显庆三年（658）支隆及妻高氏墓志："谷则异室，死方同穴。"②

2. **唐咸亨五年（674）张相墓志："宏图迈俗，忌朴满而持虚。"（253/7）**

按：释文所谓"朴满"之"朴"字，原拓实作"扑"。释文误录形近字。墓志前文："雅操不群，务扔谦而自牧。""扔谦"义为施行谦德，泛指谦虚。《易·谦》六四："无不利，扔谦。"魏王弼注："指扔皆谦，不违则也。"《陈书·周弘正传》："窃闻扔谦之象，起于羲轩爻画；揖让之源，生于尧舜禅受。"宋王安石《贺留守侍中启》："遂回涣号之孚，以徇扔谦之美。"清和邦额《夜谭随录·梁生》："二生至，各叙契阔，并申贺悃，梁扔谦不已。""扑满"与"扔谦"相对为文，据前后文义及对文文例，则"扑满"当与"扔谦"意义相反，即"扑满"义当为"骄傲自满"。此义未见辞书收录，当补。唐贯休《续姚梁公坐右铭》诗："励志须至，扑满必破。"

3. **唐咸亨五年（674）张相墓志："方翼福善缔祯，辅贤流祉。"（253/10）**

按：释文所谓"翼"字，原拓实作"![冀字异体]"。当隶定作"冀"，为"冀"的异体字。释文误识误录形近字。"冀"为"希望；期望；盼望"义。《楚辞·离骚》："冀枝叶之峻茂兮，愿俟时乎吾将刈。"《南齐书·垣崇祖传》："淮北士民，力屈胡虏，南向之心，日夜以冀。"墓志后文："不谓熊经爽候，黯榆光于少微。""不谓"义为"不意，不料"，与"方冀"意义相反。《新藏》另有墓志中"冀"作"冀"。唐调露元年（679）赵政墓志："冀水陆非常之候，缉余烈于当时。"（273/16）武周天授三年（692）窦孝忠墓志："方冀克隆阴教，永播柔风。"（319/20）二处"冀"字作"![冀字异体]"，当隶定为"冀"。编者皆释录作"冀"，甚是。

---

① 毛远明：《汉魏六朝碑刻校注》第七册，线装书局，2008，第376页。
② 周绍良、赵超主编《唐代墓志汇编续集》，第95页。

4. 唐上元二年（675）崔寔墓志："夫人李氏，养气之田，传华蕣薄。"（255/11）

按：释文所谓"之"字，原拓实作"芝"。字迹虽稍有漫漶不清，但可以看出"之"字上还有"艹"旁，故当隶定作"芝"字。"芝田"义为传说中仙人种灵芝的地方。三国魏曹植《洛神赋》："尔乃税驾乎蘅皋，秣驷乎芝田。"晋王嘉《拾遗记·昆仑山》："第九层，山形渐小狭，下有芝田、蕙圃，皆数百顷，群仙种耨焉。"宋曾巩《丹霞洞》诗："初谁凿险构楼观，更使绕舍开芝田。"明焦竑《焦氏笔乘续集·金陵旧事下》："射兹谷鲋，洌彼寒泉，分甘玉液，流润芝田。"此义施诸墓志中怡然理顺。"芝田"与"蕣薄"对文类义。"蕣"为木名。又名木槿。夏季开花，有白、红、淡紫等色，早开晚落，仅荣一瞬，故名。《吕氏春秋·仲夏纪》"半夏生，木堇荣"东汉高诱注："木堇，朝荣暮落，是月荣华，可用作蒸，杂家谓之朝生，一名蕣。"唐元稹《哭女樊四十韵》："莲初开月梵，蕣已落朝荣。""薄"指草木丛生处。《楚辞·九章·思美人》："擥大薄之芳茝兮，搴长洲之宿莽。"宋洪兴祖补注："薄，丛薄也。"《淮南子·俶真训》："鸟飞千仞之上，兽走丛薄之中。"东汉高诱注："聚木曰丛，深草曰薄。"其他墓志中"芝田"不乏用例。《新藏》武周长安二年（702）吴亮墓志："未采饵于芝田，已归魂于蒿里。"（339/12）唐会昌元年（841）《唐故雍夫人墓志铭》："夫人禀润芝田，袭芳琼室。"[①]

5. 唐上元二年（675）《崔寔墓志》："玉铃摛妙，金肱毓来。"（255/16）

按："毓来"不辞。释文所谓"来"字，原拓作"采"。墓志前文有："原夫《玉铃》挺华，滋泉赐□螭之兆；金肱秘采，棘溢孕韬大之姿。"二者内容正相对应。编者注："金肱毓采，谓金匮密藏之书。"[②]据此内证，结合字形和词义，可知"来"字当为"采"字无疑。

---

① 转引自李彦峰、马金磊《唐魏纶夫妇合葬墓的发现与墓志考释》，《文博》2019年第6期，第79页。

② 毛远明：《西南大学新藏墓志集释》，第255页。

6. 武周天授三年（692）窦孝忠墓志："凝然清峙，莫与为俦。"（320/9）

按：释文所谓"凝"字，原拓明显作"嶷"。"凝然""嶷然"皆为成词。据《汉语大词典》，"凝然"义为："犹安然。形容举止安详或静止不动。"唐李咸用《升天行》："玉皇据案方凝然，仙官立仗森幢幡。"宋孙光宪《北梦琐言》卷四："每对客座，而厮仆辈纷诟殴曳，仆于面前。相国凝然，似无所睹。"据《汉语大词典》，"嶷然"有三个义项。（1）形容年幼聪慧。晋袁宏《后汉纪·桓帝纪二》："考德叙才，莫若解渎亭侯宏，年十有二，嶷然有周成之质。"《南史·齐曲江公遥欣传》："遥欣髫龀中便嶷然。"（2）卓异貌；屹立貌。晋葛洪《抱朴子·汉过》："含霜履雪，义不苟合；据道推方，嶷然不群。"《新唐书·韦处厚传》："处厚姿状如甚懦者，居家亦循易，至廷争，嶷然不可回夺。"（3）端庄貌。南朝宋刘义庆《世说新语·言语》"庾公造周伯仁"，南朝梁刘孝标注引《晋阳秋》："颙有风流才气，少知名，正体嶷然，侪辈不敢媟也。"唐玄奘《大唐西域记·瞿萨旦那国》："中有佛坐像，高七尺余，相好允备，威肃嶷然，首戴宝冠，光明时照。"孤立地考察词义，似乎"凝然"以及"嶷然"的三个义项置于句中皆可通。所以还要结合下文相搭配的词语"清峙"的词义才能进一度确认墓志中合适的词形及义项。墓志中的"峙"也不能视作本字，应该看作"峙"的俗字。现有辞书中唯《汉语大词典订补》收录"清峙"一词，释为："清高特立。"仅举一个书证。[1] 南朝宋刘义庆《世说新语》："王公目太尉：'岩岩清峙，壁立千仞。'"据墓志前后文义及"清峙"之词义，可知当以原拓作"嶷然"为是，义为"卓异貌"。

7. 武周天授三年（692）窦孝忠墓志："先是，境多剽掠，历政为患。及公临郡，威伏其辜。"（320/14-15）

按："威伏其辜"扞格难通。今谓释文所谓"威"字，原拓作"威"，为"咸"的碑别字，此字形又见于北齐天保九年（558）《张归生造像记》。[2]"咸伏其辜"谓前之剽掠为患者皆伏罪，怡然理顺。典籍中未见"威伏其

---

① 汉语大词典编纂处编《汉语大词典订补》，上海辞书出版社，2010，第646页。
② 参见毛远明《汉魏六朝碑刻异体字典》，第964页。

辜",而"咸伏其辜"屡见。《史记·秦始皇本纪》:"寡人以眇眇之身,兴兵诛暴乱,赖宗庙之灵,六王咸伏其辜,天下大定。"《汉书·武帝纪》:"冬十月,诏曰:'南越、东瓯咸伏其辜,西蛮北夷颇未辑睦,朕将巡边垂,择兵振旅,躬秉武节,置十二部将军,亲帅师焉。'"《晋书·愍怀太子通传》:"赖宰相贤明,人神愤怨,用启朕心,讨厥有罪,咸伏其辜。"《汉书·董贤传》:"前东平王云贪欲上位,祠祭祝诅,云后舅伍宏以医待诏,与校秘书郎杨闳结谋反逆,祸甚迫切。赖宗庙神灵,董贤等以闻,咸伏其辜。"

8. 唐开元十五年(727)贾君墓志:"腾茂响于宗盟,旅芳规于戚里。"(385/3)

按:"旅芳规"扞格难通。细审原拓,释文所谓"旅",作"振"。当隶定为"振"字。因俗书"方"字旁可写作"扌",[1] 故"旅"字俗写作"振""振""振"等形,[2] 与"振"字俗写相近。"振芳规"义为"显扬前贤的遗规",怡然理顺。

9. 唐元十六年(728)牛氏墓志:"剑松才植,晓乃切于悲风;谷垄新营,暝恒凄于朗月。"(389/8-9)

按:释文所谓"谷"字,原拓作"斧"。字形下部有石花干扰,但还是看得出来下部为"斤"而非"口"。该字当系"斧"字。北周宣政元年(578)若干云墓志"斧"字作"斧"。[3] 与上揭牛氏墓志之"斧"基本同形。上段墓志为骈文,据文例,"斧垄"与"剑松"对文,若合符节,怡然理顺。"斧垄"一词,未见辞书收录。《汉语大词典订补》收有"斧坟"一词,释为"坟墓"。仅举一个书证。[4] 元同恕《将仕郎赵君墓志铭》:"岂四天之斧坟,尚永永其不泯。"据牛氏墓志前后文语境,参考与之构词

---

① 参见曾良《俗字及古籍文字通例研究》,第 73 页。
② 参见毛远明《汉魏六朝碑刻异体字典》,第 578 页。
③ 参见毛远明《汉魏六朝碑刻异体字典》,第 238 页。
④ 汉语大词典编纂处编《汉语大词典订补》,第 755 页。

方式相同的同素词"斧坟"，当知"斧垄"一词亦为"坟墓"义。其得义之由可得而说。"斧"本指坟墓封土的形状，源自典故。《礼记·檀弓上》："昔者夫子言之曰：'吾见封之若堂者矣，见若坊者矣，见若覆夏屋者矣，见若斧者矣。从若斧者焉。'"由此典故，产生了"斧坟""斧屋"等表示"坟墓"义的词语。"垄"有"坟墓"义。《礼记·曲礼上》："适墓不登垄。"汉郑玄注："垄，冢也。"唐李商隐《祭全义县伏波庙文》："岂独文宣之陵不生刺草，更若武侯之垄仍有深松。"清秦曾熙《〈小螺庵病榻忆语〉跋》："余思妇之贤……命德埏以礼迎栗主归，并其柩殡诸先垄。"故"斧垄"与"斧坟""斧屋"一样，字面意思为形似斧的坟墓，引申为泛指坟墓。

顺及：如上所述，现有辞书中唯见《汉语大词典订补》收录"斧坟"一词，且仅举一例元代书证，实际上墓志材料中另有"斧坟"一词。唐上元二年（675）阎庄墓志："剑匣双瘗，斧坟孤永。"[1] 据此，可将辞书中"斧坟"一词首见例的时代提前。

又及："斧屋"一词，亦典出《礼记·檀弓上》。现有辞书中唯《汉语大词典》收有"斧屋"一词，亦仅举一个书证，出自《柳河东集》。唐柳宗元《为韦京兆祭太常崔少卿文》："晦尔精灵，藏之斧屋。"实际上墓志材料中另有"斧屋"一词。明万历三十五年《陈氏墓志》："若堂若房，斧屋谁将。"据此，可补充辞书中"斧屋"一词的书证。

10. 唐开元二十六年（738）冯中庸墓志："刀笔有声，爵罗无桡。"（432/15-16）

按：释文所谓"桡"字，原拓作"挠"。左边分明为"扌"旁，当隶定为"挠"。不过，"挠""桡"二字皆有"弯曲""屈从""扰乱""削弱"等义，且在这些义项上为同音字，皆音 náo。盖因俗写"木"旁、"扌"旁不分，"挠""桡"二字形成异体字。

---

① 臧振：《西安新出阎立德之子阎庄墓志铭》，荣新江主编《唐研究》第2卷，北京大学出版社，1996，第457页。

11. 唐开元二十七年（739）桓臣范墓志："今再沐鸿私，增受重録。"（439/17）

按：释文所谓"録"字，原拓作"禄"。"重禄"义为厚俸，高薪。《管子·立政》："功力未见于国者，则不可授以重禄。"《礼记·中庸》："忠信重禄，所以劝士也。"朱熹集注："谓待之诚而养之厚。"《史记·李斯列传》："斯，上蔡闾巷布衣也。上幸擢为丞相，封为通侯，子孙皆至尊位重禄者，故将以存亡安危属臣也。"可知原拓作"禄"字不误，编者误释形近字。

12. 唐开元二十七年（739）桓臣范墓志："京邑者，四方之则，慎泽良尹，久难其人。"（439/26）

按："慎泽良尹"不辞。释文所谓"泽"字，原拓作"择"。"择"字是。释文误释形近字。"慎择"即"慎重选择"，文从义安。

13. 唐开元二十七年（739）桓臣范墓志："于乡党类夫子之恂如；宜室家有异缺之宾敬。"（439/33）

按："异缺"不辞。释文所谓"异"字，原拓作"奠"。"奠"字是。释文误释形近字。"奠"为"冀"的异体字。"冀缺"为郤缺的别名。春秋时晋人。因其父芮封冀，故又称冀缺。臼季见其耕于冀野，夫妻相敬如宾，荐之于晋文公。后代赵盾为政。谥成子。参见《左传·僖公三十三年》《国语·晋语五》。晋陶潜《劝农》诗之四："冀缺携俪，沮溺结耦。"唐欧阳詹《出门赋》："懋灵辄于困穷，举冀缺于垄亩。"

14. 唐开元二十七年（739）桓臣范墓志："尝撰《吏曹手镜》卅卷、《刺史斑条》一卷，盛行于代，爨爨可观。"（439/34）

按："爨爨"不辞。释文所谓"爨"字，原拓作"𤎧"。"𤎧"字不见于现有字典辞书。但《汉语大字典》（第二版）收"𤍥"字。释为："同'爨'。南朝宋谢灵运《苦寒行》：'饥𤍥烟不兴，渴汲水枯涧。'"而部首"亠"可与"文"相通，如"齑"字又作"齑"。故编者将"𤎧"字认作

55

爨录为“爨”，并非全无根据。但结合前后文语境及词义知识，可知此处正确的文字当为“斖斖”，与“亹亹”为异形词。原碑误刻形近字。“亹亹”谓诗文或谈论动人，有吸引力，使人不知疲倦。《后汉书·班固传》论：“若固之序事，不激诡，不抑抗，赡而不秽，详而有体，使读之者亹亹而不猒，信哉其能成名也。”南朝梁锺嵘《诗品·晋黄门郎张协》：“词采葱蒨，音韵铿锵，使人味之亹亹不倦。”唐卢照邻《〈南阳公集〉序》：“岑君论诘亹亹，听者忘疲。”《三国演义》第六十九回：“辂亹亹而谈，言言精奥。”清姚鼐《祭刘海峰先生文》：“嗣学古文，以任道期，亹亹其文，以赠吾离。”①

15. 唐开元二十七年（739）桓臣范墓志：“嗣子庭，璋茅弓裘，系业栾棘。其容将志九原，俾杨百行。”（439/36）

按：“璋茅”不辞。释文所谓“茅”字，原拓作“”。当隶定作“等”字。因俗写“⺮”旁、“艹”旁不别，“等”字俗写作“䓁”，例多不赘。“䓁”字俗写进一步简省作“䒤”。《宋元以来俗字谱》：“‘等’，《太平乐府》《娇红记》作‘䒤’。”② 墓志中的“”字当为“䒤”字的讹变形体。

16. 唐天宝四载（745）《张都护墓志》：“男号女泣兮涕无从，方声空说兮留贞石。”（467/22-23）

按：“方声”不辞，疑释文有误。细审原拓，释文所谓“方”字，实作“”。字迹虽漫漶不清，但还是可以看出该字上部有“艹”旁。当为“芳”字。“芳声”义为“美好的声誉”。汉祢衡《鹦鹉赋》：“于是羡芳声之远畅，伟灵表之可嘉。”唐韩愈《梁国惠康公主挽歌》之一：“定谥芳声远，移封大国新。”明徐渭《赠陈君》诗：“陈君在乡曲，少小驰芳声。”此义施诸上文怡然理顺。“芳声”不误。释文误释形近字。上文原碑有多处文字残泐，辨认不易。不过结合残存字形，参以词义及文义，部分文字

① （清）姚鼐：《惜抱轩诗文集》，清嘉庆十二年刻本，第243叶。

② 刘复、李家瑞：《宋元以来俗字谱》，国立中央研究院历史语言研究所，1930，第61页。

还是可以得到准确判定。

17. 唐天宝十载（751）樊行淹夫人孙四娘墓志："爰孤瑟琴，遂暌偕老。"（476/7）

按：原拓作"暌"，释文径录作"睽"。"暌"字有"违背；分离"义。南朝梁刘勰《文心雕龙·杂文》："或文丽而义暌，或理粹而辞驳。"唐包佶《奉和常阁老晚秋集贤院即事寄赠徐薛二侍郎》："始欢新遇重，还惜旧游暌。"明冯梦龙《警世通言·况太守断死孩儿》："其缘短的，合而终暌；倘缘长的，疏而转密。"清顾炎武《答原一公肃两甥书》："重泉虽隔，方寸无暌。"因志主孙四娘之夫樊行淹先去世，所以志文有"孤瑟琴，暌偕老"云云。"暌偕老"即违背了夫妻相偕到老的誓言。"暌"字言从义顺，不烦改。《新藏》"凡例"有言："唯讹字，因影响阅读，则径录为正字，一般都加注说明，有的还注说改正原因，辅以考证。"此处编者改字径录，盖因以"暌"为讹字，而想到"睽"字有"违背；乖离"义。如《庄子·天运》："三皇之知，上悖日月之明，下睽山川之精，中堕四时之施。"唐成玄英疏："睽，乖离也。"汉扬雄《法言·重黎》："秦失其猷，罢侯置守。守失其微，天下孤睽。"南朝梁刘勰《文心雕龙·声律》："双声隔字而每舛，迭韵离句而必睽。"唐皮日休《九讽·见逐》："耳方聪兮忽睽，目方视兮忽盲。"今谓在"违背；乖离"义上，"暌""睽"二字同义，且二字字形极相近，仅形旁有"日""目"之别，容易相混。但整理古代文献的原则是：原文用字不误，不当径改为他字，哪怕所改的字是表义相同的。

18. 唐天宝十二载（753）郭浩墓志："昊天不予，爰降鞠凶。"（479/14）

按："昊天不予"语义扞格难通。释文所谓"予"，原拓实作"![吊字形]"，当为"吊"的形讹字。"吊"字，北魏元弘嫔侯墓志作"![吊字形]"，隋宋玉艳墓志作"![吊字形]"，唐司马寔墓志作"![吊字形]"，唐吴达墓志作"![吊字形]"。[①] "昊天不吊"谓不为天所哀悯庇佑。语本《诗经·小雅·节南山》："不吊昊天，不

----

①　臧克和主编《汉魏六朝隋唐五代字形表》，第452页。

宜空我师。"宋朱熹集传:"吊,愍。"后因以"昊天不吊"为哀悼死者之辞。汉蔡邕《济北相崔君夫人诔》:"昊天不吊,降此残殃。"《陈书·世祖纪》:"昊天不吊,上玄降祸。大行皇帝奄捐万国,率土哀号,普天如丧。"《元史·后妃传一·庄懿慈圣皇后》:"九族咸育于仁,四海仰遵其化。昊天不吊,景命靡融。"《新藏》所收唐咸通八年(867)刘府君及夫人墓志:"何期履善无征,昊天不吊,严霜夏陨,舜英昼凋。"(666/11)释文误释形近字。

19. 唐大历七年(772)李仲珪墓志:"长子曰嵩,皇前进士。次子蕀、崟、巍、嵛、峦、屿、峰、岢。"(500/18—19)

按:释文所谓"蕀",原拓实作"<u>嶽</u>",当隶定为"嶽"字。据志主其他儿子的取名用字来看,都是以"山"为部首的字。释文当从原拓,录作"嶽"。释文误释形近字。

20. 唐贞元十七年(801)裴真卿墓志:"及公之督郡也,稽简簿,搜遗隐,得羡财以制备。岂卸给之经费,践萃拊祅,疲人息肩。"(539/11—12)

按:"岂卸给之经费"文义不通。疑有误字。释文所谓"岂"字,原拓实作"<u>豐</u>"。当为"豐"字。"卸"字当为"御"字之误。"豐御给之经费"即增加皇帝(朝廷)给予的经费。

又:"践萃"不辞,疑有误字。释文所谓"萃"字,原拓实作"<u>卒</u>"。当隶定为"卒"字。"践"字当为"贱"字之误刻形近字。"贱卒"与下句"疲人"对文,怡然理顺。

21. 唐贞元十七年(801)裴真卿墓志:"河谓之英,重光君子。"(546/3—4)

按:"河谓之英"文义不通。原拓亦作"河谓"。疑有误字。"谓"当为"渭"字误刻。"河渭"是黄河与渭水的并称。亦指黄河、渭河之间的地区。《史记·留侯世家》:"诸侯安定,河渭漕挽天下,西给京师。"汉陈琳《檄吴将校部曲文》:"阻二华,据河渭。"南朝宋鲍照《拟古》诗之六:"河渭冰未开,关陇雪正深。"志文首句开门见山指出志主的籍贯:"夫人者,天水人也。"天水正处于黄河与渭水之间。

22. 唐元和七年(812)刘宝及夫人乐氏墓志:"虽乃未沾缁服,心修善渥。"(554/8)

按:"善渥"不辞,疑有误字。释文所谓"渥"字,原拓实作""。当为"瀳"的俗讹字。"瀳"为"法"的异体字。"善法"在佛教教义中指修善果之法。《后汉书·西域传》论:"至于佛道神化,兴自身毒,而二汉方志,莫有称焉……班勇虽列其奉浮图,不杀伐,而精文善法导达之功靡所传述。"东晋僧伽提婆与僧伽罗叉译《中阿含经》卷四《师子经》:"即于现世断诸不善,得众善法,修习作证。"据墓志语境,释为"善法"怡然理顺。

23. 唐元和八年(813)马考颜墓志:"嗟乎!大榭之晨,白雾满空。归宅兆之时,愁云惨烈。"(556/12)

按:"大榭之晨"扞格难通,疑有误字。复核原拓,字作"大搨",义亦不通。据前后文语境,当为"大谢"。义为"去世;逝世"。与其同构同素词"大去"、同素词"谢世"同义。唐元和十年(815)臧协妻向氏墓志:"寝疾俄尔,大谢将及。"[1] 唐元和九年(814)石神福墓志:"去元和八年正月十七日,奄然大谢于野牧,时春秋五十有五。"[2] 唐大和九年(835)李摩呼禄墓志:"大谢于大和九年二月十六日,殁于唐扬州江阳县文教坊之私第也。"[3] 唐开成五年(840)江华县主墓志:"未适其志,殷忧恙生,奄然沉绵,以至大谢。"[4] 现有辞书未收"大谢"一词,当补。

24. 唐元和十二年(817)崔頵墓志:"稚孤霜单,丛居均养。"(567/

---

[1] 吴钢主编《全唐文补遗》(第四辑),三秦出版社,1997,第96页。
[2] 周绍良主编《唐代墓志汇编》,上海古籍出版社,1992,第1991页。
[3] 周运中:《唐代扬州波斯人李摩呼禄墓志研究》,《文博》2017年第6期,第69页。
[4] 齐运通、杨建锋编《洛阳新获墓志二〇一五》,中华书局,2017,第316页。

24—25）

按："霜单"不辞，疑有误字。细审原拓，以正楷刻写，而释文所谓"霜"，原拓实作"孀"。"孀单"一词，义为孤寡，指寡妇和孤儿。《汉语大词典》《辞源》收录"孀单"，皆仅举一个相同的书证，即《新唐书·萧复传》："鬻先人墅以济孀单，吾何用美官，使门内馁且寒乎？"当据此墓志补充书证。

25. 唐大和七年（833）杜式方夫人李氏墓志："时公之祖母在堂，性尚严察，群下祗畏，礼加常度。"（595/7）

按："祗畏"不辞，疑有误字。释文所谓"祗"，原拓实作"祗"。"祗"为"祗"字俗写。据曾良研究，"氏"的俗字作"互"，是由讹变来的，即将"氏"字下边的点变成横，大概从隶书就开始了。[①] 所以，"祗"字俗写变成"祗"。"祗"有"敬"义。《诗经·商颂·长发》："昭假迟迟，上帝是祗。"《晋书·顾和传》："若不祗王命，应加贬黜。"故"祗畏"一词，义为"敬畏"。《尚书·金縢》："用能定尔子孙于下地，四方之民，罔不祗畏。"《汉书·匡衡传》："陛下祗畏天戒，哀闵元元，大自减损。"宋苏辙《谢人伏早出状》之二："惕然祗畏，敢有怠荒。"诚然，"祗"字可通"祇"，表"敬"义。如《尚书·冏命》："下民祇若。"西汉孔安国传："下民敬顺其命。"《管子·牧民》："不祇山川，则威令不闻。"古籍中，"祗""祇"二字往往相混，早在汉魏隶碑中就已如此。《大正藏》第五十册《续高僧传》卷二一《释智文传》："柱国武山公郭衍，祗敬倍常，躬携妻子到寺檀舍。"本字当作"祗敬"。同书同卷《释道成传》："仁寿四年，下诏曰：朕祗受肇命，抚育生民。"本字亦当作"祗敬"。唐会昌元年（841）《唐故赠陇西县太君李氏墓志》："知实衔哀祗事，谨具年月日时以志于石。"[②] 本字当作"祗事"。但是，从字际关系来说，"祗"只能视为"祗"字俗写。故《新藏》录文不确。

---

① 曾良：《俗字及古籍文字通例研究》，第 75 页。
② 周绍良、赵超主编《唐代墓志汇编续集》，第 945 页。

26. 唐大和八年（834）王琦墓志："倚杖命予以绝其实，乃为颂云。词曰：……"（598/18-19）

按："以绝其实"扞格难通。释文所谓"绝"字，原拓作""，确实当隶作"绝"。但据语境及墓志用词通例，当作"以纪其实"。当是刻工因"纪""绝"二字形似而误刻。参考《新藏》其他墓志相同语境用词可知。唐乾元元年（758）萧智宏墓志："征实录于行状，播遗芳于志石。"（489/23-24）"征实录"即纪实。唐贞元元年（785）李慎墓志："故得直书事实，用寄哀怀。"（519/19）"直书事实"即纪实。唐元和九年（814）崔淑墓志："挥涕录实，亦无愧于其词，铭曰：……"（563/24-25）"录实"亦即纪实。唐咸通十五年（874）郭佐思墓志："将纪事功，愧多拙直。"（695/25）"纪事功"与"纪实"义近。唐咸通六年（865）宋佐诚墓志："叙实为铭，已存贞记。"（661/18）"叙实"即"纪实"。更有力的证据如宋《陈大醇墓志》："呜呼！铭之不可以失实也，顾惟浅陋，不可以饰亲之美而必于信传。故杰泣血而书，以纪其实云。"①

27. 唐会昌四年（844）《粟府君焦夫人墓志》："今天道宜于府城西南五里，太平乡界，于温家买地一冗，以充墓田一躯。"（626/8-9）

按："买地一冗"不辞。"冗"不可作"地"的量词。释文所谓"冗"字，原拓作"宂"。《汉语大词典》、《汉语大字典》（第二版）、《辞源》（第三版）皆将"宂"视作"冗"的俗字或异体字。其实，在碑别字系统中，"宂"是"冗"和"穴"的同形字。墓志中"宂"更多时候是"穴"字，本志中即是。另如唐李术墓志、唐张安墓志"穴"字皆作"宂"。②

顺及："墓田一躯"不辞，"躯"当为"区"的假借。释文当出注。

28. 大中六年（852）程金及夫人墓志："不士王侯，恂恂不言。"（643/6）

按：释文所谓"士"字，原碑作""。字迹较为漫漶，但可以大概

---

① 何新所：《新出宋代墓志碑刻辑录·南宋卷》（一），文物出版社，2020，第3页。
② 臧克和主编《汉魏六朝隋唐五代字形表》，第1111页。

看出该字为左右结构，左旁残存笔画为"亻"。今谓作"仕"字是。"仕"通"事"，侍奉。"不事王侯"，不事奉王侯，乐意做自己愿做的事。语出《易经·蛊》上九："不事王侯，高尚其事。"晋葛洪《抱朴子·嘉遁》："是以高尚其志，不仕王侯，存夫爻象，匹夫所执，延州守节，圣人许焉。"元王子一《误入桃源》一折："因此上不事王侯，不求闻达，隐姓埋名做庄家，学耕稼。"

29. 大中六年（852）程金及夫人墓志："若刁尋之广田，如季衡之足木。"（643/6-7）

按："刁"字后一字，原碑作"**尋**"。释文录作"尋"，后加注曰："尋，寻的俗字。录以备参。刁寻，意不明，存疑待考。"今谓从语境看，刁**尋**、季衡当皆为人名。结合原拓字形及历史典故，当为"刁彝"。刁彝，东晋大臣，字大伦，渤海饶安人，刁协之子。少遭家难。王敦被诛后，刁彝斩仇人党，以其首祭父墓，诣廷尉请罪，朝廷特宥之，由是知名。历任尚书吏部郎、吴国内史，累迁北中郎将、徐兖二州刺史，假节，镇广陵。宁康二年（374），卒于官。

30. 唐大中七年（853）李文益墓志："佳城郁郁，感藤公驷马之悲。"（645/21）

按："藤"字虽可作姓氏用字，但与典故所涉人物无关。据语境可知，正确的字形当作"滕公"。原碑误刻音、形相近字，释文失校。《史记·高祖本纪》："项羽已破走彭越，闻汉王复军成皋，乃复引兵西，拔荥阳，诛周苛、枞公，而虏韩王信，遂围成皋。汉王跳，独与滕公共车出成皋玉门。"唐司马贞索隐："夏侯婴为滕令，故曰滕公也。"《史记·高祖功臣侯者年表》"汝阴侯"条："以令史从降沛，为太仆，常奉车，为滕公，竟定天下，入汉中，全孝惠、鲁元，侯，六千九百户。常为太仆。"滕公即西汉夏侯婴，官至太仆，初为滕令奉车，故号滕公。"滕公驷马之悲"为用典。《西京杂记》卷四："滕公驾至东都门，马鸣，踯不肯前，以足跑地久之。滕公使士卒掘马所跑地，入三尺所，得石椁。滕公以烛照之，有铭焉。乃以水洗写其文，文字皆古异，左右莫能知。以问叔孙通，通曰：'科斗书也。'以今文写之，曰：'佳城郁郁，三千年见白日。吁嗟滕公居此室。'滕公曰：'嗟乎，天也！吾死其即安此乎？'死遂葬焉。"西晋张华《博物志》卷七："汉滕公薨，求葬东都门外。公卿送丧，驷马不行，踣地悲鸣，跑蹄下地得石，有铭曰：'佳城郁郁，三千年见白日，吁嗟滕公居此室。'遂葬焉。"后即用以为典。唐曹松《吊贾岛二首》其二："鸟来伤贾傅，马立葬滕公。"此典又可作"滕室"。唐张九龄《王府君墓志铭》："合如防墓，开彼滕室。"此典又可作"滕公佳城"。唐李瀚《蒙求》诗："滕公佳城，王果石崖。"清钱泳《履园丛话·书学·总论》："文清笑侍讲为灶下老婢，侍讲亦笑文公为滕公佳城。"相同的错误另见于唐贞观十八年（644）霍恭墓志："秋菊萎兮春兰摧，藤马悲兮佳城开。"[1]"藤"字亦当作"滕"。

31. 大中十一年（857）陆耽墓志："興人为和，不交隙怨。"（650/30）

按："興人为和"扞格难通，疑有误字。释文所谓"興"字，原拓作"![兴字图]"，当隶定为"與"字。编者因"興""與"二字形近而误释。"與人为和"即与人为善，怡然理顺。

32. 唐咸通十一年（870）郭行俦墓志："簪祖辉映，联蝉不绝；功臣伟士，代有其人。"（678/8）

按："簪祖"不辞。复核原拓，实作"簪组"。"簪组"一词，本指冠簪和冠带。唐王维《留别丘为》诗："亲劳簪组送，欲趁莺花还。"借指官宦。《旧五代史·唐书·庄宗纪四》："伪宰相郑珏等一十一人，皆本朝簪组，儒苑品流。"宋苏轼《寄刘孝叔》诗："高踪已自杂渔钓，大隐何曾弃簪组。"明李东阳《张侍御世用藏山水图歌》："吾生早觉簪组累，十年邱壑成膏肓。"原碑不误，编者误释。

---

[1]　周绍良主编《唐代墓志汇编》，第71页。

33. 唐咸通十二年（871）武平墓志："令弟君亮，杨杨哀声，哽哽惨切。断长共扶棺椁。"（682/11）

按：以上文字两处有问题。其一，"杨杨"不辞。复核原拓，实作"扬扬"，此处指声音飘荡貌，怡然理顺，释文当从。其二，"断长"不辞。据语境，显然当作"断肠"，形容极度悲痛。碑文误刻同音字，释文当校改。

34. 唐咸通十四年（873）李元嗣墓志："免丧，再为长水薄。"（687/14）

同上："凡属县之疑狱薄书，入公目者，无不瘫溃川决。"（687/18）

按："长水薄"不辞，当有误字。释文所谓"薄"字，原拓以正楷刻写，实作"簿"，甚是。"簿"即主簿，官名。汉代中央及郡县官署多置之。其职责为主管文书，办理事务。魏晋时，渐为将帅重臣的主要僚属，参与机要，总领府事。此后各中央官署及州县虽仍置主簿，但职任渐轻。唐宋时皆以主簿为初事之官。明清时各寺卿也有设主簿的，或称典簿。外官则设于知县以下，为佐官之一。后省并。《汉书·张敞传》："舜当出死，敞使主簿持教告舜。"《南史·儒林传·伏曼容》："（伏曼容）父胤之，宋司空主簿。"

又按："薄书"不辞，当有误字。释文所谓"薄"字，原拓亦以正楷刻写，实作"簿"，甚是。本志中"簿书"当指官署中的文书簿册。《汉书·贾谊传》："而大臣特以簿书不报，期会之间，以为大故。"唐李绅《宿越州天王寺》诗："休按簿书惩黠吏，未齐风俗昧良臣。"明李东阳《再哭体斋叠见慰哭子韵》："山斗正悬天下望，簿书长绕病中身。"清李渔《慎鸾交·诇讽》："宪驾经临，自当远接，只因簿书碌碌，致失郊迎，多有得罪。"关于"簿"误为"薄"，详参下文第六小类第9条。

35. 唐咸通十四年（873）李元嗣墓志："天命不佑，令则已矣。"（687/29）

按："令则已矣"扞格难通。复核原拓，以正楷刻写，释文所谓"令"字，明作"今"字。该志中"今则已矣"意为"今天生命结束了"，怡然理顺。作"今"字是。

36. 唐乾符三年（876）焦弘祐夫人周氏墓志："焦氏懿積昭著，门阀谱系具列。广平公铭诔，下略不书。"（704/24）

按："懿積"不辞。释文所谓"積"字，原拓实作""，虽稍有漫漶，但不影响辨认，当隶定为"绩"字。"懿绩"一词，义为"美好的业绩；优异的成绩"。《晋书·王导传赞》："懿绩克宣，忠规靡竞。"南朝梁刘勰《文心雕龙·隐秀》："隐以复意为工，秀以卓绝为巧，斯乃旧章之懿绩，才情之嘉会也。"《旧唐书·宣宗纪》："夺他人之懿绩，为私门之令猷。"此义置诸上文怡然理顺，若合符节。

又按：释文"下略不书"之"下"字，原拓实作""，排除石花干扰，当隶定为"亦"字。"亦略不书"承前文"故略不书"而言。

37. 唐广明元年（880）卫巨论墓志："而鞠穷奸冗，在理曾不阿私。"（714/8）

按："奸冗"不辞，疑有误字。复核原拓，以楷书刻写，作"奸宄"。《汉语大词典》、《汉语大字典》（第二版）、《辞源》（第三版）皆将"宄"视作"宄"的俗字或异体字。"理"为掌刑狱的官署，据前后文义，"宄"在本例中当为"宄"的俗讹字。"奸宄"指违法作乱的人或事。《尚书·舜典》："蛮夷猾夏，寇贼奸宄。"西汉孔安国传："在外曰奸，在内曰宄。"唐孔颖达疏："又有强寇劫贼外奸内宄者为害甚大。"周秉钧《尚书易解》："此言中国受蛮夷之影响而发生强取财物、杀害人民、为乱于内外之事。"[1]《左传·成公十七年》："臣闻乱在外为奸，在内为轨。御奸以德，御轨以刑……德刑不立，奸轨并至。"唐陆德明释文："轨，本又作宄。"《史记·吴王濞列传》："绝先帝功臣，进任奸宄，诖乱天下，欲危社稷。"《三国志·魏书·武帝纪》："禁断淫祀，奸宄逃窜，郡界肃然。"唐陈子昂《上军国机要事》："遂令纲纪日废，奸宄滋多。"《明史·花茂

---

[1] 周秉钧：《尚书易解》，华东师范大学出版社，2010，第22页。

传》："广东南边大海，奸宄出没。"

又按："鞫穷"一词，现有辞书未收。"鞫"有"查问；查究"义。《汉书·车千秋传》："未闻九卿廷尉有所鞫也。"唐颜师古注："鞫，问也。"宋叶适《国子祭酒赠宝谟阁待制李公墓志铭》："武臣子谤讪，鞫于临安。"清恽敬《纪言》："顷之，有哗于从官舟者，乃一巴图鲁与都司饮，争酒佐。贝子出坐亲鞫之，色甚和。""穷"亦有"查问；查究"义。《文子·上仁》："有言者穷之以辞，有谏者诛之以罪。"《汉书·张汤传》："及治淮南、衡山、江都反狱，皆穷根本。"《北史·魏汝阴王天赐传》："隋文帝遣穷之，使者簿责褒何故利金而舍盗。"故"鞫穷"为复义词，义即"查问；查究"。他例如《旧五代史·李愚传》："晋州节度使华温琪在任违法，籍民家财，其家讼于朝，制使劾之，伏罪。梁末帝以先朝草昧之臣，不忍加法，愚坚按其罪。梁末帝诏曰：'朕若不与鞫穷，谓予不念赤子，若或遂行典宪，谓余不念功臣。为尔君者，不亦难乎！'"

38. 唐广明元年（880）杨府君宋氏夫人墓志："府君有儿女六人……并乃问绝擗踊，五内崩摧，痛如剑切。"（719/12）

按："问绝"不辞，当有误字。复核原拓，确实作"问"。根据字形、词义、语境及墓志用词通例，"问"当为"闷"之讹字，二字音、形皆近致误书。"闷绝"一词，义为因受伤、悲痛、愤怒、不通风而呼吸堵塞以致晕倒。《左传·定公四年》"由于徐苏而从"，晋杜预注："以背受戈，故当时闷绝。"《资治通鉴·唐高祖武德元年》："密为流矢所中，堕马闷绝。"宋洪迈《夷坚支志甲·董小七》："尝独宿其中，天气盛寒，董糊窒罅隙，置煴火，饮村醪一杯而就寝。热甚，气不宣泄，遂闷绝，傍无知者。"清毛祥麟《对山馀墨·某公子》："公子既闷绝，遂不省以后事。"《新藏》所收墓志中还有"闷绝"的用例。唐乾符四年（877）王翰及夫人贾氏墓志："长新妇李氏，次李氏，闷绝擗踊，五内崩摧，痛如剑切。"（707/12-13）

又按：《新藏》所收唐咸通十一年（870）张府君及任夫人墓志："有女二人：长女适程氏，小女适赵氏。并□绝擗地，五内崩摧，痛□□切。"

（676/10—11）复核原拓，其中释文所缺的字分别为"闷""如""剑"，与上揭其他两方墓志用词相同。

39. 后周显德二年（955）裴简墓志："奥以玄黄初浮，注生死于万化之源，形相才分，禀阴阳于二仪之上。"（742/2）

按："奥以"扞格难通。复核原拓，确实作"奥"。今谓"奥"当为"粤"之形讹字。"粤"为助词，用于句首。《说文·亏部》："粤，亏也，审慎之词者。"五代徐锴系传："凡言粤，皆在事端句首，未便言之，驻其言以审思之也。"《史记·周本纪》："我南望三涂，北望岳鄙，顾詹有河，粤詹雒伊，毋远天室。"唐张守节正义："粤者，审慎之辞也。"《汉书·翟义传》："粤其闻日，宗室之俊有四百人，民献仪九万夫，予敬以终于此谋继嗣图功。"唐颜师古注："粤，发语辞也。""粤以"连用，传世文献中不乏其例。《梁书·元帝本纪》："粤以不佞，谬董连率，远惟国艰，不遑宁处。"北周庾信《哀江南赋》序："粤以戊辰之年，建亥之月，大盗移国，金陵瓦解。"《旧唐书·高宗本纪》："粤以孤眇，属当元嗣，思励空薄，康济黎元。"南宋李攸《宋朝事实》卷七："粤以冬初，警于宵寐，戒先期而诞告，约真驭以下临。"

五 同音、近音误字失校或误校

1. 北齐天统元年（565）崔曜华墓志："采繁徒美，隅堁空歌。"（63/24—25）

按："采繁"不辞。原碑误刻同音字，《新藏》释文失校。当作"采蘩"，本系《诗经》中的篇名，墓志中系用典。《诗经·召南·采蘩》序："《采蘩》，夫人不失职也。夫人可以奉祭祀，则不失职矣。"后因以"采蘩"指女子恪守妇道，克尽妇职。宋王禹偁《补李撰谏改葬杨妃疏》："杨贵妃始以姿色召居掖庭，颇肆奸回，不循法度，以歌舞取媚，则采蘩之职不修。"《新藏》唐长庆四年（824）郭弘墓志："夫人冯翊吉氏，早闻令范，规诫凤明。于以采蘩，玉步合体。"（578/9—10）唐大和七年（833）杜式方夫人李氏墓志："殷雷取象，采蘩兴咏。"（595/32）志主崔曜华是女性，故志文用"采蘩徒美"以表伤悼之情。

67

2. 北齐天统三年（567）独孤华墓志："俱秤令德，悉为时用。"（66/15）

按：据《汉语大字典》《汉语大词典》《辞源》等权威辞书，"秤""称"二字皆有 chēng、chèng 二读，在"量轻重""权衡；衡量""量轻重的器具"等义上为音义皆同而形体不同的异体字。《汉魏六朝碑刻异体字典》于"称"（读 chēng）字下列有异体字"秤"，① 甚是。但墓志中"秤"作"称道、称扬"解，读 chēng 音，不是"秤"字本义，当视作"称"的同音误写字。《新藏》释文失校。

3. 北周建德元年（572）宇文逢恩墓志："为人忠庶，而行不以非理。干物严而无害，和而不同。"（101/10-11）

按："忠庶"不辞。"忠"后一字，原拓确实作"庶"，当是"恕"的同音误字。"忠恕"为儒家的一种道德规范。忠，谓尽心为人；恕，谓推己及人。《论语·里仁》："夫子之道，忠恕而已矣。"朱熹集注："尽己之谓忠，推己之谓恕。"《后汉书·章帝纪》："体之以忠恕，文之以礼乐。"《魏书·裴骏传》："以忠恕接下，百姓感之。"墓志中多以"忠恕"称赞志主。东晋《张苍梧碑》："忠恕宽明，简正贞粹。"唐永徽四年（653）《大唐故处士何君墓志》："乡间表其素德，朋友归其忠恕。"辽圣宗开泰六年（1017）韩相墓志："修身报元亨利贞，翼世怀忠恕恭懿。"② 元《同知丘公墓志铭》："遇物诚信，忠恕乐易。"

4. 隋大业五年（609）李世洛墓志："以君武略迈于张僚，雄毅超于许褚，是用胜兹上将，统此熊黑。"（140/10-11）

按："张僚""许褚"对举，则知此处系用三国名将典故。"僚"系"辽"之同音误字。张辽、许褚皆为三国时期勇将，事迹分别见于《三国志·魏书》卷十七、十八。张辽，字文远。根据古人名与字一般是同义、反义或相关的关系，也可知其人名当作"辽"。

---

① 毛远明：《汉魏六朝碑刻异体字典》，第89页。
② 向南：《辽代石刻文编》，河北教育出版社，1995，第152页。

5. 隋大业六年（610）辛侃墓志："公器亮清高，风韵闲雅。"（143/11）

按："器亮"不辞。据其与"风韵"对举，可知当为"器量"。"亮"为"量"之同音误字。"器量"本指器物的容量，引申指人的气度、才识、度量。汉蔡邕《郭有道碑文》："夫其器量弘深，姿度广大，浩浩焉，汪汪焉，奥乎不可测已。"《论语·八佾》"管仲之器小哉"，三国魏何晏集解："言其器量小也。"唐李肇《唐国史补》卷下："宪宗朝，则有杜邠公之器量，郑少保之清俭……亦各行其志也。"宋吴曾《能改斋漫录·沿袭》："孟东野：'出门如有碍，谁谓天地宽。'吴处厚以渠器量褊窄，言乃尔。"

6. 隋大业六年（610）辛侃墓志："负炭游学，解巾言仕。"（143/17）

按："负炭"不辞。据其与"解巾"对举，可知当为"负笈"。"炭"为"笈"之同音误字。"笈"指书箱，"负笈"本义为背着书箱，引申指游学外地。东汉赵岐《三辅决录》一："弟子自远而负笈，常数百人。"《后汉书·李固传》"常步行寻师"，唐李贤注引三国吴谢承《后汉书》："固改易姓名，杖策驱驴，负笈追师三辅，学'五经'，积十余年。"唐白居易《相和歌辞·短歌行二》："负笈尘中游，抱书雪前宿。"

7. 唐咸亨五年（674）张相墓志："分宗地披，辟西叙而均芳。"（253/2-3）

按：复核原拓，确实作"西叙"。"西叙"不辞，未见辞书收录。墓志前文有："锡族天弧，丽南宫而配美。"碑文为典型的骈体文，故所谓"西叙"当与"南宫"对偶。据古代典章制度可知，"西叙"当为"西序"之讹。"叙""序"同音，但不相通假。据《汉语大词典》、《辞源》（第三版），"西序"有二义。（1）夏代小学名。《礼记·王制》："夏后氏养国老于东序，养庶老于西序。"郑玄注："西序，亦小学也，在西郊。"唐杨炯《大唐益州大都督府新都县学先圣庙堂碑文》："东胶西序，云阁蓬丘。"（2）古代宫室的西厢。《尚书·顾命》："西序东向。"宋蔡沈集传："此旦夕听事之坐也。东西厢谓之序。"《宋史·真宗纪一》："戊戌，始见群臣于崇政殿西序。"清王鸣盛《蛾术编·说制四·顾命宫室制度》："古者宫室之内，以墙为隔，墙之外即夹室，堂与夹室共此墙，此东向西向之坐，乃在堂上，以其附近东西序，故以序言之。"因墓志中与"西序"相对的"南宫"一词也有多个义项，① 且墓志文字信息有限，不容易确定在墓志中具体所指，所以墓志中"西序"的具体所指也不易确定，姑录二义于此并存，但似乎表第二义的可能性更大。

8. 唐垂拱元年（685）杨光墓志："天骨多奇，四德闲备。"（290/10-11）

按：《新藏》注云"闲，通'间'，间杂。间备，各方面都具备"。今谓"间备"不辞，且未见于古今典籍。"闲"当通"咸"。中古音"闲"为匣母咸韵平声开口二等，"闲"为匣母山韵平声开口二等，二字声母、声调全同，韵母相近，可得通假。"咸备"义为全部具备，置于墓志中怡然理顺。历代墓志中以"四德咸备"称赞女性经见。唐咸通九年（868）郑少雅及妻孙氏墓志："三从不亏，四德咸备。"② 前蜀乾德五年（923）王宗侃墓志："夫人秦国夫人张氏，四德咸备，六礼作嫔。"元至正七年（1347）《隐士高君墓志铭》："贞顺慈孝，中表仪则，事舅奉姑，从夫训子，四德咸备。"③ 明万历元年（1573）冯汝迁墓志："四德咸备，相夫有方，有古贤妇之称。"④

9. 唐垂拱元年（685）杨光墓志："不谓川逝难留，掩随朝露。"（290/11-12）

同上："俄辞兰室，掩归蒿里。"（289/18-19）

按："掩随""掩归"不辞。"掩"当为同音误字，正字当作"奄"，

---

① 其中"南方星宿的宫，指朱鸟星座""南面的住室或宫殿""秦、汉宫殿名""皇室及王侯子弟的学宫"等四个义项都有可能是墓志中"南宫"一词的意义，第一个可能性最大。上述四个义项皆见于罗竹风主编《汉语大词典》第1卷，上海辞书出版社，1986，第894页。

② 周绍良主编《唐代墓志汇编》，第2436页。

③ 李修生主编《全元文》第五册，江苏古籍出版社，1999，第456页。

④ 转引自张红军《明冯汝迁墓志考》，《洛阳考古》2018年第1期，第81页。

义为"忽然；骤然"。晋陶潜《五月旦作和戴主簿》："发岁始俯仰，星纪奄将中。"《文选》卷六〇任昉《齐竟陵文宣王行状》："天不慭遗，奄见薨落。"唐李善注引《方言》："奄，遽也。"《周书·文帝纪上》："勋业未就，奄罹凶酷。"宋司马光《祭齐国献穆大长公主文》："遐福未终，大期奄及。"辞书皆未收"掩"通"奄"，[1] 故"掩"当视为同音误字，而非通假字。《新藏》所收墓志，此义一般作本字"奄"。东魏元象元年（538）姬静墓志："忠贞之操，奄钟不恻之晶。"[2]（23/18）东魏武定元年（543）尧奋墓志："未建为山，奄从逝水。"（34/20）西魏大统元年（535）辛苌墓志："方当磨霄上征，托定南海，而与善无征，奄遭暴客。"（40/20）北周天和六年（571）宇文贞墓志："然方赞家邦，康我王度。但隙驷不追，奄随化往。"（94/21）"奄归"，墓志中多有出现。

10. 唐垂拱二年（686）陆景澄墓志："乃睒贞石，刊其颂云。"（297/20-21）

按："乃睒贞石"不辞。今谓"睒"乃"镌"之音近误字。参《新藏》所收唐载初元年（690）张斌墓志："敢勒芳猷，克镌贞石。"（311/16）唐开成五年（840）廉汶及夫人孙氏墓志："恐松柏兮改陵谷，镌贞石兮镇泉台。"[3] 另如隋大业二年（606）于斌墓志："式镌贞石，永播芳徽。"[4] 唐麟德元年（664）韦赜墓志："式镌贞琰，乃为铭粤。""贞石斯镌，修名不朽。"[5] 唐垂拱元年（685）王迁墓志："敬勒芳猷，式镌贞石。"[6] 同样的意思，墓志中另有"镌贞碣""镌贞础"等表述，不赘。"贞石""贞琰""贞碣""贞础"等为同义词，皆指坚石，墓志中用作碑石的美称。

---

① 毛远明认为"掩"通"奄"，表"突然"义。见毛远明《汉魏六朝碑刻异体字典》，第1036页。笔者认为还是看作误书同音字更为合适。

② "不恻"不辞，"恻"亦当为"测"之同音误字。

③ 赵力光主编《西安碑林博物馆新藏墓志汇编》，线装书局，2007，第706页。

④ 刘文编著《陕西新见隋朝墓志》，三秦出版社，2018，第79页。

⑤ 李尔吾、朱连华：《隋韦赜及夫人墓的发现及墓志读考》，《文博》2021年第3期，第26页。

⑥ 马振颖、朱安：《武威新出唐代墓志三种》，《敦煌学辑刊》2020年第4期，第166页。

11. 唐大和六年（832）赵篆墓志："淮上卒无纤窍惊，公之画也。"（589/12）

按："纤窍"不辞，疑有误字。今谓当作"纤介"或"纤芥"。《广韵》"介""芥"读蟹摄开口二等去声见母怪韵，"窍"读山摄开口四等入声清母屑韵。随着见、清二母腭化，以及屑韵字入声韵尾消失，"介""芥"与"窍"变得读音极近，韵、调相同，声母有送气、不送气之别，因而墓志误书或误刻。编者失校。"纤介"义为"细微"。《战国策·齐策四》："孟尝君为相数十年，无纤介之祸者，冯谖之计也。"宋鲍彪注："介，独也。独则不众，故为微细之词。一说喻草芥也。"元吴师道补正："'介'、'芥'通。"汉郑玄《易纬乾凿度》卷上："善虽微细，必见吉端；恶虽纤芥，必有悔吝。"《三国志·吴书·顾雍传》："举罪纠奸，纤介必闻。"唐李德裕《赐回鹘书意》："朕想可汗公主以久修邻好，累降嘉姻，望我国家，如归亲戚，朕每宏容纳之意，固无纤芥之嫌。"宋苏轼《寄周安孺茶》诗："有如刚耿性，不受纤芥触。"清李渔《闲情偶寄·词曲上·结构》："人谓家常日用之事，已被前人做尽，穷微极隐，纤芥无遗。"上揭志文不仅在用词上，而且在句法上，都模仿了上举《战国策·齐策四》中的句子。

12. 唐咸通十二年（871）武平墓志："先夫人王氏，后夫人李氏，箴诚桂仪，有桂有则。"（682/7-8）

按："桂仪"不辞。释文所谓"桂"字，原拓作"桂"。据前后文语境，当隶定作"律"。"律仪"指戒律和礼仪。

又按："有桂有则"文义不通。此碑形讹、音讹字甚夥，如后文"双洞之先折"中"洞"为"桐"之讹，编者已正确出校。结合前后文义，知"桂"乃"规"之音讹字。

13. 唐乾宁四年（897）阎府君夫人赵氏墓志："夫人在家抚育，德幸温柔。"（725/4）

按："德幸"不辞。据语境，当为"德性"之音误，义为品质、品性。

《中庸》曰：“君子尊德性而道问学，致广大而尽精微。”清李渔《风筝误·和鹞》：“就当才貌都有了，那举止未必端庄，德性未必贞静。”

六　字际关系未阐明或解说不当

1. 东魏元象元年（538）姬静墓志：“酷宦之士，不罚而致怏。”（23/19）

按：据《汉语大字典》《汉语大词典》，“怏”有“不服；不满”“勉强；强求”“惆怅；郁郁不乐”等义，而无论“怏”为何义，“罚”与“致怏”之间都不存在因果关系或条件关系，疑有误字或通假字。细绎字形、词义及文义，“怏”当为“殃”之通假，“殃”为“祸患；灾祸；灾难”义。该句前文为：“善人为邦，不求而自报。”两句对偶。特别是“不求而自报”与“不罚而致殃”语义上形成反对。现有辞书未收“怏”通“殃”，可补。

2. 东魏兴和三年（541）张略墓志：“附人以矛，摧人以刚。”（31/18-19）

按：据文例，上下两句为对偶。“附”与“摧”意义相反，符合对文文例；“矛”与“刚”无论词性、词义皆不合对文文例。今谓“矛”同“柔”，词性与“刚”相同，意义则与“刚”相反，符合对文文例。矛，《广韵》耳由切，平声尤韵，明母；柔，《广韵》耳由切，平声尤韵，日母。毛远明认为“矛”为“柔”之构件省减异体字，与“矛戟”之“矛”同形。[①] 可惜此处失注。《新藏》西魏大统七年（541）杨莹墓志：“后除七阳太守，矛远能迩，宇宙宁谧。”（44/5-6）此处编者有注：“矛，同‘柔’，省笔俗写，六朝碑铭屡见。”甚是。

3. 东魏兴和三年（541）张略墓志：“年既庄矣，好修善道。”（31/19）

按：“年既庄矣”不辞。原拓作“**庄**”，确实当隶定作“庄”。但碑文中通“壮”。庄、壮二字声、韵全同，只是调类不同，可以通假。《汉魏六朝碑

---

① 毛远明：《汉魏六朝碑刻异体字典》，第753页。

刻异体字典》收释"壮"通"庄"①，而未及"庄"可通"壮"，可补。

4. 北齐天统三年（567）独孤华墓志："夫人少遭旻凶，幼倾所怙。"（66/17）

按："旻凶"不辞。此处"旻"当通"闵"，见于《汉语大字典》《汉语大词典》《辞源》等辞书。"闵凶"义为忧患凶丧之事。《左传·宣公十二年》："寡君少遭闵凶，不能文。"晋杜预注："闵，忧也。"南朝陈徐陵《梁贞阳侯重与裴之横书》："顷家国多患，频遭闵凶，前事不忘，便为龟兆。"唐张九龄《为何给事进亡父所著书表》："寻属臣私门殃衄，夙遭闵凶。"清和邦额《夜谭随录·秀姑》："咱家世代贸易，从无坐食者。至儿不幸，罹此闵凶，至先人之业中断，殊惭继绍。"

5. 隋开皇十一年（591）裴遗业墓志："树德立功，仪形百辟。"（126/6）

按：《新藏》注"仪形"一词曰："本义为仪容体貌，引申之表示典范、楷模。"此注尚未尽善。首先，"仪形"是个多义词，可作名词、动词。该墓志中"仪形"不是表名词义"典范、楷模"，而是表动词义"做典范；做楷模"。"仪形百辟"是动宾结构，"仪形"作动词。《魏书·广平王匡传》："（匡）性耿介，有气节。高祖器之谓曰：'叔父必能仪形社稷，匡辅朕躬，今可改名为匡，以成克终之美。'"其次，应当说明"形"有此义，乃是因通"刑"字。唐元稹《赠郑余庆太保》："况朕小子获承祖宗，实赖一二元老朝夕教诲，以仪刑于四方。""刑"有"刑法；法度"义。《尚书·吕刑》："王享国百年，耄荒，度作刑以诘四方。"引申为"效法"。《尚书·文侯之命》："汝肇刑文武。"毛传："言汝今始法文武之道矣。"又引申为"典范"。南朝梁刘勰《文心雕龙·奏启》："必使理有典刑，辞有风轨。"最后引申为"做典范；做楷模；做表率"。《诗经·大雅·思齐》："刑于寡妻，至于兄弟，以御于家邦。"

---

① 毛远明：《汉魏六朝碑刻异体字典》，第 1244 页。

6. 隋大业五年（609）李世洛墓志："昂藏不群，消散自得。"（140/7）

按：《汉语大词典》释"消散"为"消失；离散；消除"；《汉语方言大词典》释"消散"为"憔悴了"。此二义施诸墓志中皆不合。今谓志文"消散"当为"萧散"。"消"通"萧"，《汉语大词典》收录。"萧散"义犹"潇洒"。形容举止、神情、风格等自然，不拘束，闲散舒适。晋葛洪《西京杂记》卷二："司马相如为《上林》、《子虚》赋，意思萧散，不复与外事相关。"北魏郦道元《水经注》三四《江水》二："（范侨）恶衣粗食，萧散自得。"唐张九龄《林亭咏》："从兹果萧散，无事亦无营。"宋曾巩《招隐寺》诗："我亦本萧散，至此更怡然。"

7. 唐永徽二年（651）赫连宝毅墓志："熟可嗣之，君其攸继。"（205/12）

按：墓志中"熟"非本字，通"孰"。谁。代词。汉焦赣《易林·未济之垢》："仇敌背憎，孰肯相迎？"太平天国洪秀全《原道觉世训》："后之人虽欲谮天地人之道，其孰从而求之！"故"熟可嗣之"后应施问号。

8. 唐调露元年（679）李慈同墓志："自少及长，不行鞭朴。"（271/13）

按：此处"朴"非本字，通"扑"。① "鞭朴""鞭扑"指用作刑具的鞭子和棍棒，亦指用鞭子或棍棒抽打。《邓析子·转辞》："圣人逍遥一世，罕匹万物之形，寂然无鞭朴之罚，莫然无叱咤之声。"《国语·鲁语上》："大刑用甲兵，其次用斧钺，中刑用刀锯，其次用钻笮，薄刑用鞭扑，以威民也。"三国吴韦昭注："鞭，官刑也。扑，教刑也。"《汉书·刑法志》："薄刑用鞭扑。"唐颜师古注："扑，杖也。"《宋书·少帝纪》："亲执鞭扑，殴击无辜，以为笑乐。"唐元稹《哭子》诗之五："鞭扑校多怜校少，又缘遗恨哭三声。"清袁枚《随园诗话》卷四："夫人奴蓄之，无礼已甚；闻又鞭扑之。"墓志中作动词。

---

① 也可换个角度分析，因俗写"木"旁常作"扌"旁，也可将"鞭朴"的"朴"看作"扑"的俗字。

9. 武周天授二年（691）王慎墓志："祖玉，随任洺州曲周县主薄。"（313/5）

按："主薄"不辞。据其为官名，知当为"主簿"。隶变后的竹字头，俗体往往写作草字头。张涌泉称这种俗字类型为"改旁便写"。① 毛远明也指出："'竹'部与'艹'部相混，'簿'多写作'薄'，与厚薄之'薄'成为同形字。"② 可惜此处未加注明。

10. 武周天授二年（691）王慎墓志："逮兹令淑，韫彼琼瑰。"（313/18-19）

唐大和九年（835）韩曍妻魏琰墓志："夫人幼有淑德，长而圆茂。睦亲逮下，推诚率礼。"（603/11-12）

按：句中"逮"与"韫"对文，作动词。义为"及；到"，是"逮"的异体字。辞书中唯《汉语大字典》（第二版）收录，举《集韵·代韵》："逮，及也。古作逮。"无实际用例。可据墓志材料补充书证。毛远明指出："因构件'隶''录'形近，'逮'又作'逮'，与随意行走之'逯'成为同形字。"③ 所说甚是，可惜上揭二处未加注明。

11. 唐开元二十七年（739）桓臣范墓志："捡御权豪，式遏寇盗。"（439/27）

按："捡御"不辞，未见辞书收录。今谓"捡"字为"检"的俗字。俗写"木"旁、"扌"旁相混不别，"检""捡"二字形成正俗字。"检御"一词，义为"督察驾驭"。《三国志·吴书·阚泽传》："诸官司有所患疾，欲增重科防，以检御臣下。"《北史·宋显传》："（宋显）在州多所受纳，然勇决有气干，检御左右，咸得其心力。"《新唐书·郭知运传》："雍王率诸将讨贼洛阳，留英乂殿于陕。东都平，权知留守，无检御才。"编者最好出注阐明"检""捡"二字的字际关系。

---

① 张涌泉：《汉语俗字研究》（增订本），第 54 页。
② 毛远明：《汉魏六朝碑刻异体字典》，第 59 页。
③ 毛远明：《汉魏六朝碑刻异体字典》，第 141 页。

12. 唐天宝七载（748）王守忠墓志："豁达大度，不俱小节。"（471/4）

按：显然"俱"字当为"拘"之通假字。《新藏》"凡例"第三条注明："为录入和排版方便，文中的异体字、古体字、隶古定字、假借字、俗字等尽量改为通行规范体，部分比较特殊的字和需要校勘的字，则依原形照录。"而此处释文后编者并未加注，显然不是将"俱"字当作特殊的字或需要校勘的字。

13. 唐元和十二年（817）崔颋墓志："其婚必名门大族，三女有家有子，岁时拜庆侍觞，罗子弟侄生孙儿满前。"（567/30-31）

按："生"为"甥"之通假字。编者失注。《三国志·吴书·陆逊传》："既不听许，而逊外生顾谭、顾承、姚信，并以亲附太子，枉见流徙。"南朝宋刘义庆《世说新语·德行》："（郑公植）常携兄子迈及外生周翼二小儿往食。"唐张祜《送外甥》诗："衰年生侄少，惟尔最关心。"

14. 唐开成五年（840）武恭墓志："不幸丁先夫人忧，荼蓼之哀，几于灭姓。"（614/15）

按："灭姓"不辞，当为"灭性"，义为因丧亲过哀而毁灭生命。《礼记·丧服四制》："毁不灭性，不以死伤生也。"《南史·孝义传下·吉翂》："翂幼有孝性，年十一遭所生母忧，水浆不入口，殆将灭性，亲党异之。"清黄景仁《闻稚存丁母忧》诗："一日尚存休灭性，千秋有业抵承欢。"清朱骏声《说文通训定声·鼎部》："姓，假借为性。"《国语·周语中》："今陈侯不念胤续之常，弃其伉俪妃嫔，而帅其卿佐以淫于夏氏，不亦渎姓矣乎？"三国吴韦昭注："贾（贾逵）、唐（唐固）二君云：'姓，命也。'"《晏子春秋·外篇上二七》："救民之姓而不夸，行补三君而不有。"清陈鸿墀《全唐文纪事·贬斥》："姓本纤狡，行惟党附。"《汉语大字典》已收"姓"通"性"之义。但据《新藏》凡例，通假字应当出注或者改为通行规范字。

15. 唐会昌四年（844）栗府君焦夫人墓志："勒石为铭，以将后验

期。词曰：……"（626/10-11）

按："验期"不辞，其中"期"为"其"的音近借用字。清朱骏声《说文通训定声·颐部》："期，助语之词。"《诗经·小雅·颇弁》："有颇者弁，实维何期。"郑玄笺："何期，犹伊何也。期，辞也。"陆德明释文："期，本亦作其，音基。"详见第三节第26条。

16. 唐会昌五年（845）吕府君夫人张氏墓志："习班氏之范仪，衣曹家之令则。"（628/6-7）

按："衣"字显然为"依"字之通假，"服行；依从"义。《尚书·康诰》："今民将在祗遹乃文考，绍闻衣德言。"西汉孔安国传："继其所闻，服行其德言，以为政教。"清孙星衍疏："衣同依……言今之人将在敬述文王，继其旧闻，依其德言。"南朝宋鲍照《蒜山被始兴王命作》诗："美哉物会昌，衣道服光猷。"《太平广记》卷三四六引唐李复言《续玄怪录·钱方义》："方义家居华州，女兄衣佛者亦在此。"《汉语大词典》已收"衣"通"依"之义。但据《新藏》凡例，通假字应当出注或者改为通行规范字。

17. 唐会昌五年（845）吕府君夫人张氏墓志："又恐时移变改，刊石为文。乃为讼曰……"（628/16-17）

按：编者注"讼"字曰："讼，通'颂'，赞扬，歌颂。"此注盖源于《辞源》（第三版）："⑤通'颂''诵'。《说文》：'讼，从言公声，一曰歌讼。'"但《辞源》该段文字后紧接着说："清段玉裁《注》：'讼、颂古今字，古作讼，后人假颂皃字为之。'古本《毛诗》《雅》《颂》字多作讼。"① 可见，"讼"应该是"颂"的古字，而非通假字。《汉语大词典》、《汉语大字典》（第二版）正是将"讼"视作"颂"的古字。

18. 大中十一年（857）陆耽墓志："转侍御史，改灵盐榷税供军使。"（650/12-13）

---

① 何九盈等主编《辞源》（第三版），第3792页。

同上："及还，拜盐州刺史、御史中丞，兼度支乌池攉税使。"（650/20）

同上："制加右散骑常侍，益其衔曰防御使，盐攉浸复。"（650/23-24）

按：以上诸例中"攉"皆不能按其本字理解，而应视为"榷"的假借字。义为"专利；垄断"。明张自烈《正字通》："攉，与榷通。"《汉书·王莽传下》："如令豪吏猾民辜而攉之，小民弗蒙，非予意也。"唐颜师古注："辜攉谓独专其利，而令它人犯者得罪辜也。"唐李翱《李文公集·故东川节度使卢公传》："坦至东川，奏罢两税及山泽盐井榷率之籍，夷人歌之。"《汉语大词典》、《汉语大字典》（第二版）已收"攉"通"榷"之义。但据《新藏》凡例，通假字应当出注或者改为通行规范字。

19. 唐咸通十年（869）李又玄墓志："柱史资荫出身，饰褐十三尉，竟陵累更八任，凡四十一周星。"（670/16）

按："饰褐"不辞。"饰"当为"释"的同音误字。"释褐"本义为脱去平民衣服，喻始任官职。汉扬雄《解嘲》："夫上世之士，或解绋而相，或释褐而傅。"晋袁宏《三国名臣序赞》："（孔明）释褐中林，郁为时栋。"《周书·李基传》："大统十年，（李基）释褐员外散骑常侍。"

20. 唐咸通十年（869）李又玄墓志："凡史藉奥旨，不无了达。"（670/28）

按："藉"显然为"籍"的假借字。[1]《汉语大词典》、《汉语大字典》（第二版）已收"藉"通"籍"的诸多义项，但"书籍"义不在其中。可补。

21. 唐咸通十年（869）李又玄墓志："六姻九族之间，莫不月减俸钱，遍兹不足。"（670/28-29）

按："遍兹不足"扦格难通。"兹"当为"资"的假借字。"遍资"即普遍地资助。

---

[1] 当然，也可将"藉"看作"籍"的换旁俗字，属于"改旁便写"类型的俗字。

22. 唐咸通十年（869）李又玄墓志："罕等恸哭侍，言恓而咽不成句。"（670/37-38）

按：释文所谓"恓"字，原拓实作"恓"。"恓"字对应多个词，为"凄"和"恓"的同形字。明张自烈《正字通》："恓，与凄同。"金董解元《西厢记诸宫调》卷五："说不得凄凉，觑不得恓楚。"《改并四声篇海·心部》引《龙龛手镜》："恓，音恓。义同。"据此处前后文语境，当视为"凄"的异体字，义为"悲痛；悲伤"。此处刘思怡亦径改为"恓"字，[1] 不确。

23. 后晋天福四年（939）郭斌墓志："时来而莫住须臾，运去而难停晷克。"（738/3）

按："克"字原拓作"尅"。无论是"克"还是"尅"，皆为"刻"的通假字。此例中"晷克"义为"片刻"。《西京杂记》卷四："成帝时，交趾越嶲献长鸣鸡，伺鸡晨，即下漏验之，晷刻无差。"唐韩愈《为韦相公让官表》："毫厘之差，或致弊于寰海；晷刻之误，或遗患于历年。"

第二节　注解问题

一　不明词义而误注

1. 东魏元象元年（538）于𤤴墓志："君孝著闺门，义形邦国。德隆堂构，才任负荷。"（17/10-11）

按：《新藏》注文以为"形"通"刑"，"义形"即"仪刑"，意为效法，给人树立榜样。今谓注文不确。虽然"义"确实是"仪"的古字，"形"可通"刑"字，但碑文中"义""形"二字皆当按本字理解，非通假字。"义"与"孝""德""才"对文类义，义为情义、恩义。"形"与"著"对文同义，皆为表现、显露义。怡然理顺，不烦通假。

---

① 刘思怡：《唐宗室大郑王房李又玄夫妇墓志考释》，《西部学刊》2020 年第 23 期，第 98 页。

2. 北周建德元年（572）宇文逢恩墓志："智足以廉奸，仁足以招爱。"（101/11）

按：编者注"廉奸"一词为"使奸邪之人变得廉直"。窃谓注文不确。墓志中"廉"非本字，亦非"廉直"义，而是通"覝"，义为"考察，查访"。《管子·正世》："过在下，人君不廉而变，则暴人不胜，邪乱不止。"唐尹知章注："廉，察也。"①《汉书·高帝纪下》："且廉问，有不如吾诏者，以重论之。"唐颜师古注："廉，察也。廉字本作覝，其音同耳。"《明史·李时勉传》："振衔之，廉其短，无所得。"明焦竑《焦氏笔乘·古字有通用假借用》："覝，察，覝读为廉。覝，觇视之义，即古廉字。"墓志中"廉奸"义为查访作奸犯科的行为；"廉"字与"招爱"之"招"语法功能相同，是动词的一般用法，不是活用为使动用法。而且说智慧足以使奸邪之人变得廉直也不太合乎情理和逻辑，而说智慧足以察知到作奸犯科的行为则完全合情合理。

3. 隋大业十二年（616）裴通墓志："驰名骥皂，即闻千里之价。"（150/5）

按：编者注"骥皂"曰："骏马。比喻接触人才。《隋书·隐逸传》载崔廓答豫章王书：'但以燕求马骨，薛养鸡鸣。谬齿鸿仪，虚班骥皂。挟太山而超海，比报德而非难。'"据墓志前后文语境及注释所引例证，知"接触人才"当为"杰出人才"之误。盖编者撰稿或出版社排版时误录音近字。

4. 唐垂拱元年（685）杨光墓志："天骨多奇，四德闲备。"（290/10-11）

按：编者注云："闲，通'间'，间杂。间备，各方面都具备"。今谓"间备"不辞，详见上一小类第8条。

5. 唐开元二十年（732）李德墓志："鉴水镜以澄心。"（402/6）

---

① 黎翔凤撰《管子校注》，中华书局，2004，第920页。

按：编者注"水镜"曰："清水和明镜。两者能清楚地反映物体，古人以为鉴照之物。《三国志·蜀书·李严传》：'故以激愤也'下，裴松之注引晋习凿齿：'水至平而邪者取法，镜至明而丑者无怒，水镜之所以能穷物而无怨者，以其无私也。'"今谓"水镜"是一个多义词，"清水和明镜"是其本义，但据墓志语境，此处"水镜"当为"明镜"义。理由有二。其一，据《汉语大字典》《汉语大词典》《辞源》等辞书，"鎏"字有"古代一种长颈瓶""磨拭使光亮""明亮"等义。根据墓志前后文及语义、语法搭配规则，知此处"鎏"字当为"磨拭使光亮"义。清水不可磨拭，明镜则可。其二，该句与后文"揽白花而照性"两句骈偶，"水镜""白花"对偶。而"白花"亦为多义词，据其可用以"照性"，知此处"白花"指浪花、水花。水相激而色白，故称白花。唐顾况《望简寂观》诗："仙人住在最高处，向晚春泉流白花。"明镜之所以又称水镜，乃是因为其明澈如水之映物。《文选》卷一三谢庄《月赋》："柔祇雪凝，圆灵水镜。"唐李善注："柔祇，地也。圆灵，天也。"唐张铣注："言月之光彩，照地如凝雪，照天如水镜。"唐杨炯《原州百泉县令李君神道碑》："明以御下，将水镜而通辉；清以立身，共冰壶而合照。"

6. 唐开元二十年（732）李德墓志："夫人张氏、王氏，七篇分春，四德早璋。"（402/10—11）

按：编者注"七篇"曰："佛教术语，即七种罪聚。戒律之分科。佛教将犯戒之相分为七类，即统括五篇与篇外诸戒条为七类。又称'七聚'、'七犯聚'、'七罪聚'。具体包括波罗夷、僧残、偷兰遮、波逸提、波罗提提舍尼、突吉罗、恶说。七聚之说各有不同，《毗尼母经》卷三，以尼萨耆波逸提代恶说。"今谓《新藏》所释求之过深，却未得要领。志文中"七篇"之前的主语是"夫人张氏、王氏"，志文中并未提及此二夫人崇佛，"七种罪聚"云云言之无据，盖注者想当然耳。且下句中的"四德"是指封建礼教中妇女应有的四种德行，即妇德、妇言、妇容、妇功。则"七篇"当亦与女性德行有关。据此，可知"七篇"当指东汉才女班昭所作《女诫》七篇。其事见于《后汉书·列女传·曹世叔妻》："扶风曹世叔妻者，同郡班彪之女也，名昭……作《女诫》七篇，有助内训。其辞曰：'鄙人愚暗，受性不敏，蒙先君之余宠，赖母师之典训。……妇行第四：女有四行，一曰妇德，二曰妇言，三曰妇容，四曰妇功……'"墓志中"七篇"用于女性时，指班昭所作《女诫》七篇，如唐大足元年（701）《亡宫墓志》："班氏遗文，常守七篇之诫。"① 《唐故余杭郡太夫人泉氏墓志》："三从标孟家之训，七篇著曹氏之诫，母仪之雄也。"② 《大唐故右卫中郎高府君范阳卢夫人墓志铭并序》："恒诵七篇，贤女夙承于阃训。"③

二 典故失注或注释不当

1. 东魏元象元年（538）于或墓志："密勿闱闼，慎等温树。"（17/12）

按："温树"，又作"温室树""温室之树"，是较为生僻的典故，按《新藏》体例，应当出注。典出《汉书·孔光传》："光周密谨慎，未尝有过……沐日归休，兄弟妻子燕语，终不及朝省政事。或问光：'温室省中树皆何木也？'光嘿不应。"后人因以"温树"作为居官谨慎的赞语。《艺文类聚》卷五五引南朝梁王僧孺《詹事徐府君集序》："自绸缪轩陛，十有余载，温树靡答，露事不酬。"《旧唐书·杨师道传》："贞观十年，代魏徵为侍中。性周慎谨密，未尝漏泄内事，亲友或问禁中之言，乃更对以他语。尝曰：'吾少窥汉史，至孔光不言温室之树，每钦其余风，所庶几也。'"前蜀贯休《和韦相公见示闲卧》："祇闻温树誉，堪鄙竹林贤。"

2. 东魏元象元年（538）于或墓志："虽复合浦还珠，山阴止吠，指此相望，未讵多也。"（17/16）

按："合浦还珠"与"山阴止吠"皆为用典，而《新藏》仅为"山阴止吠"作注，"合浦还珠"未出注。按《新藏》体例，应当出注。"合浦还珠"又作"合浦珠还"，典出《后汉书·循吏传·孟尝》："（合浦）郡

---

① 周绍良主编《唐代墓志汇编》，第989页。周舟《唐代宫女墓志考》"守"字误录作"宁"，见《黑龙江史志》2021年第6期，第42页。

② 故宫博物院、陕西省考古研究院：《新中国出土墓志·陕西》（第四卷），文物出版社，2021，第174页。

③ 转引自陈尚君《新出高慈夫妇墓志与唐女书家房嶙妻高氏之家世》，载《碑林集刊》第十七辑，2011年，第24页。

不产谷实，而海出珠宝，与交阯比境……先时宰守并多贪秽，诡人采求，不知纪极，珠遂渐徙于交阯郡界。于是行旅不至，人物无资，贫者饿死于道。尝到官，革易前敝，求民病利。曾未逾岁，去珠复还，百姓皆反其业。"后以"合浦珠还""合浦还珠"比喻人去复归或物归旧主。明沈鲸《双珠记·母子分珠》："今分一颗与你带去，我自留一颗，以寓合浦还珠之意。"《初刻拍案惊奇》卷八："合浦还珠自有时，惊危目下且安之。"清蒲松龄《聊斋志异·霍女》："错囊充牣，而合浦珠还，君幸足矣，穷问何为？"

3. 北齐天保元年（550）鞠神墓志："并称举烛，咸颂来迟。"（58/4）

按："举烛""来迟"皆为用典，《新藏》已注"来迟"出处及词义，未说明"举烛"的出处及词义。按《新藏》体例，应当出注。"举烛"典出《韩非子·外储说左上》："郢人有遗燕相国书者，夜书，火不明，因谓持烛者曰：'举烛。'而误书'举烛'。举烛，非书意也，燕相国受书而说之，曰：'举烛者，尚明也；尚明也者，举贤而任之。'燕相白王，王大悦，国以治。治则治矣，非书意也。"后因以"举烛"称颂地方官吏施行善政，与"来迟"同义。唐咸亨二年（671）长孙无傲墓志："明均举烛，清如置水。"① 唐仪凤三年（678）祢军墓志："举烛灵台，器标于芃棫。"② 也可引申为以读书求取功名。《隋书·隐逸传》崔赜《答河南王书》："举烛无成，穿杨尽弃。"隋开皇十年（590）《于仪与广宁公主志》："禀质自天，岂关雕琢；无假弦韦，非因举烛。"③

4. 北齐天保元年（550）鞠神墓志："君楚金凤劲，吴竹早圆。"（58/4-5）

按："楚金""吴竹"皆为用典，《新藏》已注"楚金"出处及词义，未说明"吴竹"的出处及词义。按《新藏》体例，应当出注。"吴竹"为

---

① 宁琰、辛龙：《唐长孙天傲及夫人窦胡娘墓志的发现与考释》，《文博》2017 年第 5 期，第 63 页。
② 西安市文物稽察队编《西安新获墓志集萃》，文物出版社，2016，第 77 页。
③ 胡戟：《珍稀墓志百品》，陕西师范大学出版总社有限公司，2016，第 26 页。

名典，典出南朝宋山谦之《丹阳记》："江宁县南四十里慈母山，积石临江，生箫管竹，王褒《洞箫赋》所称即此也。其竹圆致，异于众处。自伶伦采竹嶰谷，其后唯此竿见珍，故历代常给乐府。而俗呼曰鼓吹山。"[1] 江宁县慈母山所产山竹用来制作箫笛，声音美妙，不同寻常。江宁县即今江苏省南京市江宁区，属吴地，故称当地所产佳竹为"吴竹"。要之，"楚金"为楚地所产的良铁，"吴竹"为吴地所产的佳竹。志中用"楚金""吴竹"称美志主。

5. 北齐天保元年（550）鞠神墓志："羔雁相趣，不异三君之宇；冠盖接辙，真等八子之芦。"（58/14）

按："三君""八子"皆为用典，《新藏》皆未出注。按《新藏》体例，应当出注。"三君"指三个受人敬仰的人物，史上有不同的说法，就隋唐以前，主要有两说，皆出自《后汉书》。一说指东汉窦武、刘淑、陈蕃。《后汉书·党锢传序》："窦武、刘淑、陈蕃为'三君'。君者，言一世之所宗也。"一说指东汉陈寔及其子陈纪、陈谌。《后汉书·陈纪传》："弟谌，字季方，与纪齐德同行，父子并著高名，时号三君。每宰府辟召，常同时旌命，羔雁成群。"结合墓志前文"祖凉州使君，父西平太守""故昆季并处通官，子侄咸居清要"及"羔雁相趣"云云，参以《后汉书·陈纪传》，显然墓志中"三君"用的是东汉陈寔及其子陈纪、陈谌的典故。

"八子"当为"八龙"的别称。东汉荀淑八子，均有才华和名声，世称"八龙"。《后汉书·荀淑传》："有子八人：俭、绲、靖、焘、汪、爽、肃、旉，并有名称，时人谓之八龙。"唐章怀太子李贤注："'旉'，本或作'敷'。"南朝陈徐陵《代梁贞阳侯与荀昂兄弟书》："贾氏三虎，岂独贵于前修；荀家八龙，信服在于今日。"《辞源》《辞海》《汉语大词典》等辞书皆未收"八子"此义；《汉语典故大辞典》《中国典故大辞典》《中华典故》《二十六史典故辞典》《唐代诗词语词典故词典》《全宋词典故考释词典》《古代诗词典故词典》等汉语典故类辞书亦未收"八子"典故。其他

---

① 转引自（唐）欧阳询撰《艺文类聚》卷四四《乐部四·箫》，上海古籍出版社，1982，第791页。

引用"八子"典故的墓志如唐大足元年（701）《亡宫墓志》："汉家旧秩，行参八子之荣。"①

明乎"三君""八子"的典故，结合上引志文采用了骈偶这一文体特点，则显然可知"芦"当为"庐"的同音讹误字，与"宇"字义同或义近，指屋舍。

6. 北齐天统元年（565）崔曜华墓志："自斫耜柔耒表，华阳之祉；酌酒切脯，干王门之羁。"（63/2）

按：文中"柔"字通"煣"，用火烤木材使弯曲或伸直。斫耜煣耒，谓从事农耕。《新藏》已指出"斫耜柔耒"为用典，出自《汉书·食货志上》："斫木为耜，煣木为耒，耒耨之利，以教天下，而食足。"其实"酌酒切脯"亦为用典，《新藏》未指出。根据《新藏》体例，当补注。"酌酒切脯"典出西汉伏胜《尚书大传·商书·西伯戡黎》："散宜生、闳夭、南宫括三子者，学于太公。太公见三子，知为贤人，遂酌酒切脯，除为师学之礼，约为朋友。"② 志文用此典指获得高位者赏识。

7. 北齐天统三年（567）独孤华墓志："瓦鸡不署，银灯色敛。"（66/30）

按："瓦鸡"此处系用名典。按《新藏》体例，应当出注。"瓦鸡"指陶制的鸡，常用作屋饰，意谓徒具形式而无实用。南朝梁元帝萧绎《金楼子·立言上》："夫陶犬无守夜之警，瓦鸡无司晨之益。"③ 其他墓志中的用例如北齐武平元年（570）宇文长墓志："徒设瓦鸡，空闻仙鹄。"④ 隋大业十一年（615）《隋故上郡三川县正明云腾墓志》："瓦鸡无曙，石犬衣眠。"唐显庆五年（660）《唐故番禺府折冲都尉上柱国平棘县开国公纥干公墓志》："夜吠刍狗，晨鸣瓦鸡。"

又按：据"瓦鸡无司晨之益""瓦鸡无曙""晨鸣瓦鸡"等，可知墓

① 周绍良主编《唐代墓志汇编》，第989页。
② （清）皮锡瑞：《尚书大传疏证》卷三，清光绪丙申师伏堂本，第22叶。
③ （南朝梁）萧绎撰，许逸民校笺《金楼子校笺》，中华书局，2011，第850页。
④ 转引自马晓宇《北齐宇文长墓志铭考释》，载《中原文物》2019年第2期，第96页。

志"瓦鸡不署"之"署"字当为"曙"之简省俗讹字,义为"报晓;司晨"。辞书未论及此。

8. 唐显庆三年(658)柳雄亮墓志:"载弄彰敏慧之姿,克岐表凤成之德。"(224/7-8)

按:上文运用了两个典故,皆出于《诗经》。按《新藏》体例,应当出注。"载弄",《汉语大词典》、《辞源》(第三版)已收,出自《诗经·小雅·斯干》:"乃生男子……载弄之璋。……乃生女子……载弄之瓦。"后因以"载弄"谓诞生。唐员半千《尹尊师碑》:"及载弄之始,目光炯然,眸子转眄,若有所见。""克岐",未见辞书收录,但《汉语大词典》、《辞源》(第三版)收录"岐嶷"。二者实同出一源,皆出自《诗经·大雅·生民》:"诞实匍匐,克岐克嶷。"宋朱熹集传:"岐嶷,峻茂之状。"后多以"岐嶷"形容幼年聪慧。《东观汉记·马客卿传》:"马客卿幼而岐嶷,年六岁,能接应诸公,专对宾客。"北魏杨衒之《洛阳伽蓝记·追光寺》:"略生而岐嶷,幼则老成,博洽群书。"唐李颀《送刘四》诗:"爱君少岐嶷,高视白云乡。"清王晫《今世说·赏誉》:"许彝千少便岐嶷,总角风气更进。""克岐"与"岐嶷"为同一典故的不同表述形式,意义相同。西晋潘岳《杨仲武诔并序》:"克岐克嶷,知章知微。"

9. 武周天授二年(691)王慎墓志:"陶鹤吊而徘徊,滕骖鸣而顾步。"(313/15-16)

按:"陶鹤吊""滕骖鸣"皆为用典,《新藏》已注"陶鹤吊"的出处及词义,未说明"滕骖鸣"的出处及词义。按《新藏》体例,应当出注。"滕骖鸣"典出晋葛洪《西京杂记》卷四:"滕公驾至东都门,马鸣,踢不肯前,以足跑地久之。滕公使士卒掘马所跑地,入三尺所,得石椁。滕公以烛照之,有铭焉。乃以水洗写其文,文字皆古异,左右莫能知。以问叔孙通,通曰:'科斗书也。'以今文写之,曰:'佳城郁郁,三千年见白日。吁嗟滕公居此室。'滕公曰:'嗟乎,天也!吾死其即安此乎?'死遂葬焉。"滕公为西汉滕公夏侯婴。志中用"滕骖鸣"为咏墓葬之典。

10. 唐大历八年（773）萧遇妻卢氏墓志："但以将封四尺，无迷五父之衢；勉课斯文，有愧外孙之碣。"（503/16-17）

按：释文为典故"五父之衢"作注，却没有为典故"外孙之碣"作注。按《新藏》体例，应当出注。"外孙之碣"本指曹娥碑，典出南朝宋刘义庆《世说新语·捷悟》："魏武尝过曹娥碑下，杨修从，碑背上见题作'黄绢幼妇，外孙齑臼'八字。魏武谓修曰：'解不？'答曰：'解。'魏武曰：'卿未可言，待我思之。'行三十里，魏武乃曰：'吾已得。'令修别记所知。修曰：'黄绢，色丝也，于字为绝。幼妇，少女也，于字为妙。外孙，女子也，于字为好。齑臼，受辛也，于字为辞。所谓"绝妙好辞"也。'魏武亦记之，与修同，乃叹曰：'我才不及卿，乃觉三十里。'"该典又作"外孙碑"。宋曹由基《古寺》诗："虫蛀道子画，苔响外孙碑。"宋蔡戡《刘公实母夫人董氏挽诗》其一："名高节妇传，词淡外孙碑。"又作"黄绢碑"。明徐渭《女状元》第四出："看他年朱栏字藓，黄绢碑阴，定赏杀中郎蔡。"志文用"外孙之碣"代指聪明才智。

11. 唐大历十一年（776）李元琮墓志："抱展禽之贞，怀澹台之行。"（509/5）

按：释文为名词典故"澹台"作注，却没有为名词典故"展禽"作注。按《新藏》体例，应当出注。"展禽"亦为人名，其人另一个更广为人知的名字是柳下惠。《论语·微子》："柳下惠为士师，三黜。人曰：'子未可以去乎？'曰：'直道而事人，焉往而不三黜？枉道而事人，何必去父母之邦？'"东汉许慎《淮南子注》曰："展禽之家，树柳行惠德，因号柳下惠。一曰邑名。"① 东汉应劭《风俗通义·十反》："是故伯夷让国以采薇，展禽不去于所生。""所生"即《论语》所谓"父母之邦"。展禽正直贞廉，品德高尚，历来受到世人推崇。著名的典故"坐怀不乱"就出自他身上。

12. 唐元和七年（812）刘超夫人张氏墓志："八谏南顾，三垂北翔。"

---

① （唐）欧阳询撰《艺文类聚》，第1530页。

（552/17－18）

按：释文为名词典故"三垂"作注，却没有为名词典故"八谏"作注。其实相对来说，编者更需要为"八谏"作注。因为《汉语大词典》已收"三垂"，并且释义与本墓志相同或相近，而尚未见辞书收释"八谏"。今谓"八谏"亦为地名。明成化《山西通志·山川》："八谏山，在潞州南六十里。下有水，亦名八谏，流合淘水，西注浊漳。《上党记》云：'秦赵交战，赵军至此，有临水而八谏死者，故名。'"① 《清史稿·地理志七》："东南陶水出雄山，北合八谏、鸡鸣山水，右会淘清河入。"

13. 唐咸通十四年（873）李元嗣墓志："疾恙未几，去瑟俄闻。"（687/20）

按："去瑟"一词，现有辞书未见收录，编者亦未作注。今谓"去瑟"义同"撤瑟"。本谓撤去琴瑟，使病者安静，且示敬意。"去瑟"为用典，有多个源头，但实则出处同源、表义相同。或语本《礼记·丧大记》："疾病，外内皆埽。君大夫彻县，士去琴瑟。"汉郑玄注："声音动人，病者欲静也。"《礼记·曲礼上》："父母有疾，冠者不栉，行不翔，言不惰，琴瑟不御。""琴瑟不御"即不用琴瑟、撤去琴瑟。或语本《仪礼·既夕礼》："有疾，疾者齐，养者皆齐，彻琴瑟。"唐贾公彦疏："今以父母有疾，忧不在于乐，故去之。"彻、撤，同。后用以称疾病危笃或死亡。南朝梁任昉《出郡传舍哭范仆射》诗："宁知安歌日，非君撤瑟晨。"唐皎然《哭吴县房耸明府》诗："始是牵丝日，翻成撤瑟年。"清蒲松龄《聊斋志异·胡四姐》："我今名列仙籍，本不应再履尘世，但感君情，特报撤瑟之期。可早处分后事，亦勿悲忧，妾当度君为鬼仙，亦无苦也。"清黄宗羲《毛烈妇墓表》："彻瑟之日，信誓旦旦；下窆不践，更待何日！"

---

① （明）李侃、胡谧纂修《成化山西通志》卷二，明成化十年刻本，第47叶。

第三节　标点商榷

1. 东魏元象元年（538）姬静墓志："诏赠君持节后将军、都督、平州诸军事、平州刺史。"（23/19-20）

按："都督平州诸军事"当连读，中间不当点断，"都督"作动词。参《新藏》东魏武定元年（543）尧奋墓志："乃除使持节、都督颍州诸军事、骠骑大将军、颍州刺史、当州大都督。"（34/18-19）《新藏》西魏大统十二年（546）辛术墓志："父虬，使持节、散骑常侍、都督相州诸军事、抚军将军，相州刺史。"（50/4）

2. 东魏元象元年（538）姬静墓志："思追难以望，芒芒兮念之不可返，郁郁焉瞻云仰月，当奈天道。"（23/21-22）

按：上揭释文句式散乱，意义难明。原因在于标点失当，或当断而未断，或不当断而断。正确的标点当作："思追难以望芒芒兮，念之不可返郁郁焉。瞻云仰月，当奈天道。"前两句为对偶。

3. 北齐天统元年（565）崔曜华墓志："自斫粗柔未表，华阳之祉；酌酒切脯，干王门之羁。"（63/2）

按：上揭释文前句标点不当。志文上下两句对偶，"表"字处在与"干"字对文的位置，正确的标点当作："自斫粗柔未，表华阳之祉；酌酒切脯，干王门之羁。"

4. 北周保定二年（562）辛术妻裴氏墓志："仪同再守，名邦每称善政；频参盛府，见号羽仪。郡君治内之功，诚尽毗赞。"（78/6-7）

按：上揭释文标点不当。志文前两句骈偶，句式当为四六四六；且"羽仪"并非封号，"郡君"为古代妇女的封号。汉武帝尊王太后母臧儿为平原君，为封郡君之始。唐代封四品官之妻为郡君，母为郡太君。"羽仪郡君"合起来表示一种封号，是专有名词，不可割裂开来。故"郡君"当属上而误属下。正确的标点为："仪同再守，名邦每称善政；频参盛府，见号羽仪郡君。治内之功，诚尽毗赞。"

5. 北周建德元年（572）宇文逢恩墓志："为人忠庶，而行不以非理。干物严而无害，和而不同。"（101/10-11）

按："忠庶"不辞，为"忠恕"之同音误字。此段志文多处读破。正确的标点当为："为人忠庶而行，不以非理干物。严而无害，和而不同。"上下两句分别对偶，音节为六六四四，是标准的骈体文格式。特别是后一句"严而无害，和而不同"对仗工整，前加"干物"，反而语义不通。

6. 隋开皇二十年（600）宇文穆墓志："东西建号捷瓴，所以卒兴纵横，竞雄当途，是焉高让。"（137/2-3）

按：上揭释文因不明史实及文义而标点错乱，导致文句扞格难通。正确的标点当为："东西建号，捷瓴所以卒兴；纵横竞雄，当途是焉高让。"上引志文是非常标准的骈体文，格式是四六四六。"东西建号"指北魏分裂为东魏和西魏，其中西魏实权控制在权臣宇文泰手中。"捷瓴"即"建瓴"，"捷"字当为"建"的加形字。俗书常常将表示动作的字加上"扌"旁，使表义显豁。"建瓴"语本《史记·高祖本纪》："譬犹居高屋之上建瓴水也。"建瓴，即"建瓴水"之省，谓倾倒瓶中之水，形容居高临下、难以阻挡的形势。《周书·韦孝宽传》："窃以大周土宇，跨据关河，蓄席卷之威，持建瓴之势。"唐陆贽《诰普王荆襄江西道兵马都元帅制》："江、汉上游，建瓴制寇。"清毛世楷《武昌》诗："枝梧蜀汉争持角，控制东南欲建瓴。"墓志"捷瓴所以卒兴"与《周书》"持建瓴之势"表义相近，都是比喻宇文家族势力之大，崛起之速。"当途是焉高让"指公元557年魏恭帝禅让于宇文泰之子，西魏灭亡，北周建立。实际上是宇文泰的侄子宇文护掌握军权，用武力迫使魏恭帝禅让。志文是美化志主所在的宇文家族，故有"高让"之说。《长安地区新出隋代墓志铭十种集释》一文此处标点正确。[①]

---

① 王其祎、周晓薇：《长安地区新出隋代墓志铭十种集释》，载《碑林集刊》第19辑，三秦出版社，2013，第17页。

7. 唐武德八年（625）裴眺墓志："弟三女寿儿，适华山公初，息清河郡丞杨善会。"（164/26）

按：《新藏》志文标点如上，却又为"初息"出注曰："初息，犹言'长息'，大儿子。初，始也，长也，第一。"显然注释与标点不一致。今谓《新藏》标点与注释皆不确。《隋书·杨善会传》："杨善会字敬仁，弘农华阴人也。父初，官至毗陵太守。善会，大业中为鄃令，以清正闻。……金称复引渤海贼孙宣雅、高士达等众数十万，破黎阳而还，军锋甚盛。善会以劲兵千人邀击，破之，擢拜朝请大夫、清河郡丞。"据此，可知"初"指杨善会的父亲杨初，典籍中亦未见"初息"指长子的用法，注文不确。据墓志前文"弟二女令光，适伊川公闾孙东光县令赵文昉"，则此处正确标点当为："弟三女寿儿，适华山公初息清河郡丞杨善会。"不过，"初息"义为"杨初之子"，而非"长子；大儿子"。即第三女寿儿所嫁之人并非杨初，而是杨初的儿子杨善会。同时墓志前文还有："长女令先，适勋州刺史、定襄公爽。息谷州长史柳辩。"根据同一墓志文例一致的原则，该处标点亦有误，正确的标点当为："长女令先，适勋州刺史、定襄公爽息谷州长史柳辩。"即长女令先所嫁的人并非柳爽，而是柳爽的儿子柳辩。

8. 唐永徽六年（655）周翼墓志："父爽，陈鄱阳王法曹参军、秘书郎。始兴王友，飞缨碣馆，掞藻石渠。"（215/5-6）

按：上揭释文标点不当。鄱阳王为陈太祖第三子陈伯山，始兴王为陈太祖第二子陈伯茂。据此，则当在"秘书郎"后施逗号，"始兴王友"后施句号。即正确的标点当为："父爽，陈鄱阳王法曹参军、秘书郎，始兴王友。"

9. 唐上元三年（676）史融墓志："惧神池之沦劫，烬勒贞琰，而纪泉扃。"（263/13-14）

按："沦劫"不辞。实因《新藏》标点有误。"烬"当属上而误属下。佛教谓坏劫之末有水、风、火三大灾，劫烬即劫灾后的余灰。志文为上下两句对偶，正确的标点当为："惧神池之沦劫烬，勒贞琰而纪泉扃。"《西安新获墓志集萃》作："惧神池之沦劫，烬勒贞琰而纪泉扃。"①亦标点不当。

10. 唐景云二年（711）卫俊墓志："曾祖皇齐任汾州司马。"（352/5）

按：上揭释文后文有"祖茂，随任滑州白马县令。父勖，唐本县录事"，据此，则"曾祖皇"后当点断。正确的标点为："曾祖皇，齐任汾州司马。"

11. 唐开元六年（718）李文举妻窦氏墓志："贵族昭乎国史家谍具详之矣。"（365/5-6）

按：上揭释文句子当断未断。正确的标点当作："贵族昭乎国史，家谍具详之矣。"参《新藏》所录唐开元二十一年（733）寇太珪墓志："典国百揆，世传三老。著于史册，家谍详焉。"（407/3-4）

12. 唐开元六年（718）李文举妻窦氏墓志："粤以开元六年，岁次戊午，五月甲午朔，三日景申，龟筮称吉，合祔于先茔京兆万年县少陵原之礼也。"（365/21-22）

按：上揭释文最后一句标点有误，导致文义不通。"少陵原"是埋葬的地点，后当以逗号断开。正确的标点为："合祔于先茔京兆万年县少陵原，之礼也。"《新藏》唐贞观二十三年（649）吴君妻田英墓志："即以其年七月十八日，葬于白鹿之平原之礼也。"（191/11-12）编者注："'之礼也'之'之'字疑衍。"笔者认为，"之礼也"这种表述虽然相对"礼也"较少，但在墓志中也并非罕见，"之"并非衍文。《新藏》所收墓志中同样意思的另一种表述更可印证"之礼也"不误。唐咸通八年（867）刘府君及夫人墓志："遂克用咸通八年十二月五日，合祔于东鲁之原，是礼也。"（667/18-19）"之"与"是"皆为指示代词，故"之礼也"与"是礼也"同义。《新藏》同类的标点问题还有不少，如开元二十二年（734）李文墓志："即以开元廿二年十月十日，合葬于柏仁城北三里平原

---

① 西安市文物稽查队编《西安新获墓志集萃》，第73页。

之礼也。"（417/8-9）唐天宝三载（744）王元谦墓志："即以其载岁次庚申，八月辛卯朔，十二日壬辰，迁窆于华阴琼岳原之礼也。"（464/21-23）唐长庆四年（824）郭弘墓志："于长庆四年十月廿二日，合祔于河阴县南十二里归德乡平村广武原之礼也。"（578/12-14）唐开成五年（840）廉汶及夫人孙氏墓志："公与夫人于开成五年秋七月十八日，迁窆合祔。两剑同匣，双鱼共泉。府西南五里原之礼也。"（612/17-18）唐咸通十五年（874）徐政及夫人申氏墓志："府君与夫人便取咸通十五年十月五日，合祔于府城西南五里原之礼也。"（698/14-15）姚美玲认为："以某年某月某日葬于某地，礼也"和"以某年某月某日葬于某地，之礼也"两种句式都是墓志铭文的标准格式，主要用来总结墓志志文的内容，表示丧葬大事已经按照丧礼的规定如期完毕。该文章同时校正了多种墓志文献整理汇编本中因不明此种墓志铭文格式而标点错误的句子。①

13. 唐开元二十二年（734）杨志忠墓志："六属分卿，司徒掌邦教，以安抚八命。建牧太守，剖州符以藩屏。"（411/4-5）

按：上揭释文标点不当，导致句式散乱，文义难明。据《周礼·天官·小宰》，上古谓天、地、春、夏、秋、冬六官的属官为"六属"。《周礼·地官·司徒》："乃立地官司徒，使帅其属而掌邦教，以佐王安抚邦国。"汉郑玄注："抚，亦安也。"南朝宋谢庄《为北中郎新安王拜司徒章》："辨其动植，布其安抚，以倡九牧，阜成王教。"可知"安抚"为同义复词，义为"安定；安抚"，其后宾语可省略。周代官爵分为九等级，称九命。其中八命为王之三公及州牧。《周礼·春官·典命》："王之三公八命。"《周礼·春官·大宗伯》："八命作牧。"汉郑玄注："谓侯伯有功德者，加命得专征伐于诸侯。"墓志中"八命建牧"与《周礼》"八命作牧"义同。故上揭志文正确的标点当为："六属分卿，司徒掌邦教以安抚；八命建牧，太守剖州符以藩屏。"上下两句对偶。

14. 唐开元二十二年（734）杨志忠墓志："公之生也，岳渎降灵，河目

---

① 参姚美玲《唐代墓志中的"礼也"释证》，《语言科学》2007年第2期，第100-107页。

龟形。幼而有成公之德也。孝家忠国，威仪不忒，是效是则。"（411/10-11）

按：上揭释文标点不当，导致句式散乱，层次不清。正确的标点当为："公之生也，岳渎降灵，河目龟形，幼而有成；公之德也，孝家忠国，威仪不忒，是效是则。"上下两句对偶。前一个长句赞美志主天赋异禀，后一个长句赞美志主品德高尚。墓志后文又云："公之学也，或流或略。既亦博文之礼乐，方将辅大君于唐尧。"则是继续赞美志主之才学。可知"公之生也""公之德也""公之学也"当分别点断，引出并列的三个分句。

15. 唐开元二十七年（739）桓臣范墓志："虽勉视事，常泪而无声。因积其忧婴，瘵而殆灭。"（439/18）

按：上揭释文标点不当，导致割裂词语，同时破坏了原句的韵律美。"婴"字当属下而误属上。"婴瘵"成词，义为患病或疾疾缠身。现有辞书未收录"婴瘵"，但收录了其同构同素同义词"婴疾""婴病""婴痾"等词。"婴疾"，例如《后汉书·党锢传·李膺》："道近路夷，当即聘问，无状婴疾，阙于所仰。"南朝宋谢灵运《昙隆法师诔》："同学婴疾，振锡万里相救。""婴病"，例如元辛文房《唐才子传·卢照邻》："后迁新都尉，婴病去官。"明徐渭《赠沈母序》："太君归沈，甫二十五而寡。有姑尝婴病，太君至糜股以疗之，得不死。""婴痾"，例如《后汉书·孝明八王传》赞："下邳婴痾，梁节邪惑。""瘵"亦有"病"义。《诗经·大雅·瞻卬》："邦靡有定，士民其瘵。"毛传："瘵，病。"南朝宋谢灵运《酬从弟惠连》诗："寝瘵谢人徒，灭迹入云峰。"宋王安石《乞退表》之一："念其服劳之久，愍其撄瘵之深。""撄瘵"同"婴瘵"，二者为同义异形词。"婴""撄"为古今字关系。以上志文正确的标点当为："虽勉视事，常泪而无声。因积其忧，婴瘵而殆灭。"句式整齐，表意明确，富有韵律美。

16. 唐开元二十七年（739）桓臣范墓志："嗣子庭，璋茅弓裘，系业栾棘。其容将志九原，俾杨百行。"（439/36）

按："璋茅"不辞，"茅"当作"等"，考辨见第一节第四类第15条。

基于此，我们能发现《新藏》编者对该志的标点有较多错误。"弓裘"语本《礼记·学记》："良冶之子，必学为裘；良弓之子，必学为箕。"后用以指父子世代相传的事业。唐高适《古乐府飞龙曲留上陈左相》："相门连户牖，卿族嗣弓裘。"元辛文房《唐才子传·张继》："诗情爽激，多金玉音，盖其累代词伯，积袭弓裘，其于为文，不雕自饰，丰姿清迥，有道者风。"明郑若庸《玉玦记·团圆》："奕叶生辉，念弓裘在吾当力继。""系业"谓继承先人的事业。"系"取"继承"义。《字汇·糸部》："系，继也。"《后汉书·班彪传下附班固》："系唐统，接汉绪。"李贤注："言光武能继唐尧之统业也。"《文选》卷六左思《魏都赋》："末上林之隈墙，本前修以作系。"刘良注："本于前修以为系胤之意。""栾棘"语本《诗经·桧风·素冠》："棘人栾栾兮。"毛传："棘，急也。栾栾，瘠貌。"意谓居父母之丧因哀痛而瘦瘠。后因以"栾棘"形容孝子的哀痛。唐张说《故开府仪同三司上柱国赐扬州刺史大都督梁国公姚文贞公神道碑》："剖符江表，敦谕起复，衰麻外墨，栾棘内毁。"唐刘禹锡《代郡开国公王氏先庙碑》："早以栾棘伤生，晚成剧恙。"故"栾棘其容"当连读。唐大和三年（829）王明哲墓志："咸以绝浆茹苦，栾棘其容。"① 本志上文正确的标点当为："嗣子庭璋等，弓裘系业，栾棘其容。将志九原，俾杨百行。"还应说明的是，"杨"为"扬"的俗写。俗书"木"旁、"扌"旁相混不别。"俾扬百行"义为通过志文宣扬志主的各种品行。

17. 唐天宝三载（744）王元谦墓志："君之兄也，仁哲乃宿，昔见知君。此时也为僧，亦因依见待。"（464/12）

按：上揭释文因不明文义，标点错乱，导致读不成句。正确的标点当作："君之兄也仁哲，乃宿昔见知。君此时也为僧，亦因依见待。"两句对偶。前一句赞美志主之兄，后一句事涉志主。后文"及期，兄将早世，君乃继焉"也是分述兄弟二人。"宿昔"为成词，义为"从前、往日"。《史记·平津侯主父列传》："朕宿昔庶几获承尊位，惧不能宁，惟所与共为治者，君宜知之。"唐张九龄《照镜见白发》诗："宿昔青云志，蹉跎白发

_____

① 王仁波：《隋唐五代墓志汇编（陕西卷）》第 2 册，天津古籍出版社，1991，第 56 页。

年。"清曹寅《春日过顾赤方先生寓居》诗:"即此相逢犹宿昔,频来常带杖头钱。"释文因不明此处"宿昔"为词而割裂词语,使其分属上下两个小句。志文中两处"君"皆指志主王元谦。编者盖将第二处"君"理解为君主,非。

18. 唐贞元十三年(797)萧遇墓志:"妙万物而有感,必通之谓神;首百行而无思,不服之谓孝。"(525/10-11)

按:以上释文标点不当,不当断而断,导致句子语义不连贯。正确的标点当为:"妙万物而有感必通之谓神;首百行而无思不服之谓孝。"其中"有感必通"当一气连读,不当点断。《旧唐书·五行志》:"臣尝读书,观天人相与之际,考休咎冥符之兆,有感必通,其间甚密。"北宋张载《正蒙·天道篇第三》:"上天之载,有感必通。"南宋朱熹《朱子语类》卷七二:"所谓'朋从尔思',非有感必通之道矣。"明凌蒙初《初刻拍案惊奇》卷三五:"真是精诚之极,有感必通,果然被他哀告不过,感动起来。""无思不服"亦当一气连读,不当点断。语本《诗经·大雅·文王有声》:"自东自西,自南自北,无思不服。"《后汉书·肃宗孝章帝纪》:"威灵广被,无思不服。"《晋书·陶璜传》:"今四海混同,无思不服,当卷甲消刃,礼乐是务。"《魏书·高允传》:"物归其诚,神献其福,遐迩斯怀,无思不服。"《隋书·炀帝纪》:"东渐西被,无思不服,南征北怨,俱荷来苏。"

19. 唐贞元十七年(801)裴真卿墓志:"及公之督郡也,稽简簿,搜遗隐,得羡财以制备。岂卸给之经费,践萃抏饫,疲人息肩。"(539/11-12)

按:此处释文标点有误。据前所辨正之文字(第一节第四类第20条),"岂"字当为"豐"字,"卸"字当为"御"字,"践"字当为"贱"字,"萃"字当为"卒"字,知正确的标点及文字当为:"及公之督郡也,稽简簿,搜遗隐,得羡财以制备,丰御给之经费,贱卒抏饫,疲人息肩。"

20. 唐元和九年（814）刘夫人裴氏墓志："尝叹曰：俾王母之魂无所归，非孝也。岂与食稻衣锦，怀安者伦乎！"（559/11-12）

按：上揭释文后一句标点不当，不当断而断，导致句子语义不连贯。正确的标点当为："岂与食稻衣锦怀安者伦乎！"其中"食稻衣锦怀安"合起来作为辅助性代词"者"的多重定语，当一气连读，不当点断。

21. 唐元和十二年（817）崔颋墓志："予惟文辞简卤，惧不能卒尽丕懿。再辞，而其请弥哀，又惟崔氏昆弟之心，将不在德，与官，与学，与文直。其交深且久，能通家知旧者为耶？余实当之，其可以固辞？"（567/6-8）

按：编者不明词义，导致上揭释文标点有误。"直"字当属下，为语气副词，义为"特；但；只不过"。《孟子·梁惠王下》："寡人非能好先王之乐也，直好世俗之乐耳。"《汉书·司马迁传》："夫阴阳、儒、墨、名、法、道德，此务为治者也，直所从言之异路，有省不省耳。"唐颜师古注："直犹但也。"故上文中间句子正确的标点当为："再辞，而其请弥哀。又惟崔氏昆弟之心，将不在德，与官，与学，与文。直其交深且久，能通家知旧者为耶？"意谓崔氏兄弟对于墓志撰写者的要求是：不在意品德、官职、学问、文采（当然，这是墓志作者的自谦之词），只要与丧主家交情深厚，熟稔丧主家情况即可。故墓志后文云："存庆与公之元子早相许诺知厚，同第制策，皆官秘书，登朝会御史府，而交期心约，庶无愧乎古之人。"

22. 唐长庆二年（822）杜式芳墓志："当此时，容帅犹与贼接战，军储不给使，使告于公。"（575/15）

按：上揭释文标点不当。"给使"虽为成词，但此处"给使"无义，"给""使"二字不在同一个句法层次。志中"给"与"不"直接组合，"不给"义为供给不足、匮乏。《左传·宣公十二年》："子有军事，兽人无乃不给于鲜，敢献于从者。"《孟子·告子下》："春省耕而补不足，秋省敛而助不给。"《旧唐书·李晟传》："欲以诸军同神策，则财赋不给，无可奈何。"明冯梦龙《古今谭概·癖嗜》:"后家不给,食馒头,又食煨茄,俱成箩以充饥。"志中"使使"当连读,皆属下。"使使"义为"派遣使者"。第一个"使"为动词,"派遣"义;第二个"使"为名词,"使者"义。《战国策·燕策三》:"燕王拜送于庭,使使以闻大王。"《史记·屈原贾生列传》:"楚怀王贪而信张仪,遂绝齐,使使如秦受地。"《史记·淮阴侯列传》:"齐王田广以郦生卖己,乃烹之,而走高密,使使之楚请救。"故上文正确的标点当为:"当此时,容帅犹与贼接战,军储不给,使使告于公。"

23. 唐大和三年(829)郭睇墓志:"川守器异俾司骑,置勤以徇。"(582/11-12)

按:上揭释文标点混乱,导致文义难通。标点错误的原因,盖系编者不明其中几个词的含义。今谓志文中"器异"一词,义为器重、看重。《后汉书·马严传》:"(严)因览百家群言,遂交结英贤,京师大人咸器异之。"南朝梁任昉《王文宪集序》:"叔父司空简穆公早所器异。"宋曾巩《福昌县君傅氏墓志铭》:"福昌君在家,为父母所器异;既嫁,而夫属无退言。"明刘基《紫虚观道士吴梅涧墓志铭》:"先生生而敏慧,好清净,不从群儿嬉,父母甚器异之。"

又:"骑置"也成词。义为驿马,借指乘马传送公文的人。《汉书·李陵传》:"抵受降城休士,因骑置以闻。"唐颜师古注:"骑置,谓驿骑也。"《晋书·刑法志》:"秦世旧有厩置、乘传、副车、食厨,汉初承秦不改,后以费广稍省,故后汉但设骑置无车马。"《宋史·刑法志一》:"群臣受诏鞫狱,狱既具,骑置来上,有司断已,复骑置下之州。"《新藏》释文割裂词语。

所以上文正确的标点当作:"川守器异,俾司骑置,勤以徇。"

24. 唐大和六年(832)裴清墓志:"时秀才房举于京,长官房任于蜀闽。洛水陆隔七千里。"(591/17)

按:整理者未仔细对照上下文,导致上揭释文标点出错。正确的标点当为："时秀才房举于京，长官房任于蜀。闽洛水陆隔七千里。"志文前文云："贞元癸未岁，仲言兄弟等不天，遘悯凶于泉州。"后文云："妣夫人护从携孤，凡七月，达于故里。奉终大事于偃师北原。"志主的父亲殁于福建泉州，志主的两个儿子，也是墓志撰者的两个同父异母兄弟，一个是秀才房，在京城长安应举，一个是长官房，在四川任职，均无法护送灵柩返回，只有妣夫人护送灵柩和孤子返回故里河南洛阳偃师。故有"闽洛水陆隔七千里"云云。

25. 唐大和八年（834）王琦墓志："公知机谋，震主者不封功业，崇重者见忌。"（598/8-9）

按：上揭释文标点错乱。志文"公知"以下两句为对偶，当作："公知机谋震主者不封，功业崇重者见忌。"志文当是化用《史记·淮阴侯列传》："且臣闻勇略震主者身危，而功盖天下者不赏。"

26. 唐会昌四年（844）粟府君焦夫人墓志："勒石为铭，以将后验期。词曰：……"（626/10-11）

按：上揭释文标点不当，导致语句不通。正确的标点当作："勒石为铭，以将后验。期词曰：……"其中"期"为"其"的音近借用字。原碑"期词曰"与上文其他文字之间有空格，明显三字当连读。"其词曰"墓志中屡见。以《新藏》所收墓志为例。唐贞元二十年（804）郭府君夫人赵氏墓志："刻石纪宗，用传不朽。其词曰：……"（546/11-12）唐元和六年（811）王俊墓志："而大化冥迁，在铭昭乎不朽。其词曰：……"（550/16-17）唐元和七年（812）刘宝及夫人乐氏墓志："恐后陵谷再迁，刊石铭记，令子孙有准。词曰：……"（554/17-18）唐会昌四年（844）王公及夫人合祔墓志："恐河海变东西，陵谷移前后，故谨勒石为铭。其词曰：……"（624/13-14）唐会昌五年（845）吕府君夫人张氏墓志："又恐时移变改，刊石为文。乃为讼曰。其词曰：……"（628/16-17）另，"以将后验"与"令子孙有准"义同。更能证明"期"当属下，为"其"字之通假。

27. **唐大中四年（850）武恭夫人李氏墓志**："以礼义贞顺于己，以柔淑和懿睦诸亲始于家，纯如也。"（635/6-7）

按：上揭释文标点不当，导致语句混乱。当于"亲"字后施句号。即正确的标点当作："以礼义贞顺于己，以柔淑和懿睦诸亲。始于家，纯如也。"其中"睦"字为使动用法，使亲善和睦。"始于家"当独立为小句，参唐柳宗元《亡姊前京兆府参军裴君夫人墓志》："呜呼，夫人与仁孝偕生，以礼顺偕长，始于家，纯如也；终于夫族，穆如也。"又据对偶文例可知，原墓志文"礼义贞顺"后当脱一字。据语境，所脱盖为"责"或"备"之类充当动词的文字，与下句"睦"字对文。

28. **唐大中十一年（857）陆耽墓志**："比秋，至李把手坚留，遂表授团练判官。"（650/9-10）

按：上揭释文标点不当。当于"至"字后点断。即正确的标点为："比秋至，李把手坚留，遂表授团练判官。"前文云："乃相与约，署摄名居府，秋复举籍。"故此言"比秋至"，即等到了秋天。承前文而言。上下句合起来的意思是：志主陆耽因累次参加科举考试没有中式，迫于生计，勉强应邀做了泗州团练使李进贤的幕僚。但事先与李进贤约定，只是暂时充当幕僚，秋季还是要辞职参加科举考试。等到了秋天，李进贤盛情挽留志主陆耽继续留下来辅佐自己。所以"至"字当属下。

29. **唐大中十一年（857）陆耽墓志**："前以道梗，商惧，不至州。人懦者餧死，壮者族逃。"（650/22-23）

按：上揭释文标点不当。"州"字当属下。即正确的标点为："前以道梗，商惧不至。州人懦者餧死，壮者族逃。"志文中"不至"的宾语确实是"州"，但蒙后省略了。下句以"州人"开头，特指该州百姓，是"懦者""壮者"的限制定语。

30. **唐咸通八年（867）杨拪愈墓志**："诚宜佐明主，以臻乎至理，扬大雅以辉耀将来。"（663/17）

按：上揭释文标点不当。割裂了对偶的句子。正确的标点当为："诚宜佐明主以臻乎至理，扬大雅以辉耀将来。"其中"佐明主以臻乎至理""扬大雅以辉耀将来"两个小句对偶，而"诚宜"是两个小句的共用成分。

31. 唐咸通十年（869）李又玄墓志："是岁，卢耽尹京兆，柱史伏礼日曰：向公才能，熟公德行，缓急之曹，非公不可。委之奏长安戎务，愿勉而相副。柱史恳退于再，终不为舍。"（670/21-23）

按：上揭释文标点不当，导致句式杂糅，不合语法。"委之"当属上。即正确的标点当作："是岁，卢耽尹京兆，柱史伏礼日曰：向公才能，熟公德行，缓急之曹，非公不可委之。奏长安戎务，愿勉而相副。柱史恳退于再，终不为舍。"刘思怡释录该墓志时将"委之"二字属上，正确。①"非君不可委之"即除了你没有人适合担任这个职务。

32. 唐咸通十年（869）李又玄墓志："罕等恸哭侍，言恓而咽不成句。"（670/36-37）

按：笔者前文已指出释文所谓"恓"字，原拓实作"恓"。"恓"字对应多个词，同时为"凄"和"恓"的异体字。本志中当同"凄"字，义为"悲痛"。此处刘思怡标点作："罕等恸哭，侍言恓而咽不成句。"②亦不确。正确的标点当为："罕等恸哭侍言，恓而咽不成句。"其中"侍言"为成词，不可割裂。"侍言"义同"侍话"，即陪从交谈。③唐李绰《尚书故实序》："绰避难圃田，寓居佛庙……叨遂迎尘，每容侍话。凡聆征引，必异寻常。"

① 刘思怡：《唐宗室大郑王房李又玄夫妇墓志考释》，《西部学刊》2020 年 12 月上半月刊，第 97 页。
② 刘思怡：《唐宗室大郑王房李又玄夫妇墓志考释》，《西部学刊》2020 年 12 月上半月刊，第 98 页。
③ 现有辞书中唯见《汉语大词典》收有"侍言"一词，但未收"陪从交谈"义。根据王云路先生提出的"同步构词"理论，"侍言"可以产生与"侍话"一词同义的"陪从交谈"义。"侍言"与"侍话"的同步构词层级关系属于狭义同步构词（同义同步构词）。

33. 唐咸通十年（869）李又玄墓志："罕泣而再。侍药但三旬间，百医复备，或写佛祷祇，未息其时，皆不膺矣。"（671/38-39）

按：上揭释文标点不当，导致句子不完整。"侍药"当属上。正确的标点为："罕泣而再侍药。但三旬间，百医复备。或写佛祷祇，未息其时，皆不膺矣。"

34. 唐咸通十四年（873）李元嗣墓志："所莅皆以清举，称为业官者叹伏焉。"（687/15）

按：上揭释文标点不当。"以……称"为古代汉语的凝固结构，义为"因……而著称"。唐韩愈《马说》："骈死于槽枥之间，不以千里称也。"宋曾丰《缘督集·赠江宰彦通》："不以能称乃真能，交章疾置闻朝廷。"故上揭志文正确的标点当为："所莅皆以清举称，为业官者叹伏焉。"意谓志主李元嗣在所有任职过的地方都因清俊超逸而著称，被为官者所赞叹佩服。

35. 唐咸通十四年（873）李元嗣墓志："有别女一人，曰盘七。别子一人，曰小猪。女许嫁郑氏子，尚童丱。其执亲之丧，皆若成人，回于君，是中外兄弟。"（687/24-25）

按：上揭释文多处标点不当。其一，上句分别交代了别女、别子的名字，下句亦当分别交代二人情况。故"子"当属下句，指上文名为"小猪"之别子。该分句正确的标点当为："女许嫁郑氏，子尚童丱。"其二，"回"是本志撰者卢回，故当另起一句。故"回"字前当断以句号。即该分句正确的标点当为："其执亲之丧，皆若成人。回于君，是中外兄弟。"

36. 唐乾符三年（876）焦弘祐夫人周氏墓志："唐来大蕃，炽于朝野，不可殚述，故略不书。"（704/23）

按："唐来大蕃，炽于朝野"文义难通，原因在于释文标点不当。标点不当的原因，又与不明词义有关。"蕃炽"为成词，义为"茂盛；兴旺"。汉焦赣《易林·遯之涣》："云梦苑囿，万物蕃炽。"宋苏轼《私试策问》之一："（汉朝）方韩、彭、吕氏之祸，惟恐同姓之不蕃炽昌大也，然至其为变，则又过于异姓远矣。"明李东阳《送荆庭春之云南按察副使序》："就一事言之，则其日累月积，起于微鲜而极于蕃炽。"参考墓志该句前文"秦汉魏晋，格周隋，辉赫图谍"，则此处"蕃炽"连读怡然理顺。皆谓志主出自名门望族之意。

37. 唐乾符三年（876）焦弘祐夫人周氏墓志："焦氏懿积昭著，门阀谱系具列。广平公铭诔，下略不书。"（704/24）

按：上揭释文标点不当。"门阀谱系具列"语义未完，其后不当断开。"具列"是及物动词，必须带宾语才语义完足。"具列"的宾语为"广平公铭诔"。盖因原碑于"广平公"前空格表敬，编者误以为前文语义已完，故而标点错误。

第一节第四类第 36 条已辨识，"积"为"绩"之误，"下"为"亦"之误，故上文正确的文字和标点当为："焦氏懿绩昭著，门阀谱系具列广平公铭诔，亦略不书。"

第四节　其他问题

一　原碑或释文脱字

1. 唐开元二十七年（739）桓臣范墓志："今上龙跃霆震，开元奉时。扫搀于紫微，定社稷于尺剑。"（439/11-12）

按：原拓"搀"字后有"抢"字，释文误脱，而以"扫搀"为词加以注释，导致对偶的上下两句韵律不协。今谓"抢"字不误，当以"搀抢"为词加以注释。"搀抢"本为彗星名。即天搀、天抢。因俗写"木"旁、"扌"旁不分，又作"搀枪"。《淮南子·俶真训》："古之人处混冥之中……搀枪衡杓之气，莫不弥靡，而不能为害。"汉刘向《说苑·辨物》："搀抢、彗孛、旬始、枉矢、蚩尤之旗，皆五星盈缩之所生也。"明梅鼎祚《昆仑奴》第一折："真个是戈挥太白，剑扫搀抢。"古人以搀抢为妖星，主兵祸，故引申指凶渠。《文选》卷二一谢瞻《张子房诗》："鸿门消薄蚀，垓下殒搀抢。"唐李善注："薄蚀、搀抢，皆指项羽。"《陈书·高祖纪上》："公左甄右落，箕张翼舒，扫是搀枪，驱其猃狁。"

2. 唐贞元十五年（799）韩晕妻卢媛墓志："何率之道独贤，而赋命之期不永。"（533/16-17）

按：原拓"率"字下有"性"字。志文讲究对偶，释文脱"性"字，使本来对偶的句子失对。当补"性"字。即释文当据原拓作："何率性之道独贤，而赋命之期不永。"

3. 唐开成五年（840）廉汶及夫人孙氏墓志："岂料风乔木，匣锁只剑。"（612/12）

按：原碑及释文上句皆作"风乔木"，与下句"匣锁双剑"字数不一致，且不合对偶文例。原碑"风"后当脱"摧""折""剪"一类表"摧毁；折断"义的字。"风摧/折/剪乔木"与"匣锁只剑"对偶同义，皆喻指父母一方去世。唐上元三年（676）李俨《□□故太中大夫太子家令轻车都尉阎君墓志铭并序》："风剪乔木，霜凋峻颖。"[1]

4. 唐会昌三年（843）李遂晏墓志："唐故左僻仗押衙银光禄大夫检校太子宾客兼侍御史李府君墓志并序。"（622/1-2）

按：原碑及释文皆作"银光禄大夫"，不辞。"银"字后脱"青"字。光禄大夫，相当于战国时代置中大夫，汉武帝时始改为光禄大夫，秩比二千石，掌顾问应对。隶于光禄勋。魏晋以后无定员，皆为加官及褒赠之官：加金章紫绶者，称金紫光禄大夫；加银章青绶者，称银青光禄大夫。唐、宋以后用作散官文阶之号，唐朝光禄大夫为从二品，金紫光禄大夫为正三品，银青光禄大夫为从三品；宋朝光禄大夫为从一品，金紫光禄大夫为正二品，银青光禄大夫为从二品。元、明沿宋制为从一品，清代升为正一品。《新藏》所收墓志中多见"银青光禄大夫"称号。唐开元二十九年

---

① 臧振：《西安新出阎立德之子阎庄墓志铭》，荣新江主编《唐研究》第2卷，北京大学出版社，1996，第457页。

（741）裴文明墓志："曾祖敬仁，字君倩，随银青光禄大夫。"（449/3-4）唐圣武二年（757）姚承祖墓志："曾祖炽，随银青光禄大夫、青相魏三州刺史、金明郡开国公。"（483/3-4）唐元和十四年（819）赵晋墓志："曾祖亮，皇朝银青光禄大夫、婺州司马。"（570/5-6）

5. 唐大中十一年（857）陆耽墓志："夫人河东县君裴氏，荆南节度使胄之女，门清于本族。先公十三殁。"（650/30）

按："先公十三殁"不辞。复核原拓，"十三"后有"年"字。甚是。释文误脱。

二　不识重文符号而阙录

唐开元十九年（731）刘景墓志："萧萧松檀，烈烈风霜。唯谦之感德，与地久而长天。"（393/15-16）

按："唯谦之感德"语气不畅。上揭句子出自墓志铭文。铭文属于骈体文，骈体文在语句上的特点是讲究骈偶和"四六"。"骈偶"是就句式的对仗说的，"四六"是就对句的字数说的。"四六"的基本结构有五种：（1）四字句和四字句相对为四四；（2）六字句和六字句相对为六六；（3）上四下四和上四下四相对为四四四四；（4）上四下六和上四下六相对为四六四六；（5）上六下四和上六下四相对为六四六四。"萧萧松檀，烈烈风霜"为四四，符合"四六"的结构要求；而"唯谦之感德，与地久而长天"则是五六，上一句少了一个字，不符合"四六"的结构要求。细审原拓，"谦"字下有重文符号"⬛"，编者失察。据此，则句子实作："唯谦谦之感德，与地久而长天。"合乎"四六"的结构要求，且文从字顺，于义有征。"谦谦"义为"谦逊貌"。《易·谦》象传："谦谦君子，卑以自牧也。"汉刘向《列女传·有虞二妃》："二女承事舜于畎亩之中，不以天子之女故而骄盈怠嫚，犹谦谦恭俭，思尽妇道。"宋陈傅良《祭苏训直文》："某幸兹为寮，情相后先，即之谦谦，听之便便，一日不见，而我弃捐。"《新藏》所收墓志中另有多处重文符号。唐贞元十三年（797）萧遇墓志："呜呼！孝之诚，神之明，何至至乎哉！"（524/19-20）第二个"至"字，原拓作重文符号"⬛"。唐贞元十六年（800）张朝清墓志："岁岁年年，孤月悬悬。"（535/14）第二个"岁"字、"年"字、"悬"字，原拓皆作重文符号""。唐元和六年（811）《王俊墓志》："英英令哲兮，帝子王孙。"（549/18）原拓第二个"英"字作重文符号""。

三　解题信息有误

唐开元二十七年（739）桓臣范墓志提要："志主之兄桓恒范，《旧唐书》有传甚详。"（438）

按：《旧唐书》《新唐书》皆无名"桓恒范"者，当是编者误记误录。提要所谓"《旧唐书》有传甚详"的当是桓彦范。《旧唐书》列传第四十一、《新唐书》列传第四十五为桓彦范、敬晖、崔玄暐、张柬之、袁恕己五人立传，桓彦范居首。《新唐书》"桓彦范"传文末有："彦范弟玄范，官至常州刺史；臣范，工部侍郎。"新、旧《唐书》皆无桓玄范传。此外，桓臣范墓志中多处提及其兄桓彦范。如："二张将弄神器，五王克静萧墙。公即扶阳之季也，同翦大憝，匡服中兴。故仁昆为元辅之臣，令弟有非常之拜。"《新唐书·桓彦范传》载，神龙元年（705）正月，桓彦范因拥戴唐中宗复位有功，被封为银青光禄大夫，拜纳言，赐勋上柱国，封谯郡公，赐实封五百户，又改为侍中。神龙元年五月，进封为扶阳郡王。"公即扶阳之季也"句，明言桓臣范为桓彦范之季弟，与《新唐书·桓彦范传》正相合。所以，本条墓志提要当修订为："志主之兄桓彦范，《旧唐书》《新唐书》皆有传甚详。"

四　残泐字可据典故知识隶定

唐开元二十二年（734）李文墓志："高门之前，鸣□结辙。"（417/2-3）

按：阙字原拓作""。根据前后文义及残泐字形判断，当隶定为"笳"字。原刻"笳"字的上部构件"⺮"移到"力"的上面，使整个字由上下结构变为左右结构。"鸣笳"义为吹奏笳笛。古代贵官出行，前导鸣笳以启路。典出三国魏曹丕《与梁朝歌令吴质书》："从者鸣笳以启路，文学托乘于后车。"宋王安石《晏元献挽辞》之一："萧瑟城南路，鸣笳上九原。"亦可作进军之号。清昭梿《啸亭杂录·孝感之战》："其垒外松棚下，余贼方瞭望，余骑发矢伤数人，贼错愕间，江西兵展旗鸣笳以进。"本志中"高门"指富贵之家，高贵门等；"结辙"义为辙迹交错，谓车辆往来不绝。据前后文语境，结合残泐字形，不难得出该字为"笫"。

第五节　词汇学与辞书学价值

本书第一章第六节提到，罗维明、刘志生、安静、周阿根等都深刻认识到墓志碑刻文献的语文辞书编纂价值，也都深入探讨了墓志碑刻文献的词汇学价值。除此之外，还有姚美玲、柏亚东、姜同绚等学者都在考释大量墓志词语的基础上揭示了唐代墓志的词汇学和辞书学研究价值。[①] 下面我们以《西南大学新藏墓志集释》一书所收北魏至五代墓志中的词语为例，进一步阐述墓志词语对词汇学研究和语文辞书编纂的价值及作用。

一　增补词语义项或增加成词

1. 北齐武平二年（571）张宗宪墓志："除大理司直，申宬嘉石之上，理讼楚木之下。"（72/10）

按："嘉石"一词，《新藏》已据《辞源》《汉语大词典》等权威工具书作注；"楚木"一词，《新藏》未注。辞书唯见《汉语大词典》收有"楚木"一词，释为"丛生之木"，所举书证皆出自唐代以后。今谓墓志中"楚木"别为一义，指刑杖。"楚"本为木名，又名牡荆。落叶灌木，或小乔木。《诗经·周南·汉广》："翘翘错薪，言刈其楚。"宋朱熹集传："楚，木名，荆属。"宋宋祁《宋景文公笔记·杂说》："入林失斧，不能得楚。"因其枝干坚劲，古代常用作刑杖或督责生徒的小杖。《礼记·学记》："入学鼓箧，孙其业也。夏楚二物，收其威也。"元陈澔《礼记集说》："夏，榎也；楚，荆也。榎形圆，楚形方。以二物为扑，以警其怠忽者，使之收敛威仪也。"汉陈琳《为袁绍檄豫州》："故太尉杨彪，典历二司，享国极位，操因缘眦睚，被以非罪，榜楚参并，五毒备至。"南朝梁刘孝标《广绝交论》："故王丹威子以槚楚，朱穆昌言而示绝。"志主张宗宪曾任大理司直，即主管刑狱的官员，所以"理讼楚木之下"，"楚木"指刑杖。

[①] 姚美玲：《唐代墓志词汇研究》，华东师范大学出版社，2008。柏亚东：《唐代墓志词语通释》，华东师范大学博士学位论文，2008。姜同绚：《唐代墓志文化词语专题研究》，人民出版社，2019。

2. 北齐武平二年（571）张宗宪墓志："神称福祐，仁逝恒疾。"（72/24-25）

按："恒疾"一词，辞书未收。今谓结合墓志语境，参考与"恒疾"一词构词方式、构词理据皆同的"常疾"一词，"恒疾"当与"常疾"同义，义为经久不愈的病。《庄子·人间世》："上有大役，则支离以有常疾不受功。"晋王羲之《杂帖五》："足下常疾何如？不得近问，邑邑。"辞书中唯《汉语大词典》收有"常疾"一词，而皆未收"恒疾"，当补。

3. 北周天和六年（571）潘玄墓志："时大祖文皇帝夹辅当途，志存文武。于是广访坚明，登蒙敕召。"（98/8-9）

北周建德元年（572）宇文逢恩墓志："公志性贞至，才识坚明。"（101/9）

按：辞书中唯见《汉语大词典》收录"坚明"，收有二义。（1）谓坚守。《史记·廉颇蔺相如列传》："秦自缪公以来二十余君，未尝有坚明约束者也。"（2）明确。宋苏舜钦《哀穆先生文》："议事坚明，上下今古，皆可录。"此二义与墓志中语义皆不合。今谓墓志中"坚明"别为一义，本义为"坚定贤明"。北魏孝昌三年（527）《魏故咸阳太守刘府君墓志铭》："是曰刘族，世立坚明。"《新藏》安庆绪大燕天成元年（758）程思泰墓志："夫人胡氏，六行夙彰，三从早著。事舅姑而婉顺，处夫子而坚明。"（486/7-8）唐柳宗元《故尚书户部侍郎王君先太夫人河间刘氏志文》："少曰叔文，坚明直亮，有文武之用。"《新唐书》卷六一三《杨于陵传》："进止有常度，节操坚明。"引申转喻坚定贤明的人，潘玄墓志中即是此义。宇文逢恩墓志中，编者释"坚明"为"谓坚守不改变"，恐未得确诂。

4. 隋开皇十一年（591）裴遗业墓志："粤以十一年十一月七日，葬于旧茔。"（126/7-8）

唐上元三年（676）虞秀姚墓志："粤以上元三年，岁次景子，七月乙未朔，三日丁酉，合祔于明堂县少陵原兰陵公之旧茔。"（259/16-17）

唐仪凤元年（676）辛澄墓志："以仪凤元年十二月廿七日，合葬于洪

源乡之旧茔，礼也。"（266/22-23）

唐垂拱二年（686）陆景澄墓志："以四月廿八日，迁葬于高阳原之旧茔，礼也。"（297/17-18）

武周万岁通天二年（697）骆玄运墓志："以大周万岁通天二年三月六日，迁窆于泾阳之旧茔，礼也。"（332/11-12）

唐圣武二年（757）姚承珇墓志："旋以其年八月十四日，祔于长安县高阳原旧茔，礼也。"（483/19-20）

唐贞元十四年（798）汜府君夫人张氏墓志："以其年闰五月十一日，合祔于白鹿原旧茔，从周礼也。"（528/20）

唐大和八年（834）王琦墓志："遇□兆交泰，龟筮叶从，合祔旧茔，方契平生之愿。"（598/15）

唐乾符四年（877）王翰及夫人贾氏墓志："去咸通七年十月内，扶灵旧茔安厝。"（707/5-6）

按："旧茔"一词，未见辞书收录。但《辞源》（第三版）、《汉语大词典》收有与其构词法相同的同素词"祖茔""先茔"。今谓"旧茔"与"祖茔""先茔"词义相同，义为先人坟茔、祖先的坟墓。《新藏》所录唐天宝元年（742）李延喜墓志有云："宅东土兮葬西京，顺孝思兮反旧茔。"（455/22）与此段铭文相应的志文前文作："粤以天宝元年，岁次壬午，七月癸卯朔，七日己酉，合祔于凤栖原先茔之侧，礼也。"两相参照，可知"旧茔"即"先茔"。

5. 唐垂拱三年（687）高怀义墓志："藩羊则幼龄能对；槛兽则弱岁无惊。"（300/18）

按："藩羊"一词，现有辞书未收。据其与"槛兽"对文，可考索"藩羊"之义。"槛兽"一词，现有辞书中唯《汉语大词典》收录，释为："笼中之兽。喻失去自由者。"仅举一例。汉徐幹《中论·亡国》："苟得其躯而不论其心也，斯与笼鸟槛兽无以异也。"今谓"藩羊"一词，义同"羝羝"，为典故词。语本《易·大壮》上六："羝羊触藩，不能退，不能遂，无攸利。"羝羊，公羊；触，抵撞；藩，篱笆。公羊的角缠在篱笆上，进退不得。本指触藩之羊，喻指进退两难，陷于窘境者。宋梅尧臣《宛陵集·晚归闻李殿丞访别言己屡来不遇》诗："囊罄厌外役，进退类藩羝。"文献中"藩羊""藩羝"的用例皆较少。晋羊权《萼绿华赠诗》："迁化虽由人，藩羊未易拟。"清东鲁古狂生《醉醒石》第十一回："因贫成乳虎，从悔作藩羊。"清赵执信《纪旱》诗："身为辙鲋涸，心与藩羊触。"

6. 唐开元二十六年（738）柳崇敬墓志："时彭门浩穰，井络丰侈。兼并挂轊，任侠连甍。"（424/12）

按："挂轊"一词，未见辞书收录。考释其词义，需要运用三个方法：一是考察前后文语境，二是考察带"挂"和带"轊"的其他同素词，三是确定该词中"轊"的意义。就前后文语境来说，"兼并挂轊"与"任侠连甍"对文。据《汉语大词典》，此处"任侠"义为"任侠之士。指能见义勇为的人"，"连甍"义为"形容房屋连延成片"，"甍"指屋脊，则"任侠连甍"义为任侠之士比比皆是。据语境，志文中"兼并"显然指"兼并之家"。则"挂轊"当与"连甍"词义相同、相近或相类。从同素词考察的情况来看，含有词素"挂"的词中"挂毂"与"挂轊"词义相关度最高。"挂毂"义为："谓车轴相撞。极言街市繁盛。"宋李昉《太平御览》卷七七六引汉桓谭《新论》："楚之郢都，车挂毂，民摩肩，市路相交，号为朝衣新而暮衣弊。""毂"本指车轮的中心部位，周围与车辐的一端相连，中有圆孔，用以插轴。《诗经·秦风·小戎》："文茵畅毂，驾我骐駵。"宋朱熹集传："毂者，车轮之中，外持辐内受轴者也。"引申为车轮的代称。《楚辞·九歌·国殇》："操吴戈兮被犀甲，车错毂兮短兵接。"又引申为代指车。《楚辞·远游》："后文昌使掌行兮，选署众神以并毂。"含有词素"轊"的词中"击轊"与"挂轊"词义相关度最高。"击轊"义为车轴头相碰，形容宾客车辆之多。南朝梁刘孝标《广绝交论》："于是冠盖辐凑，衣裳云合；辒軿击轊，坐客恒满。"可见"挂毂"与"击轊"词义基本相同。最后，从"轊"的词义来看，据《汉语大词典》《汉语大字典》《辞源》等权威辞书的释义，能与"挂"相搭配的义项是"车轴头"。根据以上方法和条件，可知"挂轊"与"挂毂"为同构同素同义词，字面意思是车多。《文选》卷一一鲍照《芜城赋》："当昔全盛之时，车挂轊，人驾肩。"墓志中是用车多喻指人多。"兼并挂轊"比喻兼并之家数量甚多。

7. 唐开元二十六年（738）杨思言墓志："公讳思言，字去疑，古先著族，华阴人也。"（429/4）

按："著族"一词，未见辞书收录。据志文语境，当义为有声望的族姓、有声望的家族。与"著姓""望族"分别构成同构同素同义词。① 参考并分析《汉语大词典》所列"著姓""望族"条下的如下书证即易得出此结论。《后汉书·张衡传》："张衡字平子，南阳西鄂人也。世为著姓。"《新唐书·冯元常传》："冯元常，相州安阳人，其先盖长乐信都著姓。"《晋书·石季龙载记上》："镇远王擢表雍、秦二州望族，自东徙已来，遂在戍役之例，既衣冠华胄，宜蒙优免。从之。"宋秦观《王俭论》："王、谢二氏，最为望族，江左以来，公卿将相出其门者十七八。"另，《新藏》所收唐开元二十九年（741）裴文明墓志："远为著姓，弈代其昌。"（449/2）

8. 唐开元二十六年（738）杨思言墓志："对吹楼茔，挥泉石铭。"（429/12）

按："楼茔"一词，未见辞书收录。据志文语境，考索其同构同素词，得知其当与"庐茔"义近。《汉语大词典》收有"庐茔"一词，释为："庐墓。指守丧期间居住的墓旁小屋。"仅举一例。唐方干《哭胡珪》诗："才高登上第，孝极殁庐茔。"则"楼茔"盖为守丧期间居住的墓旁小楼房。

9. 唐大历十一年（776）李元琮墓志："缅思遗范，述记芳音。"（509/26）

按："芳音"一词，《汉语大词典》《汉语大词典订补》收录，有如下

---

① 即属于王云路先生所说的"同步构词"。关于"同步构词"，可参看王云路《中古诗歌语言研究》，世界图书出版西安有限公司，2014；王云路《论汉语的同步构词——以"把别"为例》，《古汉语研究》2019年第3期；王云路《从"凌晨"谈汉语时间词的同步构词》，《浙江大学学报》2021年第5期；王云路《从中医"候脉"说起——兼谈核心义与同步构词的作用》，《辞书研究》2021年第6期；等等。

义项：（1）指诗文佳作；（2）犹佳音；（3）美妙的声音；（4）特指对方书信。置于上揭志文中，皆不合。结合语境，参考词例，志文中"芳音"当义同其同构同素词"芳声"，义为美好的声誉。北魏建义元年（528）《魏故散骑常侍抚军将军金紫光禄大夫仪同三司车骑大将军司空公光兖雍三州刺史元公墓志铭》："操量日暄，芳音稍麝。"北齐王秀墓志："芳音不已，易世流馨。"①唐《故蒲州河东县令李府君墓志铭》："寄之玄石，永绝芳音。"此义除了"芳音""芳声"，墓志中亦有作"徽音"者。《新藏》所录唐建中四年（783）裴婴妻崔氏墓志："唯淑德与徽音，传族姻而无歇。"（513/22）

10. 唐贞元十四年（798）氾府君夫人张氏墓志："执笔清然，感对存没。"（528/24）

按："感对"一词，未见辞书收录。义盖近"感应"，即感受外界事物而产生相应的反应。梁僧祐《弘明集》卷四："吾怯於庭断，故务求依仿。而进退思索未获所安，凡气数之内无不感对。"隋开皇十四年（594）明克让墓志："君星言近境，奉候使人，感对哀号，傍不忍见。"②唐释道世《法苑珠林》卷二〇："第三身心恭敬礼者。闻唱佛名，便念佛身，如在目前。相好具足，庄严晃耀。心相成就，感对佛身。"唐王昌龄《观江淮名胜图》诗："沙门既云灭，独往岂殊调。感对怀拂衣，胡宁事渔钓。"

11. 唐元和七年（812）刘宝及夫人乐氏墓志："作乡川之领袖，为郡县之谋。"（554/8-9）

按："乡川"一词，未见辞书收录。据前后文语境及对文之例，义盖同"乡里"，本指家乡、故里，引申指乡亲、同乡。唐释道宣《续高僧传》卷一四："遂折取而归，通告乡川。由斯起信。"唐储光羲《巩城南河作寄徐三景晖》诗："唯言故人远，不念乡川眇。"唐法藏《华严经传记》卷四："有素头陀者，乡川巨害，纵横非一。"北宋释延一《广清凉传》卷

---

① 叶㭬、刘秀峰主编《墨香阁藏北朝墓志》，上海古籍出版社，2016，第146页。
② 刘文编著《陕西新见隋朝墓志》，三秦出版社，2018，第42页。

上："躬诣乡川化人，米面身自背负。"

顺及："为郡县之谋"句，原刻如此。不合对文之例。疑原刻"谋"后误脱一字。

12. 唐元和十二年（817）崔颋墓志："予惟文辞简卤，惧不能卒尽丕懿。"（567/6-7）

按："丕懿"一词，辞书未收。"丕"有"大"义。《逸周书·宝典》："四曰敬，敬位丕哉！"晋孔晁注："丕，大也。"《后汉书·张衡传》："厥迹不朽，垂烈后昆，不亦丕欤！"唐黄滔《御试良弓献问赋》："否则何以弘丕国于赫赫，垂宝祚于绵绵者哉！""懿"有"美；美德"义。《易·小畜》象传："君子以懿文德。"唐孔颖达疏："懿，美也。"晋陆机《豪士赋》序："夫以笃圣穆亲如彼之懿，大德至忠如此之盛，尚不能取信于人主之怀，止谤于众多之口。"则"丕懿"即高尚的品德。《汉语大词典》收有"丕懿"的同义同构同素词"高懿""鸿懿"。为证明此三词同义，不妨征引《汉语大词典》"高懿""鸿懿"条下的书证于此。晋陆云《散骑常侍陆府君诔》："猗欤高懿，避风远臧，帝降大命，丘园是扬。"南朝梁刘勰《文心雕龙·诔碑》："标序盛德，必见清风之华；昭纪鸿懿，必见峻伟之烈；此碑之制也。"唐徐彦伯《中宗孝和皇帝哀册文》："爰命下臣，式扬鸿懿，咨睿烈于金牒，刻明猷于玉字。"

13. 唐元和十二年（817）崔颋墓志："公自初仕至于得谢，凡十七任。"（567/11-12）

按："得谢"一词，辞书未收。墓志后文提到志主"遂以衰病上状，除左散骑常侍致仕。"据语境可知"得谢"义同"致仕"，辞去官职。《礼记·曲礼上》："大夫七十而致事，若不得谢，则必赐之几杖。"元陈澔《礼记集说》："不得谢，谓君不许其致事也。如辞谢、代谢，亦皆却而退去之义。"此时"得谢"尚为词组，且语义含有较强的被动性。除了上举《礼记》例，另如《旧唐书·路随传》："八年，辞疾，不得谢。"后来，随着使用频率增加，"得谢"完成了从词组到词的词汇化过程，且语义上的被动性减弱。南朝宋刘义庆《世说新语·德行》："太傅已构嫌孝伯，不欲使其得谢，还取作咨议。"唐权德舆《安语》诗："挥金得谢归里间，象床角枕支体舒。"《新唐书·崔湜传》："时挹以户部尚书得谢，而性贪，数为人请托以干湜。"《新唐书·于頔传》："帝初欲頔告老，宰相李逢吉谓得谢乃优礼，非所以示责。明年，乃致仕。"

14. 唐元和十二年（817）崔颋墓志："洎太夫人终堂，公居丧过毁，加人一等。"（567/15）

按："终堂"一词，辞书未收。据前后文语境，"终堂"显然为逝世、去世义。"堂"可泛指房屋正厅。《玉台新咏·陇西行》："请客北堂上，坐客毡氍毹。"唐杜甫《赠卫八处士》诗："焉知二十载，重上君子堂。"明凌蒙初《初刻拍案惊奇》卷二："小娘子便到堂中走走，如何闷坐在房里？""正寝"亦可泛指房屋的正厅或正屋。唐水神《雪溪夜宴诗·屈大夫歌》："是知贪名徇禄而随世磨灭者，虽正寝之死乎无得与吾侪。"宋陆游《老学庵笔记》卷一〇："鲁直亦习于近世，谓堂为正寝。"《红楼梦》第一百回："择了吉时成殓，停灵正寝。"由此可知，"终堂"义同寿终正寝，是死亡的委婉语。[①] 他例如汉李陵《答苏武书》："老母终堂，生妻去帷。"高丽明宗十三年（1183）崔诜《告奏表》："上天降罚，老母终堂。"[②]《新藏》还有一例述及"终堂"。唐咸通十五年（874）《大唐故侍御史内供奉度支郦延院官赐绯鱼袋陇西李公又玄夫人安阳邵氏墓志铭并序》："瑯耶太君终堂。夫人毁不胜哀。"（701/19-20）

15. 唐元和十二年（817）崔颋墓志："遂以衰病上状，除左散骑常侍致仕。"（567/20）

按："上状"一词，辞书未收。结合语境，参照其同素同构词"上本"

---

① 罗维明、赵海丽等学者都论及"终堂"为"死"的婉称。参罗维明《论中古墓志对辞书编纂的重要价值》，《语言科学》2004 年第 2 期，第 87 页；赵海丽《北朝墓志文献研究》，山东大学博士学位论文，2007，第 149 页。

② 转引自凡秋莉《东人之文四六丽金文书研究——兼谈高丽对金外交政策的嬗变》，中央民族大学硕士学位论文，2021，第 64 页。

"上奏"等，可知"上状"义为臣子向皇帝、下级向上级使用状呈送陈述意见或事实。《汉书·赵充国传》："充国上状曰：'臣闻帝王之兵，以全取胜，是以贵谋而贱战。'"《后汉书·隗嚣传》："嚣复遣兵佐征西大将军冯异击之，走鲔，遣使上状。"《北史·冯子琮传》："梁郡通守杨汪上状，炀帝叹惜之，赠银青光禄大夫。"《新唐书·陆南金传》："旭惊，上状。玄宗皆宥之。"《宋史·西南溪峒诸蛮传》："其年，儒猛因顺州蛮田彦晏上状本路，自诉求归，转运使以闻，上哀怜之，特许释罪。"《明史·卢象昇传》："顺德知府于颍上状，嗣昌故靳之，八十日而后殓。"

16. 唐宝历二年（826）第五修及夫人卫氏墓志："侄锽，犹子之心，哀洎过礼。"（580/14-15）

按："哀洎"不辞，疑有误字。结合语境及墓志用词通例，当为"哀瘠"。"洎""瘠"音近而误。"哀瘠"与其同素词"毁瘠"同义，义为因居丧过哀而极度瘦弱。北魏延昌四年（515）《魏故辅国将军徐州刺史昌国县开国侯王使君墓志序》："婴号茹血，哀瘠过礼。"隋开皇十三年（593）梁脩芝墓志："集蓼茹荼，哀瘠越礼。"① 《南史·任昉传》："齐武帝谓昉伯遐曰：'闻昉哀瘠过礼，使人忧之。'"《新唐书·王方翼传》："居母丧，哀瘠甚，帝遣侍医疗视。"明弘治六年（1493）《明故夏阳县主墓志》："及薨，而哀瘠骨立，几死者屡矣。"② 《辞源》《汉语大词典》皆收"毁瘠"，而现有辞书皆未收"毁瘠"的同素同义词"哀瘠"，当补。

17. 唐大和七年（833）杜式方夫人李氏墓志："虽素有乖恙，及是顿除。"（595/25）

按："乖恙"一词，义为疾病、顽疾。现有辞书未收该词，而收有与其同义的同素词"疾恙""疴恙""疹恙"等。可补收"乖恙"。

18. 唐大和七年（833）杜式方夫人李氏墓志："必谓长年可待，景福攸

① 胡戟：《珍稀墓志百品》，第 32 页。
② 转引自秦造垣《明故夏阳县主墓志考释》，《考古与文物》2009 年第 1 期，第 89 页。

臻，克保大椿之期，终会三清之境，而隟光莫驻，流运空驰。"（595/25—26）

按：此条墓志有三个词可补入辞书。

其一，"大椿"一词，典出《庄子·逍遥游》："上古有大椿者，以八千岁为春，以八千岁为秋。"唐陆德明《经典释文》引晋司马彪曰："木，一名櫄。櫄，木槿也。"清郭庆藩《庄子集释》："案《齐民要术》引司马云：木槿也，以万六千岁为一年。一名蕣椿。与《释文》所引小异。"《汉语大词典》收录"大椿"一词，释为："古寓言中的木名，以一万六千岁为一年。后用以喻指父亲。"仅举一个书证。明杨珽《龙膏记·砥节》："痛惊风大椿忽掊，恨临霜灵萱摧朽。"《辞源》（第三版）先释为"木名"，在引用前述《庄子·逍遥游》典故及郭庆藩《庄子集释》引文后，再释为："后称父为椿，即取大椿高寿之义。也用为祝男子长寿之词。"而未另举书证。今谓本墓志志主为女性，"大椿"与前文"长年"同义，即"长寿"义。故可为《汉语大词典》增加"后喻指长寿"义；为《辞源》（第三版）释义作一修订："也喻指长寿。"唐麟德二年（665）《大唐故怀音府队正飞骑尉侯君墓志铭》："未极大椿，俄捐景命。"[1] 唐会昌元年（841）《唐故雍夫人墓志铭》："谅斯令轨，可保大椿。"[2]

其二，现有辞书未收"隟光"一词。"隟"为"隙"的异体字，《辞源》《汉语大词典》《汉语大字典》皆已收释。此外，《汉语大词典》收有"隙光"一词，释为"时光；岁月"。此义与上举墓志例一致。辞书亦应收录"隟光"词形。墓志中另有用例。唐景云二年（711）《唐故崔君墓志铭并序》："不谓隟光已没，果从东海之游。"[3]

其三，"流运"一词，未见辞书收释。墓志中多有用例。唐宝历二年（826）《唐故青州户曹参军京兆韦府君墓志铭并序》："志不泰焉，流运之侵矣……善而无答，以宝历元年六月廿三日，因宦殁于北海郡。"[4] 唐大和

---

① 周绍良主编《唐代墓志汇编》，上海古籍出版社，1992，第 423 页。

② 转引自李彦峰、马金磊《唐魏纶夫妇合葬墓的发现与墓志考释》，《文博》2019 年第 6 期，第 79 页。引文中"轨"字原拓实作"范"。当从原拓。

③ 齐运通、杨建锋编《洛阳新获墓志二〇一五》，中华书局，2017，第 149 页。

④ 转引自王勇《新出唐青州户曹参军韦挺及夫人柏氏墓志所反映出的几个问题》，载《碑林集刊》第 4 辑，1996，第 112 页。

八年（834）《唐故京兆府富平县太原郭公夫人河南长孙氏墓志铭并序》："视夫之秩，未疏井赋，流运溢至，不俟孝养。"① 唐会昌四年（844）《唐故河南伊阙县令清河崔府君墓志铭并序》："方议除授之际，遽迫流运之悲。以会昌四年四月廿五日不幸遇疾，终于上都靖恭里之私第。"② 据对文求义法③，"隙光"与"流运"为对文，"流运"与"隙光"义同，即亦为"时光；岁月"义。

19. 大中十二年（858）韩孝恭墓志："将军韩公以植尝学叙述，命勒坚贞。"（655/22-23）

按：上文"坚贞"一词，代指墓石。"坚贞"本义为节操坚定不变，引申为质地坚硬纯正，经久不变。《晋书·王祥传》："西芒上土自坚贞，勿用甓石，勿起坟陇。"唐聂夷中《客有追叹后时者作诗勉之》："荆山产美玉，石石皆坚贞。"因墓石具有质地坚硬纯正、经久不变的特点，故转喻为代指墓石。其他墓志中更多的是直接用"石"或其他代称表示"墓石"义。《新藏》唐上元三年（676）史融墓志："惧神池之沦劫烬，勒贞琰而纪泉扃。"④（263/13-14）"贞琰"亦代指墓石。《新藏》唐会昌四年（844）王公及夫人合祔墓志："恐河海变东西，陵谷移前后，故谨勒石为铭。"（624/12-13）唐会昌四年（844）栗府君夫人焦氏墓志："勒石为铭，以将后验。"（626/10-11）⑤

20. 唐咸通十年（869）李又玄墓志："五代祖璬，秘书省秘书郎。高大父光远，朝散大夫，宰馆陶县。……曾大父全艺，宰杭州余杭县。"（670/9-11）

按：现有辞书收有外大父、王大父、曾大父等词，而皆未收"高大

---

① 胡戟、荣新江主编《大唐西市博物馆墓志》，北京大学出版社，2012，第856页。
② 毛阳光、余扶危主编《洛阳流散唐代墓志汇编》，国家图书馆出版社，2013，第588页。
③ "对文求义法"为训诂方法之一。详参杨琳《训诂方法新探》，商务印书馆，2011，第177-192页。
④ 《新藏》原标点有误，今正。
⑤ 《新藏》原断句有误，今正。

父"一词。据语境，不难看出"高大父"是指高祖父，即曾祖父的父亲。"高大父"一词，传世文献中确实罕见，这大概也是辞书未能收录的主要原因。不过，在出土文献中，"高大父"一词并不鲜见。《睡虎地秦墓竹简·法律答问》："殴大父母，黥为城旦舂。今殴高大父母，可（何）论？比大父母。"① "高大父母"即高祖父、高祖母。《大唐故侍御史内供奉度支郎延院官赐绯鱼袋陇西李公又玄夫人安阳邵氏墓志铭并序》："高大父贞一，蕴洪藻大志，视贵如泥，免冠不仕。曾大父祥，太子左赞善。"② 《宋故朝奉大夫京西路计度转运副使兼劝农使护军赐绯鱼袋借紫徐君墓志铭》："其先著籍润州金坛，自高大父仕南唐，始徙金陵。"③ 元《贾椿墓志》："高大父十公，妣宋氏；曾大父八二公，妣张氏；大父五四公，妣梁氏；父讳彬，字质甫，妣潘氏。"④ 明《武德将军王公廷瑞墓志铭》："高大父得全，从高皇室定鼎，功授四川成都中卫百户；曾大父保荫，补调绥德卫；大父敬、父振，皆守其职。"⑤ 清况周颐《阮庵笔记五种》："文达为郑书常孝廉勋题旧藏竹垞检讨赠其高大父寒村太守诗墨迹，并手书'二老堂'额。"张宇释"高大父"为"高祖"，正确。⑥

21. 唐咸通十年（869）李又玄墓志："柱史自至郎延，常以边风所患。罕每因侍话，曾不议南归之望。乃以囊筒空虚，免归未决。"（670/35-36）

按：现有辞书中，唯《汉语大词典》收录"免归"，释为"免遣"。所举最早书证为宋朱弁《曲洧旧闻》卷一〇："西汉之为丞相者，有就国，有免归，有自杀，有伏诛，而无复为他官者。"再查"免遣"，亦仅见《汉

①　睡虎地秦墓竹简整理小组编《睡虎地秦墓竹简》，文物出版社，1978，第184页。书中注"高大父母"为指曾祖父母，值得商榷。

②　赵文成、赵君平编《秦晋豫新出墓志蒐佚续编》（第5册），国家图书馆出版社，2015，第1298页。

③　故宫博物院、南京市博物馆编《新中国出土墓志·江苏·南京》（下册），文物出版社，2006，第33页。

④　转引自金雪《跋元〈贾椿墓志〉》，载《碑林集刊》第20辑，三秦出版社，2014，第116页。

⑤　转引自王琨《明代宁夏文人管律及其所撰墓志文考》，《西部学刊》2015年第9期，第34页。

⑥　张宇：《〈阮庵笔记五种〉校注》，广西大学硕士学位论文，2008，第64页。

语大词典》收录，释为"免除职务并遣送回乡"。可见，是一种被动的行为。今谓"免归"一词，还有一义为辞去职务并回到家乡，是一种主动的行为。本志中便是此义。另如南朝梁沈约《宋书·羊欣传》："转在义兴，非其好也。顷之，又称病笃，自免归。"《宋书·顾觊之传》："觊之不欲与殷景仁久接事，乃辞脚疾，自免归。"唐李亢《独异志》卷下："汉邴丹曼容养志乐，外权势，仕至六百石，即免归，畏权而祸至也。"唐刘肃《大唐新语》卷六："张嘉贞落魄有大志，亦不自异，亦不下人。自平乡尉免归乡里，布衣环堵之中，萧然自得。"《旧唐书·从郁传附从牧》："出牧黄、池、睦三郡，复迁司勋员外郎、史馆修撰，转吏部员外郎。又以弟病免归。"

顺及：《汉语大词典》"免归"条首见书证偏晚。其实"免归"一词在《史记》中就多次出现。《史记·吕太后本纪》："十一月，太后欲废王陵，乃拜为帝太傅，夺之相权。王陵遂病免归。"《史记·袁盎晁错列传》："建元中，上招贤良，公卿言邓公，时邓公免，起家为九卿。一年，复谢病免归。"

22. **唐咸通十四年（873）李元嗣墓志："有别女一人，曰盘七。别子一人，曰小猪。"（687/24）**

按：现有辞书中《辞源》《汉语大词典》收录"别子"一词，而尚未见有辞书收录"别女"一词。该词传世文献中确实较为罕见，但墓志中用例较夥。辞书应收录。他例如唐大中八年（854）崔羣墓志："别女一人，适今扬州支使殿中侍御史李峄。"[1] 唐咸通二年（861）崔琪墓志："夫人生一子一女，男曰刚儿，年始十二，风格秀异，有成人之志；女曰张七，生三岁而夭；别子一人曰掌儿，别女二人曰染娘曰欣子。"[2] 唐咸通四年（863）张观墓志："生一男瑜，年及弱冠，已有宦序；二女，长未及笄，次尚韶龀。别子一人，君之长男；别女二人，一人适河间刘佩，一人适河南房勖。"[3] 唐咸通九年（868）李涿墓志："公后娶夫人郑氏荥阳县君，生

---

① 周绍良主编《唐代墓志汇编》，第 2319 页。
② 周绍良主编《唐代墓志汇编》，第 2383 页。
③ 周绍良主编《唐代墓志汇编》，第 2399 页。

女一人。又别女一人，皆在龆龀。"① 结合上述例句，参考唐乾符三年（876）李推贤墓志"有儿女二人，女在室□□子□策……别出四人，儿曰丑儿……次曰□□。女□娘、九娘，皆尚提稚"②，可知，"别女"为庶出的女儿，即非正妻所生的女儿。

23. 唐咸通十五年（874）李公夫人郑氏墓志："不使淑问与潜川共閟，归华将胜范俱沦。"（690/6-7）

按：现有辞书皆未收录"胜范"。今谓据前后文语境，结合《汉语大词典》等辞书对"胜范"的同素同构词"令范""休范""淑范""徽范""懿范""美范"等词的释义，可知"胜范"一词，义为美好的风范。北魏杨衒之《洛阳伽蓝记》卷三："英规胜范，凌许、郭而独高。"《陈书·江总传》："惟尔道业标峻，寓量弘深，胜范清规，风流以为准的，辞宗学府，衣冠以为领袖。"唐贞观十年（636）王女节墓志："丞相导以下，清规胜范，无替于时。"③ 唐长安二年（702）李隆悌墓志："爱纪胜范，永刊幽爻。"④

24. 唐咸通十五年（874）青陟霞墓志："新妇李氏、王氏，令淑□明，贤行兼著。妇仪妇德，克顺克柔。澹伫雍容，别为风范。"（692/16-17）

按："澹伫"一词，现有辞书唯见《汉语大词典》收录，释为"澹泞"。再查"澹泞"一词，《辞源》释为"水流动貌"。《汉语大词典》收有二义："1. 清深貌。一说水流动貌。2. 和舒；荡漾。多形容春天的景色。"而志中用以形容人的性格，与辞书现有释义皆有别。今谓"澹伫"一词在志中义形容人淡泊平和。他例如唐咸通三年（862）皇甫钰墓志：

---

① 转引自王庆显《新见唐安南都护李涿墓志考释》，载《暨南史学》第 18 辑，暨南大学出版社，2019，第 66 页。

② 周绍良主编《唐代墓志汇编》，第 2481 页。

③ 赵力光主编《西安碑林博物馆新藏墓志续编》（上），第 52 页。

④ 赵君平、赵文成编《秦晋豫新出墓志蒐佚》（第 2 册），国家图书馆出版社，2012，第 355 页。

"澹泞贞明，博雅渊玄。"① 宋吴文英《东风第一枝》："胜如西子妖娆，更比太真澹泞。"作为"澹泞"的异形词，"澹伫"也有此义。

25. 唐咸通十五年（874）李又玄夫人邵氏墓志："途，右内率府录事参军，有吏理机才，伏于群智。"（701/16）

按：现有辞书皆未收录"群智"。结合语境，参考《汉语大词典》对"群智"的同素同构词"众智"一词的释义，可知"群智"与"众智"同义，即义为众多有才智的人。他例如北魏般若流之《正法念处经序》："四摄六通，网罗群智。"宋高守元集《冲虚至德真经四解》卷九："夫圣人之道绝于群智之表，万物所不窥拟；见其会通之迹，因谓之圣耳。"清郭庆藩《庄子集释》卷三："故为宗师者，旷然无怀，付之群智，居必然之会，乘之以游者也。"

26. 唐咸通十五年（874）李又玄夫人邵氏墓志："十月二十七日，匍匐泣血，合归柱史茔室。"（701/25）

按：现有辞书皆未收录"茔室"。结合语境，参考《汉语大词典》对"茔室"的同素同构词"墓室"一词的释义，可知"茔室"与"墓室"同义，即义为墓穴。他例如唐大和六年（832）张崇辉墓志："卜胜茔室。"②《清史列传》卷四"是时图赖早卒，索尼方罪废，谭泰毁图赖茔室以泄忿。"《汉语大词典》于"墓室"一词的两个义项下皆仅各举一个书证，则与之同义的"茔室"一词亦当被语文辞书收录。

27. 唐广明元年（880）郭元贵墓志："嗣子行温，茕然在疚，吊影何言。"（717/12）

按："茕然"一词，未见辞书收录。但《汉语大字典》《汉语大词典》《辞源》等皆注明"茕"为"茕"的异体字。现有辞书唯《汉语大词典》收录"茕然"一词，释为"孤单貌"。所举最早书证为宋梅尧臣《吊唐

---

① 吴钢：《全唐文补遗·千唐志斋新藏专辑》，三秦出版社，2006，第407页。
② 转引自张智启《古村落的认定研究》，天津大学硕士学位论文，2009，第17页。

俞》诗："一稚才能语，茕然寄远邦。"则《汉语大词典》不仅可补收"莹然"这个异形词，还可提前该词的书证。

28. 唐广明元年（880）杨府君夫人宋氏墓志："府君先望，在弘农郡虢州人也。"（719/2）

按："先望"一词，未见辞书收录。义为籍贯、祖居地或出生地。传世文献罕见用例。

29. 唐中和二年（882）张桢夫人王氏墓志："奈何前途不期，夜台将速，忽染缠疾，药饵无征。"（721/7-8）

按："缠疾"一词，现有辞书中唯《汉语大词典》收录。释为："谓疾病缠身，久久不愈。"仅举一例。唐韩愈《祭周氏侄女文》："缠疾中年，又命不永。"

今谓上揭墓志中"缠疾"不是动词，而是名词，义为经久不愈的疾病。体用同称是世界各语言中较为普遍的现象。

"经久不愈的疾病"义，墓志中又可作"疾缠"。二者形成同素逆序词。《新藏》所收唐咸通十二年（871）武平墓志："修短有期，忽染疾缠。"（682/5）

30. 唐中和六年（886）[①] 乌元守墓志："念手足之居霜，嗟外生之偏露。"（723/13）

按："居霜"一词，未见辞书收录。但《汉语大词典》收录其同素逆序词"霜居"。仅举一个书证。《大隋仁寿三年骠骑大将军散骑常侍淮阳郡守张府君胡夫人等墓志》："自尔霜居，壹十八载。"今谓"居霜"与"霜居"同义，"霜"通"孀"。"霜居"即孀居，夫死守寡。

31. 后晋天福四年（939）郭斌墓志："爰有郭氏之姓，雄望太原人也。"（738/3-4）

---

① 　唐中和六年实为光启二年。

按："雄望"一词，仅《汉语大词典》收录，释有二义：（1）唐代州县等级名称雄和望的并称；（2）极大的名望、声誉。此二义与上揭墓志中"雄望"义皆不合。《新藏》注释"雄望"为"姓氏之族望"。当从。

二 为辞书补充书证

王力曾经论述过书证的重要性："词典解释字义，举例很重要。一部没有例子的字典就是一具骷髅。"①《汉语大词典编写和审稿工作条例》规定："一个义项之下的书证，一般以引三个为宜，需要时也可多引。现代词语一时找不到合适书证的，可以暂缺待补。"② 笔者也曾撰文说："释义是辞书的骨架，书证是辞书的血肉，一部只有骨架没有血肉的辞书是枯燥乏味、了无生趣的；只有释义，没有书证，也很难证实或证伪辞书释义的正确性；进一步说，辞书书证过少，比如只有孤证，或所有书证都出自同一本书或同一个作者，很多情况下也很难准确解释词义。"③《西南大学新藏墓志集释》的墓志文献可为多部现有大中型权威语文辞书的许多词目补充书证，进一步佐证辞书释义的准确性和可靠性。

1. 北周建德元年（572）宇文逢恩墓志："公志性贞至，才识坚明。"（101/9）

按："贞至"一词，辞书中唯《汉语大词典》收录，释为"坚贞高尚的道德修养"，为名词。且仅举孤证，为三国魏曹丕《答司马懿等再陈符命令》："执鲍焦之贞至，遵薪者之清节。"可据墓志补充辞书书证。且墓志中为形容词，义为坚贞高尚。

2. 唐显庆三年（658）冯政墓志："卓然高峻，悠尔难寻。"（221/6）

按：现有辞书中唯见《辞源》（第三版）收有"悠尔"一词，释为"自得貌"。仅举孤证，出自唐柳宗元《柳先生集》卷一七《梓人传》：

---

① 王力：《字典问题杂谈》，载中国人民大学、中国出版工作者协会词典编辑进修班编《词书与语言》，湖北人民出版社，1985，第 5 页。

② 《汉语大词典编纂手册》，汉语大词典出版社，1981，第 101 页。

③ 杨继光：《〈万历野获编〉词汇研究》，厦门大学出版社，2014，第 176 页。

"彼将乐去固而就圮也，则卷其术，默其智，悠尔而去，不屈吾道。"墓志中盖亦为此义。可为辞书补充例证。传世文献中还有其他用例。《艺文类聚》卷八引三国魏曹丕《济川赋》："长驱风厉，悠尔北征。"《魏书·李谧传》："谧不饮酒，好音律，爱乐山水，高尚之情，长而弥固，一遇其赏，悠尔忘归。"《梁书·徐勉传》："仆闻古往今来，理运之常数；春荣秋落，气象之定期。人居其间，譬诸逆旅，生寄死归，著于通论。是以深识之士，悠尔忘怀。"

3. 唐上元二年（675）崔寔墓志："孤愤由其骇观，阿瞒所以易精。"（255/4）

按："骇观"一词，现有辞书中唯《汉语大词典》收录，释为"惊奇地观看"。仅举孤证，出自《太平广记》卷四一引唐包湑《会昌解颐录·黑叟》："百万之众，引颈骇观，皆言所画神母，果不及耳。"当据墓志补充例证。传世文献中另有用例。《艺文类聚》卷六七《衣冠部》："人情骇观，如见买臣之绶。"宋王栐《燕翼诒谋录》卷五："仁宗时，有染工自南方来，以山矾叶烧灰，梁紫以为黝，献之宦者泊诸王，无不爱之，乃用为朝袍。乍见者皆骇观。"《宋史·王审琦传附王克臣》："鼓角卒夜入州廨，击郡将，既就擒，而监兵使所部被甲操刃立庭中，官吏骇观。"

4. 唐垂拱二年（686）陆景澄墓志："出自门范，光于朝政。"（297/18-19）

按："门范"一词，现有辞书中唯《汉语大词典》收录，释为："家法；家规"。仅举一例。宋文莹《湘山野录》卷中："时康肃母燕国冯太夫人尚在，门范严毅。"其实"门范"一词在墓志中经见。隋大业十一年（615）周法尚墓志："世哲门范，联华增构。"[1] 唐乾封元年（666）《大唐太宗文皇帝故贵妃纪国太妃韦氏墓志铭并序》："家风门范，戈□轮轩。"唐永昌元年（689）《唐故忠州司马疋娄府君墓志铭并序》："思撰家声，式旌门范。"据墓志材料，可为《汉语大词典》"门范"条补充例证并将最

_____

① 赵君平、赵文成编《秦晋豫新出墓志蒐佚》第1册，国家图书馆出版社，2011，第121页。

早书证提前。

5. 唐垂拱三年（687）高怀义墓志："藩羊则幼龄能对；槛兽则弱岁无惊。"（300/18）

按："槛兽"一词，现有辞书中唯《汉语大词典》收录，释为："笼中之兽。喻失去自由者。"仅举一例。汉徐幹《中论·亡国》："苟得其躯而不论其心也，斯与笼鸟槛兽无以异也。"据墓志材料，可为《汉语大词典》"槛兽"条补充例证。其他文献中"槛兽"也有用例。唐李复言《续玄怪录·薛伟》："既出郭，其心欣欣然，若笼禽槛兽之得逸，莫我如也。"宋王明清《挥麈后录》："惟以花栽怪石、笼禽槛兽，舟车相衔，不绝道路。"元赵孟頫《次韵周公谨见赠》诗："池鱼思故渊，槛兽念旧薮。"清胡林翼《胡林翼全集》卷二〇："该匪如釜鱼槛兽，计穷援绝，行见聚歼。"

6. 武周天授三年（692）窦孝忠墓志："先是，境多剽掠，历政为患。"（320/14-15）

按：结合墓志前后文语境，志文中"历政"一词，义为历任长官。现有辞书中唯《汉语大词典订补》收有此义。仅举一例。《旧唐书·刘仁轨传》："部人有折冲都尉鲁宁者，恃其高班，豪纵无礼，历政莫能禁止。"据墓志材料，可为《汉语大词典订补》"历政"条补充例证。其他文献中"历政"也有用例。《梁书·王僧孺传》："郡常有高凉生口及海舶，每岁数至，外国贾人以通货易。旧时州郡以半价就市，又买而即卖，其利数倍，历政以为常。"《北齐书·季式传》："山东旧贼刘盘陀、史明曜等攻劫道路，剽掠村邑，齐、兖、青、徐四州患之，历政不能讨。"《周书·陆腾传》："州民李广嗣、李武等凭据岩险，以为堡壁，招集不逞之徒，攻劫郡县，历政不能治。"

7. 东魏武定元年（543）尧奋墓志："未建为山，奄从逝水。"（34/20）

按："为山"一词，典出《尚书·旅獒》："为山九仞，功亏一篑。"又见于《论语·子罕》："譬如为山，未成一篑。"本指筑山。后用以比喻建功立业。现在辞书中唯《汉语大词典》收有"为山"一词，仅举孤证为例。晋陶潜《悲从弟仲德》诗："在数竟不免，为山不及成。"当据墓志材料补充例证。其他墓志语例如北魏正光元年（520）邴勖墓志："然为山未构，梦楹奄及。"[1] 北魏建义元年（528）元瞻墓志："方当就槐论道，左右分治，而覆匮伊半，为山未极，梦奠先征，殆将奄及。"[2]

8. 唐开元十五年（727）贾君墓志："腾茂响于宗盟，旅芳规于戚里。"（385/3）

按："芳规"一词，义为"前贤的遗规"。现有辞书中唯《汉语大词典》收有该词。仅举孤证。《史记·乐毅列传》唐司马贞述赞："闲、乘继将，芳规不渝。"其他墓志材料中亦屡见用例。唐龙朔二年（662）任雅相墓志："入奉岩廊，芳规洽于绅绂。"[3] 唐天授二年（691）《唐故朝散大夫濮州长史兰陵萧府君墓志铭并序》："唯余不朽，芳规是刊。"[4] 明杨士奇《何景明公墓志》："后余以孝廉值馆阁，数与同馆金公幼孜、解公缙述叙芳规。"[5] 其实传世文献中亦有其他书证可补。《旧唐书·礼仪志》："冀圣朝垂则，永播于芳规；萤烛末光，增辉于日月。"明张瀚《松窗梦语》卷六："吾先世多隐德，胜国以前无闻，所仅传者惟高祖以来四世。然而芳规懿矩，湮没不彰者多矣。"

9. 唐开元二十八年（740）韦望墓志："皇朝蓝田令叔颖之孙，而任县令文行之元子。"（446/3）

按：上文中"元子"一词，泛指长子。《汉语大词典》于该义项下仅举一例。唐元稹《夏阳县令陆翰妻河南元氏墓志铭》："翰，国朝左侍极兼宰相信之玄孙，临汝令秘之元子，魏出也。"可补充例证。还可补充其他例证，如《后汉书·冯衍列传》："去而归家，复羁旅于州郡，身愈据职，

① 李洪谱等：《洛阳偃师两座北魏墓发掘简报》，《中原文物》2019年第6期，第49页。
② 赵力光：《鸳鸯七志斋藏石》，三秦出版社，1995，第101页。
③ 张维慎、郭宝书：《唐任雅相墓志考释》，《陕西历史博物馆论丛》第28辑，第162页。
④ 胡戟：《珍稀墓志百品》，第266页。
⑤ 尧育飞：《杨士奇佚文〈何景明公墓志〉考释》，《汕头大学学报》（人文社会科学版）2019年第4期，第6页。

家弥穷困，卒离饥寒之灾，有丧元子之祸。"

10. 唐开元二十八年（740）韦望墓志："以敌忾之功，拜定州司士参军。虽为始官，自有全用。"（446/5-6）

按：上文中"全用"一词，义为功用齐备无遗。《汉语大词典》于该词条下仅举一例。《列子·天瑞》："天地无全功，圣人无全能，万物无全用。"可据墓志补充例证。还可补充其他例证，如《西游记》第六十九回："病不在一人之身，药岂有全用之理！"

11. 唐大和三年（829）郭睗墓志："川守器异俾司骑，置勤以徇。"（582/11-12）

按："川守"一词，唯《汉语大词典》收录，释为"川吏"。仅举孤证为例。唐白居易《题新居呈王尹兼简府中三掾》诗："桥凭川守造，树倩府寮栽。"再查"川吏"一词，亦唯《汉语大词典》收录，释为"掌管水路的官吏"。亦仅举孤证为例。南朝宋鲍照《石帆铭》："青山断河，后父沉躯，川吏掌津，敢告访途。"当据墓志补充"川守"一词的书证。还可补充其他例证，如唐白居易《题新居呈王尹兼简府中三掾》诗："桥凭川守造，树倩府僚栽。"白居易《赠梦得》诗："寻花借马烦川守，弄水偷船恼令公。"

12. 唐大和七年（833）杜式方夫人李氏墓志："南阳公自卑秩而升周行，由九列而居藩翰。徊翔显重，绵历岁时。"（595/13）

按：志文中"显重"一词，义为位高势重。《汉语大词典》收录此义，仅举一个书证。《三国志·魏书·吕布传》："卿父劝吾协同曹公，绝婚公路；吾今所求无一获，而卿父子并显重，为卿所卖耳！"当据出土文献补充书证。还可补充其他例证，如《晋书·羊祜传》："臣自出身以来，适十数年，受任外内，每极显重之任。"

13. 唐大和九年（835）萧遇夫人卢氏墓志："况嗣为大宗，身为族

长。乃者既病,告其妻宗妇裴氏曰:……"(608/12-13)

同上:"职方君即世,既练,宗妇昼哭之后,以奉重事,必推诚信。"(608/15-16)

同上:"道唯必顺,礼贵守义。宗妇之诚,彤管之纪。"(608/22-23)

按:志中"宗妇"一词,义为"嫡长妇;宗子之妻"。《辞源》(第三版)、《汉语大词典》皆收释该义,但皆仅举同一个书证。《礼记·内则》:"嫡子、庶子,祗事宗子、宗妇。"唐孔颖达疏:"宗妇,谓大宗子之妇。"当据墓志材料补充后出例证。

14. 唐咸通十年(869)李又玄墓志:"罕每因侍话,曾不议南归之望。"(670/36)

按:"侍话"一词,义为"陪从交谈"。现有辞书中唯《汉语大词典》收录。仅举孤证。唐李绰《尚书故实序》:"绰避难圃田,寓居佛庙……叨遂迎尘,每容侍话。凡聆征引,必异寻常。"可据墓志材料补充书证。

15. 唐咸通十年(869)李又玄墓志:"罕泣而再。侍药但三旬间,百医复备,或写佛祷祇,未息其时,皆不膺矣。"(671/38-39)

按:"侍药"一词,义为"奉献汤药"。现有辞书中唯《汉语大词典》收录。仅举孤证。宋洪迈《夷坚甲志·刘氏冤报》:"(刘)失妇道,与一僧宣淫于家。姑见而责之,刘恚且惧。会姑病,不侍药,幸其死。"可据墓志材料补充书证且将最早书证的年代提前。还可补充其他例证,如《南齐书·武十七王列传》:"会上不豫,诏子良甲仗入延昌殿侍药。"《宋史·周王赵元俨传》:"事母王德妃孝,妃每有疾,躬侍药,晨夕盥洁焚香以祷,至忧念不食。"清沈复《浮生六记》卷三《坎坷记愁》:"生余不肖,既少承欢膝下,又未侍药床前,不孝之罪何可逭哉!"

三 将辞书始见例时间提前

王力在谈及词典引例时强调指出:"举例要举最早出现这个意义的书中的例子,也就是说要举始见书中的例子……因为了解一个字的意义从什么时候开始具有的,就不至于用后起的意义去解释比较早的书籍,造成望文生义的错误，不符合古人的原义。人们如果能把每个字的意义都指出始见书，功劳就大了，对汉语词汇发展史的研究就立了大功劳了"；"总之，始见书的问题，是编写字典的一个重要问题"①。莫砺锋曾经就《汉语大词典》"书证迟后"的问题提出过三点意见："首先，《汉语大词典》中有些书证迟后的时间太长，这样会使读者误以为这些词出现的年代很晚。其次，《汉语大词典》中有些书证用了较后出的材料，而这个材料本是根据不可靠的始见出处而转述的，这样就掩盖了以讹传讹的错误。最后，《汉语大词典》中有些书证由于误用了较后的书证，结果使该词条的释义发生了郢书燕说、甚至是南辕北辙的错误。"②《西南大学新藏墓志集释》中的墓志文献可为权威大中型语文辞书中的许多词条提供更早的例证，有利于提高辞书的科学性、准确性。举例如下。

1. 唐开元十五年（727）贾君墓志："腾茂响于宗盟，旅芳规于戚里。"（385/3）

按："戚里"一词，泛指亲戚邻里。《辞源》（第三版）、《汉语大词典》皆收有该义，所举语例亦皆为清蒲松龄《聊斋志异》，偏晚。当据墓志材料将首例书证年代提前。墓志中还可见其他用例。隋大业十二年（616）《大隋故河堤使者西河公窦君墓志》："昔辞戚里，杨柳依依。今归玄霸，亲友相悲。"辽开泰七年（1018）陈国公主墓志："别凤台而入夜台，辞戚里而归蒿里。"③ 清道光二十年（1840）陈瑞田墓志："赋性英异，遇事磊落光明，为戚里柱石。"④

2. 唐元和九年（814）刘夫人裴氏墓志："矧遇岁大通，时不易得。"（559/12）

---

① 王力：《字典问题杂谈》，载词典编辑进修班编《词书与语言》，湖北人民出版社，1985，第5页。
② 莫砺锋：《关于〈汉语大词典〉"书证迟后"问题的管见》，《福州大学学报》2001年第3期，第80页。
③ 向南、张国庆编著《辽代石刻文续编》，辽宁人民出版社，2010，第13页。
④ 张保民：《清代陈瑞田墓志考》，《焦作大学学报》2018年第4期，第40页。

按：此处"大通"一词，义为"大亨通、吉利"。现有辞书唯《汉语大词典》收有此义。仅举孤证。明洪楩《清平山堂话本·合同文字记》："今年是大通之年，我有心待交他将着刘二两口儿骨殖还乡，认他伯父。"可根据本墓志将始见例年代提前并补充书证。

3. 唐大和七年（833）杜式方夫人李氏墓志："而夫人励繄袟箴管之职，竭问衣侍膳之诚。"（595/7-8）

按：释文所谓"袟"字，原拓实作"褧"。二字虽为异体字关系，但《辞源》《汉语大词典》皆仅收词目"繄褧"，而未收"繄袟"。故释文应照录原拓字形"褧"。"繄褧"一词，泛指装针线等物的囊袋。清钱谦益《先太淑人述》："入其室，樀枷必整，枕簟必敛，箴管繄褧，井井然也。"清戴名世《凌母严太夫人寿序》："如盥漱栉縰笄总衣绅之饰，箴管线纩繄褧綦履之佩……要不过为闺帏内则之常，而君子独乐为称道之。"《清史稿·舆服志二》："采帨，绿色，绣文为'五谷丰登'。佩箴管、繄褧之属。"同时，《辞源》《汉语大词典》于"繄褧"词条下所举书证皆为清代书证，偏晚。当据此出土墓志材料将始见书证的年代提前。

又按："箴管"一词，指缝缀之事。箴，缝衣针；管，置针线之具。现有辞书唯见《汉语大词典》收录。仅举一个书证。清梅曾亮《朱孺人墓志铭》："箴管余事藻笔摛，才若此者乃可诗。"则此墓志用例既可为辞书"箴管"条补充书证，更可将最早书证的年代提前。

4. 唐大和七年（833）杜式方夫人李氏墓志："墓树成拱，陈荄累换，而夫人之辒车员来。"（595/27-28）

按："辒车"一词，现有辞书唯《汉语大词典》收录。所举最早书证为唐孙樵《祭高谏议文》："辒车其东，归骨洛川。"而孙樵生卒年约为公元825-855年。可见本墓志"辒车"用例稍早于《汉语大词典》所引最早书证。

5. 唐大和八年（834）王琦墓志："飞蒭白马之津，挽粟青陵之路。"

（598/6-7）

按："青陵"一词，现有辞书唯《汉语大词典》收录。释为："借指在青陵台殉情的韩凭之妻。"仅举孤证为例。清钮琇《觚剩·延平女子》："紫玉青陵怅已矣，泉台当有望乡台。"当据墓志补充更早的书证。

6. 唐大中元年（847）马庆全墓志："文昭八座，声洽中台。"（633/6）

按：志文中"八座"一词，义为封建时代朝廷的八种高级官员。历代制度不一，所指不同。东汉以六曹尚书并令、仆射为"八座"；三国魏、南朝宋齐以五曹尚书、二仆射、一令为"八座"；隋唐以六尚书、左右仆射及令为"八座"。清代则用作对六部尚书的称呼。后世文学作品多用以指称尚书之类高官。《辞源》（第三版）、《汉语大词典》皆收录此义，但所举最早书证分别为宋代、元代例，偏晚。当据墓志将最早书证的年代提前。传世典籍中有更多时代更早的书证，如《三国志·魏书·卢毓传》："魏世事统台阁，重内轻外，故八座尚书，即古六卿之任也。"《晋书·职官志》："后汉光武以三公曹主岁尽考课诸州郡事，改常侍曹为吏部曹，主选举祠祀事；民曹主缮修功作盐池园苑事；客曹主护驾羌胡朝贺事；二千石曹主辞讼事；中都官曹主水火盗贼事；合为六曹。并令仆二人，谓之八座。"《宋书·礼志二》："汉世朝臣见三公，并拜。丞、郎见八座，皆持板揖。事在《汉仪》及《汉旧仪》。"

7. 大中十二年（858）韩孝恭墓志："如何兹日，竟离横害。"（655/25）

按："横害"一词，现在辞书唯见《汉语大词典》收录，释为"残害"。所举二例皆为宋代书证。宋苏舜钦《猎狐篇》诗："暮夜出旁舍，鸡畜遭横害。"宋无名氏《江南馀载·刁侃》："今刁侃弟妹，皆无道，横害二子。"当据此墓志例将最早书证的年代提前。传世典籍中还有更早的书证，如《晋书·羊祜传》："故太保卫瓘本爵菑阳县公，既被横害，乃进茅土，始赠兰陵，又转江夏。"

8. 唐咸通十年（869）李又玄墓志："临纸冤号，仰空摧哭。"（671/45）

按："冤号"一词，义为"鸣冤叫号"。现有辞书中唯《汉语大词典》收录。所举二例皆为明代书证。明刘基《郁离子·淳于髡论燕畔》："冤号之声，訇殷天地。"明李东阳《应诏陈言奏》："冤号之声，震动远迩。"可据墓志材料补充书证且将最早书证的年代提前。传世典籍中另有早于《汉语大词典》所引之书证，如《旧五代史·周书·世宗本纪》："举本酷吏也，宋民被其刑者凡数千，冤号之声，闻于道路。"

9. 唐中和二年（882）张桢夫人王氏墓志："便克中和二年，岁在壬寅，四月一日癸酉，权殡于府城西南约三里，祖茔之侧安厝，礼也。"（721/10-12）

按："祖茔"一词，义为祖辈的坟地。《汉语大词典》《汉语大词典订补》收有该词，《汉语大词典》所举最早书证出自元代无名氏《合同文字》第三折，《汉语大词典订补》所举最早书证出自宋代欧阳修《广平郡太君张氏墓志铭》，可据本例将最早例证的时代提前。

10. 后唐同光三年（925）李仁钊墓志："奈何未申才业，遽属沉疴。"（732/19）

按："才业"一词，义为才学。《汉语大词典》收有该词，所举两个书证皆出自宋代。宋王禹偁《与冯伉书》："虽某之名位才业，望忠州，赞皇也远矣，而阁下读书为文，立身行事，岂不知吉甫、僧孺之为人乎？"宋苏舜钦《维舟野步呈子履》诗："古人负才业，未必为世用，吾侪性疏拙，摈弃安足痛。"当据此墓志材料将始见例的时代提前。传世典籍中有更早的书证，如《晋书·程俊传》："程骏才业未多，见知于世者，盖当时之长策乎？"唐赵元一《奉天录》卷三："吾闻君侯勋庸久著，才业甚高，众所具瞻，远近景慕。"《旧五代史·唐书·明宗本纪》："同州长春宫判官、朝请大夫、检校尚书、礼部郎中、赐紫金鱼袋豆卢升，将仕郎、守尚书屯田员外郎、崇文馆学士、赐绯鱼袋韦涛等，各因权势，骤列班行，无才业以可称，窃宠荣而斯久。"

11. 后晋天福四年（939）郭斌墓志："祖讳秀，祖婆王氏。"（738/6）

按："祖婆"一词，义为"祖母"。《汉语大词典》《汉语大词典订补》收录，皆仅举一例。《汉语大词典》举例为清梁章钜《称谓录·祖》："乐清县白鹤寺钟款识有祖翁、祖婆之称。"《汉语大词典订补》举例为宋洪迈《夷坚三志己·姜七家猪》："我是姜七之祖婆。"墓志中另有更早的用例，如《畿辅金石搜遗录》："麟德元年十一月十日，佛弟子李如可孙女，为亡祖婆敬造像一□。"①唐大中五年（851）韩复墓志："泊生府君，祖婆抱而视之，名曰婆奴。"②当据墓志材料将始见例的时代提前。

12. 后晋天福四年（939）郭斌墓志："时也，青阳届候，律膺仲春。"（738/14-15）

按："届候"一词，义为"届时；到时候"。《汉语大词典》收录该词，仅举一例。宋王禹偁《谢赐御制月诗表》："当中秋之届候，玩素月之流空。"可据墓志材料将始见例的时代提前并增补例证。传世文献还可补充书证，如金佚名《大金吊伐录》卷二："微寒届候，善保多福。"宋李攸《宋朝事实》卷一六："属以夏秋届候，潦雾交蒸，言涉险艰，遂稽平殄。"

附：词条待质录

1. 唐开元二十年（732）李德墓志："霜停夜月，落鲜彩于泉扃；院柳朝风，黯眉光于地户。"（402/7-8）

按：复核原拓，确实作"眉光"。该词辞书未见收录，亦未见于其他墓志中，义待考。志文中"眉光"与"鲜彩"对偶，二词当同义或类义。据《汉语大词典》，"鲜彩"义为鲜艳的色彩。据《汉语大字典》，"眉"通"媚"，而"媚"有艳丽、美好之义，如三国魏阮籍《咏怀诗》之五："朝为媚少年，夕暮成丑老。"唐薛昭蕴《离别难》词："罗帏乍别情难，那堪春景媚。"明高明《琵琶记·乞丐寻夫》："当初蔡郎未别时节，你青

---

① 国家图书馆金石善本组编《隋唐五代石刻文献全编》（四），北京图书出版社，2003，第968页。

② 赵力光主编《西安碑林博物馆新藏墓志续编》（下），第595页。

春正媚。"则"眉光"疑即"媚光",义为明媚的光彩。

2. 唐贞元十六年(800)张朝清墓志:"嗣子季良、仲子季平等,临棺泣血,号叫彻天。面覆凶芦,杖而能起。"(536/8-9)

按:"凶芦"一词,未见辞书收录。其他文献中暂未见用例。

3. 唐长庆二年(822)杜式芳墓志:"官司置吏杂攉,率于人者凡四十余所,壹皆除去。"(575/17)

按:"杂攉"一词,未见辞书收录。其他文献中暂未见用例。

4. 唐咸通十年(869)李又玄墓志:"三子悉宗寺明经及第。"(670/32)

按:"宗寺"一词,现有辞书皆未收。盖指为皇室宗亲开办的学校。

5. 唐咸通十年(869)李又玄墓志:"罕自竟陵尉罢,三贡词堂,不利。"(670/33)

按:"词堂"一词,现有辞书皆未收。盖指科举考试中的一种,犹如博学宏词科。

第三章　台湾碑文勘误与语料价值

唐李匡乂《资暇录》引稷下谚云:"学识何如观点书。"① 清顾炎武在《日知录》里说:"句读之不通,而欲从事于九丘之书,真可谓千载笑端矣。"② 今人张舜徽在《中国古代史籍校读法》一书中说:"由此可见,弄清句读,确是读书过程中第一紧要的事。"③ 标点工作是古籍整理工作中十分重要的一个环节,标点质量的高低直接影响到古籍整理工作成绩的优劣,影响到我们对文化遗产的继承。郭在贻在《俗语词研究与古籍整理》一文中说:"标点古籍,必须透彻地弄清其中每个语词的含意,丝毫马虎不得,否则即容易出错。问题是:对于那些古奥艰深的文言词语,人们倒不大会放过,而对于那些'字面普通而义别'的俗语词,人们往往掉以轻心,以致误解了它们的特殊含意,并进而造成断句标点上的失误。"④ 本章内容主要在于整理《台湾南部碑文集成》《台湾中部碑文集成》中文字、词语、标点有误的地方,进行校勘,并对一些致误原由进行阐释,其中很多地方涉及对古语词(包含很多郭在贻说的俗语词)的理解,及对古代名物、典章制度的认识。本章采用了陈垣归纳的四种校勘方法:对校法、本校法、他校法、理校法。⑤ 另外,拟考释一些碑文中出现而尚未被语文辞书收录及尚未见前修时贤讨论过的词语或义项。

---

① (唐)李匡乂:《资暇集》,清张海鹏编《墨海金壶》本子部第125册,民国十年上海博古斋影印清嘉庆十三至十六年海虞张氏刻本,第4叶。
② (清)顾炎武:《日知录》,花山文艺出版社,1990,第1373页。
③ 张舜徽:《中国古代史籍校读法》,上海古籍出版社,1980,第18页。
④ 郭在贻:《俗语词研究与古籍整理》,载《古籍点校疑误汇录(一)》,中华书局,2002,第20页。
⑤ 陈垣:《校勘学释例》,中华书局,2004,第129-133页。

第一节　《台湾南部碑文集成》（上）校读札记

《台湾南部碑文集成》① 由台湾银行经济研究室编辑，台湾省文献委员会 1994 年 7 月在台湾南投市出版。该书系据编著者历年采访所获资料，兼参各县市有关文献机构之拓片、刊物，纂辑而成。采录范围有二：一是碑石尚存者；二是碑石虽失，拓片或录文得考者。区域包括台湾岛南部之云林、嘉义、台南、高雄、屏东、澎湖各县及台南、高雄两市。断代始于季明，终于清光绪乙未。该书《弁言》中说明："全文加新式标点，并附简明按注。至于碑中之简字、俗字或错字，已尽量查正，以便阅览；惟属人名、地名，则仍其旧。"该书未附拓本，但据我们认真研读所录碑文，发现其中仍有不少文字、标点可商之处。下面就上册一一列举，望方家不吝赐教。

一　文字校理

1. 《新建朱文公祠记》："癸巳，予建朱文公祠既成，或间曰：'海外祀文公有说乎'？曰：'有'。"（第 7 页）

案：据前后文语境，有问有答，"间"显然当为"问"之形讹字。古籍的现代排印版常见问、间二字相讹例。点校本明李中馥《原李耳载》："扶舆邈矣，庶类错然其间。有平即有奇，有常即有幻，事之可惊、可喜、可法、可戒者何限，独不得搜幽钩玄之手探而出之，以故佚而弗传。问有其人，又病于丑博，为大雅所讥。"② 其中"问有其人"当为"间有其人"。点校本明焦竑《玉堂丛语》："胡文穆公广小心敬畏，出入禁闼，目不忤视。在上前承顾间，应对必尽诚据理，而忠厚为本，未尝及人过失。"③ 其中"顾间"不辞，为"顾问"之误。"间""问"形近而误。此处"顾问"一词，义为咨询、询问。《韩诗外传》卷七："诛赏制断，无

---

① 该书无拓片，又收录于《石刻史料新编》第三辑第 18、19 册，台湾新文丰出版公司，1986，第 363-631 页，内容基本相同，且亦未附拓片，可与该书互校。

② （明）李中馥：《原李耳载》，凌毅点校，中华书局，1987，第 109 页。

③ （明）焦竑：《玉堂丛语》，顾思点校，中华书局，1981，第 188 页。

碑刻文献校读考辨

所顾问。"《北史·艺术传上·萧吉》:"时上阴欲废立,得其言,是之。由此,每被顾问。"《封神演义》第二十四回:"子牙拜而言曰:'尚乃老朽非才,不堪顾问,文不足安邦,武不足定国。'"

2.《新建朱文公祠记》:"起工于壬辰冬月,至癸巳仲春落成。"(第9页)

案:"巳"字不是地支名称,显然为"巳"字之讹。俗写"己""已""巳"三字往往相混,说详曾良《俗字及古籍文字通例研究》①与《隋唐出土墓志文字研究及整理》②。

3.《重修台湾孔庙碑》:"予乃商之郡守周君洛书……诸令刘子宗枢,亟议修葺,佥合词无间言。"(第13页)

案:"修葺"不辞,显为"修葺"之讹。

4.《新建文昌阁碑记》:"若终日昏昏沉沉,放其心而不知;或舍近鹜远,或处下窥高,甚或以兹阁为登眺观游之所,则与谋创建者之初心大相刺谬矣,可乎哉!"(第16页)

案:"刺谬","刺"当作"剌",形近致误。"剌谬"一词,义为违背、悖谬。汉司马迁《报任安书》:"今少卿乃教以推贤进士,无乃与仆私心剌谬乎?"唐柳宗元《上大理崔大卿应制举不敏启》:"登场应对,剌缪经旨,不可以言乎学,固非特达之器也。"明谢肇淛《五杂俎·天部一》:"议论纷拏,各有剌谬。"其实,古人早就发现了"剌谬"一词讹为"刺谬"的现象,并作了分析纠正。清胡鸣玉《订讹杂录·剌谬乖剌》云:"剌音辣,从束(音肃),非从朿(音次),僻也,戾也。《太史公书》'私心剌谬',柳子厚《上大理崔大卿启》'剌谬经旨'……俗读为'次谬''乖次'者,不明'剌'与'刺'(音次,又音戚)之别耳。"③尽管如

① 曾良:《俗字及古籍文字通例研究》,第166页。
② 曾良:《隋唐出土墓志文字研究及整理》,第58页。
③ (清)胡鸣玉撰《订讹杂录》卷四,嘉庆萧山陈氏湖海楼刊本,第2叶。

138

此，古籍的现代排印版仍常见刺、剌二字相讹例。点校本明顾起元《客座赘语》卷五："出棘后，询芳曰：'尔家必有阴德，不然何以鼠为拖卷若此？'"①　其中"出棘"不辞，辞书未收。今谓其为"出刺"之讹。"刺""棘"形近致误。"出刺"一词，义为出任州府长官。唐顾云《上池州卫郎中启》："宁知出刺之邦，又是维桑之地。"宋王安石《太常少卿分司南京沈公墓志铭》："居顷之，出刺润州，又刺泉州。"宋沈辽《彭城太尉诗序》："及西迁，出刺华州，逾贰拾年乃验，官至神武统军，赠太师。"清王弘撰《山志》："狂诞悖戾，未易枚举，刺谬不经，不可不毁。"其中"刺谬"不辞，当作"刺谬"，形近而误。

5.《诒翼王府君墓志铭》："乐善不倦，意气豪迈，所交皆尚世隽杰。"（第 31 页）

案："尚世"不辞，疑当作"同世"，"尚""同"形近致误。

6.《重修府学碑记》："明伦堂以前一片平原，民之窃为种植者，殳刈之而旷如也。"（第 51 页）

案："殳刈"不辞，"殳"当作"芟"。或因形近而误，抑或因原碑文"芟"字上部"艹"磨损漫漶，仅剩下部构件"殳"。"芟刈"，义为"割"。《墨子·非攻下》："芟刈其禾稼，斩其树木，堕其城郭。"《三国志·吴书·诸葛恪传》："候其谷稼将熟，辄纵兵芟刈，使无遗种。"晋习凿齿《汉晋春秋》卷二《明帝》："郭淮费耀等徼亮，亮破之，因大芟刈其麦。"

7.《合境平安碑记》："举凡港市商民，以及庄众，无不咸被感应之鸿思也。"（第 54 页）

案："鸿思"当作"鸿恩"，"思""恩"形近致误。"鸿恩"，义为大恩，多指皇恩。《汉书·匈奴传下》："大化神明，鸿恩溥洽。"《文选》卷三一江淹《杂体诗》三十首之学刘桢《感遇》诗："微臣固受赐，鸿恩良未测。"清蒲松龄《巡河赦罪表》："用行肆赦，诞布鸿恩。"

---

① （明）顾起元：《客座赘语》，谭棣华、陈稼禾点校，中华书局，1987，第 163 页。

8.《重建城隍庙碑》："诸罗地居台北、彰南要冲，设邑自康熙二十三年，虽已建宫置吏，而城隍庙祀，犹未有也。"（第 59 页）

案：据前文语境，"建宫"，当作"建官"，与"置吏"同义连文。"宫""官"形近致讹。"建官"，义为设置官职。《尚书·周官》："唐虞稽古，建官惟百。"宋曾巩《乞赐〈唐六典〉状》："其事至众而举之有条，其体至大而统之有要，可谓得建官制理之方。"古籍现代排印本中"宫""官"相讹的例子极为常见。排印本明沈德符《万历野获编》卷一三："且文毅隐官无子。"① "隐官"为"隐宫"之误。"隐宫"指天阉，谓男子生殖器官不全，无生殖能力。明沈德符《野获编补遗·机祥·不男》："男子生而隐宫者，内典以为人中恶趣。"排印本明沈德符《万历野获编》卷二六："五代迄宋所谓柴汝宫哥定诸窑。尤脆薄易损。"② "宫"字为"官"字之误。柴、汝、官、哥、定为北宋时期烧制瓷器的五大名窑。民国郭沛霖《日知堂笔记》卷中《内阁部院长官当询访人材》："异日得官六部，当择本部司宫之才识谙练者，与之深相结纳，凡事关军国利害者，不妨邀至私宅，往复商榷。"③ 其中"司宫"为"司官"之误。"司宫"虽然也成词，为官名，但其官乃主管宫内之事，以阉人充任。《仪礼·公食大夫礼》："司宫具几与蒲筵常。"汉郑玄注："司宫，大宰之属，掌宫庙者也。"《左传·昭公五年》："司宫射之，中目而死。"杨伯峻注："梁履绳补释引《周氏附论》则云：襄九年杜解'司宫，奄臣'，盖内官也。"④ 与上揭《日知堂笔记》语境文义不协。而"司官"一词，为清代各部属官的通称。指部内各司的郎中、员外郎、主事以及主事以下的七品小京官。《红楼梦》第一百〇五回："话说贾政正在那里设宴请酒，忽见赖大急忙走上荣禧堂来，回贾政道：'有锦衣府堂官赵老爷带领好几位司官，说来拜望。'"《镜花缘》第六十五回："卞滨同孟谟带领司官，捧了各卷，进朝面呈。"此义与上揭《日知堂笔记》语境若合符契。

---

① （明）沈德符：《万历野获编》，谢兴尧断句，中华书局，1959，第 346 页。
② （明）沈德符：《万历野获编》，谢兴尧断句，第 653 页。
③ 郭沛霖：《日知堂笔记》，顾菊英点校，中华书局，2007，第 162 页。
④ 杨伯峻编著《春秋左传注》（修订本），中华书局，1990，第 1263 页。

9.《重修关帝庙增建更衣亭碑记》："郡城文衡圣殿，创建多年，庙貌巍峨，颇称壮丽。宫斯土者，值享祀朔望，入庙行礼，典甚巨也。"（第62页）

案：据语境，"宫斯土"之"宫"字亦为"官"字之讹。该书《平台纪略碑记》："推恩陶俗，销兵气以光文治，端有望于官斯土者。"（第1页）"官期土者"即当地的地方官。

10.《重修关帝庙增建更衣亭碑记》："士民来叩谒，伫竣门外，或避官司去。"（第62页）

案："伫竣门外，""竣"当作"竢"，形近而误。"竢"为"俟"异体字，"等待"义。《国语·晋语四》："质将善，而贤良赞之，则济可竢。"《楚辞·离骚》："冀枝叶之峻茂兮，愿竢时乎吾将刈。"清冯桂芬《朱兰坡宫赞师七十寿序》："抑譬诸树木，养其根，竢其实，而华秀随之。"古籍的现代排印本中"竢""竣"相讹的例子较为常见。民国陈灟一《睇向斋逞臆谈·唐绍仪》："唐绍仪仕清，积官至公卿，其事迹世多知之，毋竣余言。"① 其中"竣"为"竢"之讹。

11.《重修天后宫增建更衣亭碑记》："公讳允焄，字为光。丁巳检讨，历治四郡。特简台湾府知府，署观察，理学政。贵州贵筑贵。"（第65页）

案："贵州贵筑贵"有误字，当作"贵州贵筑人"。参该书第62页："署观察督学郡伯蒋公，讳允焄，字为光，贵阳贵筑人。"该书第67页其他文字全同上揭例，而末作"贵州贵筑人"，甚是。

12.《蒋公允焄去思残碑》："列宪以台属番民杂处，海外重地，紧异人任。"（第73页）

案："紧异人任"扞格难通，疑"紧异"当作"谨选"。紧、谨同音，异、选形近。"谨选"，义为慎重选拔。《司马法·天子之义》："既致教其民，然后谨选而使之。"宋彭龟年《论正始之道疏》："陛下虽简择僚友，谨选左右，然傅相之士少，侍御之人多。"明黄佐《广州人物传·宋经略

---

① 陈灟一：《睇向斋秘录（附二种）》，杜春和点校，中华书局，2007，第113页。

安抚使张公镇孙》：“臣有以仰见陛下谨选循吏，欲以厚生之政仁斯民也。”此义施诸上揭碑文中怡然理顺。

13.《文石书院碑记》：“所有助赀宣力者，例得备书，以垂求久。”（第82页）

案：“以垂求久”，“求久”当作“永久”，求、永二字形近致误。可参该书中其他碑文体例得之。《水仙宫清界碑记》：“既志公德以崇神庥，谨附于后，以垂不朽云尔。”（第69页）《建台阳校士场屋记》：“场号舍向皆临期搭盖，苟简从事，其何以慎抢选而垂诸永久哉？”（第77页）《威灵宫庙产碑记》：“历年演戏、五谷王千秋，永垂久远，照年轮流。”（第209页）《重修敬圣亭碑记》：“俾有基勿坏，与地久天〔长〕而垂之永远也夫。”（第289页）《天公坛建业碑记》：“酌定章程，设簿登记，以垂永远。”（第325页）

14.《郑母淑慎林氏墓志铭》：“自古衡丈夫之品者，太上有立德，而言与工次之。”（第83页）

案：“工”当作“功”，同音而误。典出《左传·襄公二十四年》：“豹闻之：大上有立德，其次有立功，其次有立言，虽久不废，此之谓不朽。”

15.《新建上帝庙祠祀碑记》：“所赖生留薄业，生资俎豆，庶若敖之鬼不其馁。”（第94页）

案：据古代文化常识及前后文语境，“生资俎豆”文义不通，当作“死资俎豆”。“俎豆”本指古代祭祀、宴飨时盛食物用的两种礼器。亦泛指各种礼器。后又引申出“祭祀、奉祀”义，是供奉死者和神灵的一种仪式。“生留薄业”与“死资俎豆”对文。

16.《新建上帝庙祠祀碑记》：“一身长逝，绕号不闻，当时同丹，如黄福淑、薛乾淑、李鼎彰者，念悲其独也，为之经纪殡敛。”（第94页）

案："同丹"不辞，当作"同舟"，因诸人系由大陆同船赴台。丹、舟二字形近致误。

17.《高陈二公遗像碑记》："陈公讳璸，号眉川，广果海康人。"（第99页）

案："广果"非地名，据古文体例，小地名"海康"前当是省份名称，"广果"当是"广东"之误。海康即今广东雷州，广东省湛江市辖县级市。盖因原碑文"東"字上部磨损，仅剩下部类似"果"字。

18.《鼎建台澎军工厂碑记》："方今圣化熙洽，海宇乂安，鲸波鲲浪之间，高胪大艑，所在间置。"（第103页）

案："高胪大艑"，"胪"当作"舻"，形近而误。"高舻大艑"乃同义连文，即大船。

又案："所在间置"当作"所在閒置"。"閒"字读音不同时，代表不同的词，同时为"閑""間（jiān）""間（jiàn）"的异体字。此处"閒"读xián，"閑"之异体字；不读jiān或jiàn，不是"間"的异体字。

19.《重兴苦竹寺碑记》："兹己告成，合就勒石，匪取言劳，聊志不朽云尔。"（第107页）

案：据语境，"己"字显然为"已"字之讹。俗书己、已、巳等字常相混。

20.《重修天后宫碑记》："盖灵越百神，莫之与京矣。"（第116页）

案："莫之与京"扞格难通，据前后文义，"京"当为"竞"之误。二字声、韵俱同，形亦相近。"莫与之京"即没有一个比得上它。

21.《澎湖西屿浮图记》："余自奉命守台以来，凡遇由澎至止者，鲜不以西屿为斤斤，心用恻然！"（第117页）

案："由澎至止者"扞格难通。据语境可知，"止"字当是"此"字磨损掉右半部后的残余。"此"指台湾。

22.《孙太爷开租碑》："虽哀号频仍，无知三年一迁，循例易而改辙难！"（第127页）

案："无知三年一迁"扦格难通。据语境及词义，可知"无知"当为"无如"，义为无奈。《礼记·哀公问》："寡人既闻此言也，无如后罪何！"汉牟融《理惑论》："尧不能化丹朱，周公不能训管蔡，岂唐教之不著，周道之不备哉！然无如恶人何也。"唐刘长卿《谪官后却归过虎丘怅然有作》诗："万事依然在，无如岁月何！"清李渔《闲情偶寄·颐养·却病》："敌已深矣，恐怖何益？'剪灭此而朝食'，谁不欲为？无如不可猝得。"郑观应《盛世危言·技艺》："无如当轴诸公，安常习故，以艺学为末务，遂使良法美意，仍托空言。"盖因碑文漫漶不清，"知""如"形近而致误。因为当时的县官是三年一换，所以新任县官即使知道前任的政策有弊端，也没有充足的时间去改变并施行新的政策，不如墨守成规，所以有"循例易而改辙难"之语。

23.《御制平定台湾二十功臣像赞序》："近著《剿灭台湾逆贼生擒林爽文纪事语》，以为伊犁、回部、金川三大事各有专文，王伦、苏四十三、田五次三事不足蒒其功。若兹林爽文之剿灭，介于六者间，虽弗種大事，而亦不为小矣。"（第130页）

案："弗種大事"扦格难通。据文义及同类碑文体例，当作"稱"字。盖因碑文漫漶不清，二字又形近，遂误"稱"为"種"。如此，方可解读下文"亦不为小"云云。参该书《御制平定台湾告成热河文庙碑文》："昨记平定台湾生擒二凶之事，亦既举平伊犁、定回部、收金川为三大事，专文勒太学；其次三为诛王伦、翦苏四十三、洗田五，以在内地，怀惭弗蒒其事；而平定台湾介其间，固弗稱勒太学，然较之内地之次三，则以孤悬海外，事经一年，命重臣、发劲兵，三月之间擒二凶，定全郡，斯事体大，讫不可以不纪。"（第138-139页）二碑所记为同一件事，文字大体相同，可知上碑确系误"稱"为"種"。

又案："蒣其功"亦不辞，《汉语大字典》（第二版）、《汉语大词典》"蒣"字条下俱无此相关义项及用法，疑有误字。考该书碑文中多见"蒇"字，《汉语大字典》《汉语大词典》"蒇"字有"完成；解决"义。置诸上述两处碑文中，"蒇功"义为竣工、完工，"蒇事"义为事情办理完成，则"蒣"字为"蒇"字之误录确定无疑矣。

24.《御制剿灭台湾逆贼生擒林爽文纪事语》："故曰：人在人为，不可不慎也。"（第 133 页）

案："人在人为"显然不辞，当为"事在人为"之误。

25.《重新文庙碑记》："后之牧斯民者，皆厚以培养而修葺之；谋更相承忽替，则此兴教之区，庶将垂于无穷也已！"（第 152 页）

案："相承忽替"不辞，"忽"当作"勿"，忽、勿二字形近致误。"勿替"即"不废"。参该书《重修府学碑记》："而于兴教之地时勤修葺，亦如海康陈公之以有基勿坏望后人者，相承于勿替。"（第 51 页）《通济宫置租立业碑记》："兹重修鼎新，欲奉明禋于勿替，须立斋粮以资远。"（第 191 页）《咸乐碑记》："庶几庙貌巍然，绵馨香于勿替；神庥广佑，垂福佑以无疆。"（第 278 页）《北极殿碑记》："爰立碑记，以垂永远于勿替。"（第 311）《重建马公庙捐缘启》："从此妥神灵于勿替，既见庙貌更新；而庇福寿以延绵，共颂神庥普遍也。"（第 316 页）

26.《重建弥陀寺碑》："又共议添建寺租二百大员，求远馨香。"（第 182 页）

案："求远馨香"不辞，据前后文语境，"求"字当为"永"字之误。求、永二字形近致讹。此与前揭例中"以垂永久"误作"以垂求久"属于同类。

27.《温陵庙增置庙产碑记》："应纳大租，就园抽的。"（第 188 页）

案："抽的"不辞，疑"的"当作"抵"，音近而误。

28.《玉枕火山碧云寺募为缘业碑记》："士辉爰谋善士苏公光赐、廷观、子成诸君，首唱捐赀员缘由。"（第 193 页）

案："员"字衍。系与下文"缘"字同音而误增。

29.《观音埠公记》："欲放水，埠长须先传知众佃修理公圳各沟明白，然后照汴分放；倘有不到者，将其水份渐寄公汴。"（第 199 页）

案："将其水份渐寄公汴"语义费解，其中当有文字问题。今谓结合前后文义及字形分析，"渐"当作"暂"，形近而误。因有佃户没有到场，所以本该属于他的水份就只好先暂时寄存在公用的水渠中。

30.《重修文庙碑记》："五十一年，遭林逆之乱，竟为废址！至嘉庆丁巳，复谋與举，鸠金殆以万计。"（第 201 页）

案："與举"不辞，当作"興举"，"與""興"二字形似致讹。"興举"一词，义为兴起、倡导，例如《三国志·魏书·武帝纪》"冬，作铜雀台"，南朝宋裴松之注引《魏武故事》："遭值董卓之难，兴举义兵。"《水浒传》第九十七回："将军等兴举大义，保全生灵。"

31.《普济殿重兴碑记》："古建已不可考，越向犹无所稽。"（第 212 页）

案："越向"不辞，据前后文语境及词义，可知当作"趋向"。越、趋二字形近致误。此处"趋向"义为"方向"，作名词。唐柳宗元《岳州圣安寺无姓和尚碑》："生物流动，趋向混乱，惟极乐正路为得其归。和尚勤求端悫，以成至愿，凡听信者，不惑其道。"宋朱熹《朱子语类》卷一一八："语次因道某平日读个不识涂径，枉费心力。适得先生开喻，方知趋向。"

32.《普济殿重兴碑记》："刱衡茅自庇，常怀必葺之安；神灵所栖，宜起勿倾之念。"（第 212 页）

案："常怀必葺之安"不辞，"安"字必误。据前后文义及古文体例，两句对文见义，"安"字所在的位置当代之以与"念"字同类的心理名词，如"心""思"之类，惜原碑不可得见。

33.《普济殿重兴碑记》："幸石氏等之精进，亘一心而就义。"（第212页）

案："亘一心而就义"不辞，"亘"字本当作"恒"，如此方怡然理顺。盖因碑文磨损，失去左半"忄"旁而误录。

34.《普济殿重兴碑记》："周宝岸所以诞登，慈帆于焉普济者也。"（第212页）

案：此处"周"字不辞。据前后文义及古文体例，此处当为一表肯定、确认的语气副词。疑本作"洵"字，因碑文漫漶不清，两字形近而误录。

35.《中埔宫代天府碑记》："……李光为，有宅一所，在本庙前，东至本庙埕，西至李宅水井□界，南至车路，西至明白为界。"（第227页）

案："西至明白为界"中"西至"重复，有误，当作"四至"，"西""四"形近而误。"四至"指田地、住宅等四周的界限。例如清王芑孙《碑版文广例·书地界四至例》："书地界四至，虽自晋太康瓦葫有之，唐人则见于开元二十八年王守泰《记石浮屠》。后书东西南北四至之下，又总之曰，四至分明，永泰无穷。"清文康《儿女英雄传》第三十三回："凡是老圈地，都有部颁龙票，那上面东西南北的四至，都开得明白。"

36.《重修安澜桥碑记》："是岁葭月三日兴工，重新再造。"（第231页）
案："葭月"不辞，当作"葭月"，"葭""葭"二字形似而误。"葭月"是古代农历十一月的别称，其月葭草（即芦苇）吐绿开花，故称。参该书其他碑文，如《建庙碑记》："道光二十八年岁次戊申葭月（缺）日立。"（第288页）《建庙碑记》："道光三十年庚戌葭月榖旦，董事李都瑛、……张鼎兴同勒石。"（第292页）《武庙隆恩庄抽租碑记》："咸丰五年葭月（缺）日榖旦，后学赖启东、苏梦周、李中庸同敬勒石。"（第314页）

37.《重修双慈亭碑记》:"慈何以明?取慈悲之义而名之也。双何以名?是庙昔奉观音佛祖,迨乾隆癸酉年增建前进,兼祀天上圣母,故名之曰'双慈亭'。"(第239页)

案:据前后文,显然可知"慈何以明"之"明"当作"名",音同致误。

38.《林氏姑婆祖碑记》:"历岁启建音歌,捐题维艰。"(第242页)

案:"音歌"不辞,难以索解,当有误字。惜原碑不可得见。

39.《古思碑》:"自正款应征催输外,息事宁民,民感赖之。"(第253页)

案:据文义,"感赖"不辞,"感"当作"咸"。"咸赖"即全都受益。盖因碑石磨泐,"感"字下部"心"字底脱落。

40.《阵亡忠义碑记》:"壬辰阳月之初,嘉属店仔口等处因张炳等扰乱地方,到台湾府宪吕意欲除盗安民,倏有阵亡之变。"(第255页)

案:据文义,"到"当作"致",盖因碑文漫漶不清,两字形近而误录。

41.《阵亡忠义碑记》:"爰为倡义损资,计拾骸骨一百零一身,搬葬顶崁仔头。"(第255页)

《重修祝三多福德祠碑记》:"谨将损赀姓名登之贞珉,以垂不朽云。"(第309页)

案:"损资""损赀"不辞,当为"捐赀"。"损""捐"二字形似致误。"捐赀",义为私人或团体出资金办理或资助公共事业。元陶宗仪《南村辍耕录》卷四:"儒流唐进士,念世籍阳和生育,雨露涵濡之恩,忠愤激发,毁室捐赀,仗义集傅。"明朱长祚《玉镜新谭》卷三:"念帑虚,则捐赀首倡,俾群工慕义翕然;恤民疲,则酬劳必均,使庶民子来恐后。"清薛福成《出使英法义比四国日记》卷六光绪十七年二月初六日:"教王建大教堂于其上千数百年矣。道光三年毁于火,各国教民捐赀修复,乃益阅丽。"① 该书《重建二王庙碑记》："幸有同志之人，前后捐赀相加，以共成其事。"（第 317 页）《重修城隍祠碑记》："于是富者捐赀，贫者协力。"（第 329 页）《殉难义冢碑记》："迄今二十余载中，间因原立义冢被溪水冲毁，□吴公朝良捐赀移筑高阜。"（第 331 页）《凤仪崇祀五子并立院田碑记》："惟所捐赀，为每岁拾字纸夫费外，概存息产。"（第 347 页）

42.《重修药王庙碑记》："此乃天下不负好心之人，亦是世世万民之福矣。似此论之，天下人人而敬之，何独我本境者乎？"（第 259 页）

案："似此"虽成词，义为这样、照这样，但"似此论之"扞格难通，当有误字。据前后文语境，当为"以此"。因"似""以"二字形近而误。"以此"义为用这、拿这。《史记·孙子吴起列传》："君因谓武侯曰：'试延以公主，起有留心则必受之，无留心则必辞矣。以此卜之。'"

43.《重修药王庙碑记》："庶各郊铺及合境人等，四时平安，護安无疆矣。"（第 259 页）

案："護安"不辞，当有误字。据前后文义，当作"獲安"，即获得平安。"護""獲"二字形近而误。

44.《台郡银同祖庙碑》："台郡至我都始入版图。"（第 276 页）

案："至我都"不辞，当作"至我朝"。台湾于明末清初先后经历了荷兰殖民统治时期和郑氏家族统治时期，只有到了清康熙二十二年才重新并入中央政府直辖版图。参该书《建台阳校士场屋记》："台湾归入版图，垂八十余年。"（第 76 页）《新建武庙碑》："澎湖自国初隶入版图，设官以守。"（第 353 页）

45.《重修广慈院碑记》："节次捐坏，修葺有人；阅今又数十年矣，益见栋宇倾颓，神像损湿。"（第 281 页）

---

① （清）薛福成：《出使英法义比四国日记》，商务印书馆、中国旅游出版社，2016，第 209 页。

案："捐坏"不辞，当作"损坏"，"捐""损"二字形近而误。此与前揭碑文中"捐赀"误作"损赀"属同类之讹。

46.《惠我无疆碑》："颂曰：景彼西雍气势庞，刚方梗概式他邦！时膺简命兼南服，奚忍高怀卧南北窗？……"（第 283 页）

案：上引颂歌是一首七言长律，据诗律学常识，同一联的出句和对句字数相等，平仄相反，字面相对，故知"奚忍高怀卧南北窗"当衍一"南"字。即该句当作"奚忍高怀卧北窗"。

47.《建庙碑记》："而福德正神之赫□濯灵：顺四时，阜百物，息家殃，严□□，□功尤伟。"（第 287 页）

案："息家殃"扞格难通，当有误字。据前后文及古文体例，知"顺四时，阜百物，息家殃，严□□"为对偶句式，"家"字所在的位置本当是一个数词或类似数词的形容词。因思形容数量大的形容词"衆"的草书与"家"字非常相似，结合文义，确定"家殃"当为"衆殃"之误，盖因草书形似而误。

48.《苦竹寺碑记》："（前缺）此业献入苦竹寺为香楮之仪，即把契卷交付持僧掌管。"（第 306 页）

案："交付持僧"扞格难通，当有误字。据文义及该书其他碑文体例，当作"交住持僧"，"付"字为"住"字之误。参《苦竹寺碑记》："咸丰三年岁次癸丑阳月吉旦，住持僧慈化等同立石。"（第 307 页）《北极殿碑记》："咸丰五年乙卯三月（缺）日，住持僧渊泉立石。"（第 311 页）《天后宫铸钟缘起碑记》："董事郑川泽、住持僧达源同募缘重造。"（第 324 页）

又案：此处"卷"是"券"的通假字，辞书已收此义，不赘述。

49.《北极殿碑记》："爰附禩尾于碑后。"（第 311 页）

案："禩尾"不辞，据《汉语大字典》，"禩"为"禩"的异体字，"禩"又为"祀"的异体字，即"禩"亦为"祀"的异体字。据前后文，上揭碑文中当为"骥尾"。"襮""骥"二字形近致误。"骥尾"一词，语出《史记·伯夷列传》："颜渊虽笃学，附骥尾而行益显。"唐司马贞索隐："苍蝇附骥尾而致千里，以喻颜回因孔子而名彰。"后用以喻追随先辈、名人之后。唐李咸用《和彭进士感怀》："若向云衢陪骥尾，直须天畔落旄头。"清唐孙华《有感明季党事二十二韵》："声名骥尾附，假窃虎皮蒙。"

50.《重建马公庙捐缘启》："然而地仅数弓，堂仅十笏，既无宏敞翼如，仰且多历年所。"（第315页）

案："仰且"不辞，当为"抑且"，"仰""抑"二字形近致误。据文义，后一句是递进的关系，"抑且"，表递进，义为况且、而且。《水浒传》第二十回："又说梁山泊好汉，十分英雄了得……抑且水路难认，港汊多杂，以此不能取胜。"明田艺蘅《留青日札·非武备》："不惟智勇过人，抑且纪律严明。"

51.《天后宫铸钟缘起碑记》："宫中佛像、殿阁暨灯煌之需，尚觉依然无恙；惟钟若虚悬者，久矣！"（第321页）

案："灯煌"不辞。据前后文，此处前后所列诸物佛像、殿阁、钟，都是寺庙中日用之物，则此处当作"灯烛"，同属一类。

52.《天公坛建业碑记》："仝人值祝寿□□□□□□□□□□斯坛，纵未最邃谓成始成终，已不失其为苟合苟完矣。"（第325页）

案："纵未最邃谓成始成终"一句难以索解，疑有误字。因思"最"字有一或体作"冣"，其草书与"宜"字相似，而上揭例中若将"最"字改为"宜"字则怡然理顺，若合符节，故确定"最"字当为"宜"字之误录无疑。"纵未宜邃谓成始成终"，义为纵使还不宜就认为是善始善终了。

53.《北极殿捐献香资斋粮碑记》："愿将自己所置之大租谷一十一石六斗献入，听庙神对佃收成，为庙中香灼之用。"（第328页）

案："香灼"不辞，据文义，当作"香燭"。此处"香烛"指香和蜡烛，用以供奉神佛。《西游记》第五十六回："三藏叫：'悟空，取香烛来，待我祷祝，好念经。'"《儒林外史》第二回："和尚，你新年新岁，也该把菩萨面前香烛点勤些！"

"燭"何以会误作"灼"呢？这一方面是因为两字字形上有相似之处，都是"火"旁，都有构字部件"勺"，且"燭"字草书类似"灼"字①；另一方面，二字音近："灼"为宕摄合口三等入声章母药韵，"烛"为通摄合口三等入声章母烛韵，声母、声调俱同，韵母相近，可以通转。

54.《重修大武垅祖庙碑记》："窃见本保自嘉庆甲子九年先辈诸人造建该处大武垅噍吧哖庙宇乙座三进。"（第 351 页）

案：此处"乙"字为"一"的俗字，近代书契中常见，而《汉语大字典》《汉语大词典》等辞书皆未及此义项。参陈纬一、刘泽民主编《力力社古文书契抄选辑》之《潘衣莫、潘海生立尽契》："立尽契人力社潘衣莫、潘海生有承父遗下其厝地乙段。"② 同前《潘天云立典契》："道光二十年二月典过知孙北势番社宅园乙所。"③ 同前《倪光岱立典契》："此系二比甘愿，各无反悔，恐口无凭，立典契乙纸。"④ 同前《吴夥立典契》："潘老歪大租谷乙斗，潘有生收五斗。"⑤ 另据曾良考证，鲁迅名篇《孔乙己》中的"孔乙己"三字本当作"丘乙已"，来自描红识字课本，至少早在宋代就有了，"乙"是"一"的俗字。"上大人，丘乙已"义为"上古称得上大人的，孔丘一人而已"。⑥

55.《章程碑记》："诸同人公议设立规条，再请萧启邦起而接踵继办，纲举月张，经费日加。"（第 359 页）

---

① 可参看唐代书法家智永、欧阳询等"燭"字墨迹。见洪钧陶《草字编》，文物出版社 1983，第 2524 页。
② 陈纬一、刘泽民主编《力力社古文书契抄选辑》，台湾文献馆，2006，第 62 页。
③ 陈纬一、刘泽民主编《力力社古文书契抄选辑》，台湾文献馆，2006，第 64 页。
④ 陈纬一、刘泽民主编《力力社古文书契抄选辑》，台湾文献馆，2006，第 170 页。
⑤ 陈纬一、刘泽民主编《力力社古文书契抄选辑》，台湾文献馆，2006，第 173 页。
⑥ 曾良：《"丘乙已"解读与古籍整理》，《中国典籍与文化》2008 年第 2 期，第 89-92 页。

案："纲举月张"显然当作"纲举目张"，因"月""目"二字形近而误。

56.《章程碑记》："历年租项新旧拖欠，理事者务必竭力收讨；或有屡讨不还，亟宜通知诸同人出头迫讨，务先陈明。"（第359页）

案："迫讨"不辞，当为"追讨"，因"追""迫"形近而误。"追讨"，义为追索、催讨。明天然痴叟《石点头·瞿凤奴情愆死盖》："你女儿这般这般，触了主人之怒，要发还娘家，追讨聘礼，一倍要还三倍。"

二　标点商榷

1.《重修文庙碑记》："司马周度相视，举土木斫垩丹刻等功，精于规画克恭厥事。"（第41页）

案：当于"精于规画"后以逗号断开。

2.《文石书院碑记》："然则生于斯，长于斯？萃山海之灵，而孕奇毓瑰者，又当何如也？"（第82页）

案："长于斯"后不当用问号，当改为逗号。

3.《郑母淑慎林氏墓志铭》："孙四：自其蝦出者三，名时、名国、名贤；自其蠋出者□□；□俱□□。"（第85页）

案：据前后文体例及内容，可知标点有误，且可补充数字。当作："自其蠋出者一，□□；俱未聘。"意为其蠋有一子，代之以□□的两字是其蠋儿子的名字，"俱未聘"是说林氏四个孙子都还没有缔结婚约。参本墓志铭前文："有男三：……三其仁，未聘。"又该书《郑母慈勤郭氏墓志铭》："自四廷佐出者三：长其实、次其猷、次其发，俱未聘。"（第87页）

4.《天后宫铸钟缘起碑记》："然神之凭依。惟庙是享；庙之所设，制备宜精。"（第321页）

案："然神之凭依"语义未完，不当用句号，当改为逗号。

5.《敕建凤山昭忠祠碑》："芟狝不极，约以八条，革顽奉法，易兽为人：威行穷山，欢播丑类。"（第361页）

案："易兽为人"与其他各小句为平行关系，后不当用冒号，当改作逗号。

三 字词考释

1.《孙太爷开租碑》："彼时地广人稀，崩压垦换，歉收酌减，故无瘠瘵重赋之虞。"（第126页）

案："垦换"一词，《汉语大词典》未收，据文义，当为"土地轮换耕种"义。

2.《孙太爷开租碑》："是彼之垦者，乃先日之抛荒而匀摊于我也。未经酌匀，安得不轻者自轻，而重者仍重？"（第127页）

案："匀"字不见于《汉语大字典》（第二版）、《汉语大词典》、《中华字海》、《中华大字典》、《汉语俗字丛考》、《疑难字考释与研究》、《疑难字续考》、《疑难字三考》等大型语文辞书和生僻字考释著作。查本碑前文云："思惟赤山居民居多，故就我赤山现耕之田暂为会摊，以俟将来招垦改正。"（第126页）据前后文体例，加之"会"（"会"为"會"之俗字及草书字）与"匀"字形体极近，可以推断"匀"字即"会"字。参该书其他碑文亦可证明，如《凤仪崇祀五子并立院田碑记》："又带饷银四钱六分六厘，匀摊五分六厘，匀丁一分八厘五毫。""又匀摊一两八钱九分六厘，匀丁一两零九分。"（第348—349页）

3.《章程碑记》："公议：掌院之人，每年辛金定粟八十石。"（第359页）

同上："公议：院丁二人，……每月共定辛金银六员。"（第360页）

案：据文义，"辛金"一词义同"薪金"，即义为工资、薪水。现有语文辞书收"薪金"而未收"辛金"，当补收。他例如清况周颐《续眉庐丛话》："询其姓名里居，留之舟中，相助为理，月酬辛金，视担油丰且逸矣。"连横《台湾通史》卷三十五《孝义列传》"李锡金"条："顾念父母俱没，岁时乏祀，每风雨，泣告主人，请豫给五年辛金，为亲修坟。"①

4.《敕建凤山昭忠祠碑》："芟狝不极，约以八条，革顽奉法，易兽为人；威行穷山，欢播丑类。"（第 361 页）

案：据此碑文义，"芟狝"一词，义为铲除、消灭。现有语文辞书未收该词，而收有与其同义或近义的同素词芟刈、芟夷、芟除、芟翦、芟薙、禽狝、狝艾、狝薙等词。语文辞书当补收"芟狝"。

第二节　《台湾南部碑文集成》（下）校读札记

本章第一节已就《台湾南部碑文集成（上）》释文中的文字、词语、标点可商之处问题做了探讨。本节讨论《台湾南部碑文集成（下）》②中的字词、标点、语序问题。

一　文字讹误

1.《雍正间谕封孔子五代王爵碑》："阁部等会议：'请自叔梁公以上至木金父公凡五代，并追封为王爵。谨拟追封木金父公为"肇圣王"，祈父公为"裕圣王"，防叔公为"诒圣公"，伯夏公为"昌圣王"，叔梁公为"启圣王"。'"（第 375 页）

案：据上下文语境，"诒圣公"当为"诒圣王"之误。在此之前，清朝政府已于雍正元年敕封孔子以上五代祖为公爵，而雍正皇帝认为公爵不如王爵为尊，遂于雍正二年改封孔子以上五代祖皆为王爵。防叔公此前封为"诒圣公"，此次改封为"诒圣王"。

2.《严禁派拨累番碑记》："嗣后凡运饷、解粮、换班兵丁及文武大小各官往来一切公务，不许派拨番夫车辆扰累社番，永定章程勒石，遵照禁革；倘取仍前违玩，立即揭报参究。"（第 382 页）

---

① 连横：《台湾通史》，商务印书馆，1947，第 663 页。
② 该书又收录于《石刻史料新编》第三辑第 19 册，台湾新文丰出版公司，1986，第 1—550 页，内容完全相同，且亦未附拓片。

案："倘取仍前违玩"不知所云，当有误字。经对照该书及他书同类碑文，确定"取"字当为"敢"字之误，形近致误。参该书《府宪示禁碑记》："如敢仍蹈故辙，藉端株害，一经访闻，或被告发，定行严拿。"（第412页）《严禁冒亲告命示告碑记》："本司意在除弊安良，该差、保如敢仍前违犯，一经访闻，……决不宽贷。"（第419页）《南河桥涵示禁碑记》："倘敢故违不遵，一经查出、或被指禀，定即差拿，从严究办。"（第469页）《台湾中部碑文集成》之《诬控肆毒示禁碑》："自此勒碑示禁之后，倘敢仍蹈前辙，或经访闻、或被告发，本县言出法随，定即严究惩办。"（第102页）《台湾中部碑文集成》中又有"敢"字误作"散"字的情况，如咸丰二年《顶下圳私行垦筑示禁碑》："尔等□□□□□示禁，毋许在于圳埔私行垦筑，致攘圳岸，滋生事端。如散故违，许□□□□□赴县，以凭拘究，决不宽贷。"① 也是因形近而误。

3.《严禁冒籍应考条例碑记》："台地土着者少，流寓者多，冒籍之弊，致难稽察。"（第384页）

案："土着"不辞，显然为"土著"之讹。"著""着"虽然在某些意义上是古今字或繁简字的关系，但在"土著"一词中，"著"不能写作"着"。

4.《县主示禁碑记》："嗣后如有前项棍徒串谋奸保蠹差，将病毙丐尸，或路通倒毙不识姓名身尸……"（第414页）

案："路通"不辞，疑有误字。据上下文语境，"通"当为"過"，形近致误。

5.《台澎兵备道谕告碑》："迨房书索单钱七百丈积弊相沿，虽无其例；第由来已久，未能概除。"（第421页）

案："索单钱七百丈"扞格难通。据语境，"丈"字显然为"文"字之误，形近而误。

---

① 刘枝万：《台湾中部碑文集成》，台湾省文献委员会，1994，第104页。

6.《台澎兵备道谕告碑》："蒙批：□书藉端勒索，殊干法纪！……嗣是口书不敢过为多取，百姓亦不苦于苛求。……为此示仰各口书人等知悉：嗣后凡有粤民回籍，赴厅填给照单，无论士庶人等，不得留难指索规礼。"（第 421 页）

案：上举一处"□书"，当据上下文确定为"房书"；上举两处"口书"当订正为"房书"。具体含义详参下文第四类第 1 条。

7.《李茂春茔域勒禁侵占告示碑》："兴其临时角较，动费天心；曷若未雨绸缪，恳请严示！"（第 436-437 页）

案："兴其"显然不辞，据上下文义，"兴"字当为"与"字之讹，形近致误。"与其……曷若……"为表示选择关系的一组关联词。

8.《奉宪预绝棍害示告碑记》："是幣先经于府治商民李文兴等，于乾隆三十二年赴前府宪邹金呈，蒙准行县例禁在案。"（第 449 页）

案：据上下文，"幣"字为"弊"字之误，音同形近而误。

9.《海东书院膏伙经费捐输示告碑记》："嗣復改立捐簿，函致各厅、县分□题写。"（第 465 页）

案："嗣復"不辞，当为"嗣後"之误，"復""後"二字形近致误，亦与不明词语有关。"嗣後"一词，义为以后。明唐顺之《答俞教谕书》："嗣后更望时惠尽言，此仆之所汲汲而求也。"《清史稿·世祖纪二》："念此仆隶，亦皆人子。苟以恩结，宁不知感。若任情困辱，虽严何益。嗣后宜体朕意。"该书中多有此词，他处皆不误。例如《严禁派拨累番碑记》："嗣后凡运饷、解粮、换班兵丁及文武大小各官往来一切公务，不许派拨番夫车辆扰累社番。"（第 382 页）《台澎兵备道谕告碑》："为此示仰各口书人等知悉：嗣后凡有粤民回籍，赴厅填给照单，无论士庶人等，不得留难指索规礼。"（第 421 页）《买补仓粮示禁碑》："嗣后买补仓谷，毋论数目多寡，由官自行采办。"（第 504 页）

10. 《海东书院膏伙经费捐输示告碑记》："无如经费不敷，膏伙时形支绌。"（第465页）

《猫求港埔地断归振文社公业示告碑记》："各房仅先抽一千元分为膏伙，馀交畴生发。"（第517页）

案："膏伙"不辞，为"膏火"之误，音同形近而误。"膏火"一词，本指照明用的油火，又特指夜间读书用的灯火，因亦借指勤学苦读，后又引申指供学习用的津贴。例如南朝梁何逊《为衡山侯与妇书》："心如膏火，独夜自煎。"唐杜甫《奉酬薛十二丈判官见赠》诗："不是无膏火，劝郎勤六经。"清徐珂《清稗类钞·念秧》："三年膏火，冀博一第，不图竟落孙山。"《明史·杨爵传》："兄为吏，忤知县系狱。爵投牒直之，并系。会代者至，爵上书讼冤。代者称奇士，立释之，资以膏火。"《红楼梦》第九回："凡族中为官者，皆有帮助银两，以为学中膏火之费。"

11. 《南河桥涵示禁碑记》："涵口盖密之处，准荣搭盖小屋，以便防守，公私均有稗益。"（第468页）

案："稗益"不辞，当为"裨益"之误，"稗""裨"二字形近致误。俗书"禾""礻"两旁往往相混，说详曾良《俗字及古籍文字通例研究》①、曾良《隋唐出土墓志文字研究及整理》②。"裨益"义为补益、益处。

12. 《南河桥涵示禁碑记》："仍准于涵口盖密之处，塔寮防守。"（第468页）

案：据本碑前后文，"塔寮"当为"搭寮"之误。形近致误。本碑其他三处皆作"搭寮"，不误。

13. 《锢婢积习示禁碑记》："台地风俗，婢长不嫁，或畜之于家，或转鬻他人，终身老役，死而后已！或樱桃花发，漫许白头聚首之欢；泊乎犬马力衰，空惨赤脚、无齿之态。"（第470页）

---

① 曾良：《俗字及古籍文字通例研究》，第163-165页。
② 曾良：《隋唐出土墓志文字研究及整理》，第66页。

案："泊乎"不辞，《辞源》《汉语大词典》《近代汉语词典》等语文辞书皆未收。据前后文语境，当作"洎乎"，"泊""洎"形似致误。"洎乎"一词，义为等到、待及。例如唐杨炯《王勃集序》："洎乎潘、陆奋发，孙、许相因，继之以颜、谢，申之以江、鲍。"唐骆宾王《代李敬业讨武氏檄》："伪临朝武氏者，性非和顺，地实寒微。昔充太宗下陈，曾以更衣入侍，洎乎晚节，秽乱春宫。"

14.《锢婢积习示禁碑记》："细天地好生之德，陷家庭难言之隐，良心丧尽，天理奚存！"（第471页）

案："细天地好生之德"不辞。本句与下句为对偶，则"细"字处亦当为一个动词。据前后文语境，此处当为"乖""违""负"一类的字眼，"细"字肯定为误字。惜原碑不可得见。

15.《银同祖庙碑记》："窃闻神道为设教之方，旅人有桑梓之谊。"（第476页）

案："桑梓之谊"不辞，据上下句文义，显然当为"桑梓之谊"。"誼""誼"二字形似致误。

16.《严禁借差掳抢示告碑记》："本日惠来厝庄周姓银被掳剥，本街张姓、南和街李姓亦料护获勒索。"（第480页）

案："护获"不辞，恐为"俘获"之误，方言"护""俘"音近致误。

17.《府正堂仝示碑记》："为此，示仰洲北场各界晒及中洲庄陈姓人等应悉：自示之后，既有官定界址，尔等甲晒，务将男妇老幼各自约束。"（第481页）

案："界晒"为下文"甲晒"之误，"界""甲"二字形、音皆近致误。本碑前文又有："□□□□据该场管事甲、晒人等称：有北门屿海埔，禀请移建场埕其中。"（第480页）该书中与此碑内容相同的《严禁洲南场陋规锢弊示告碑记》："合行出示各场，□□□□□□洲南场督场、管事、巡投、甲晒人等知悉：……"（第 433 页）"甲""晒"分别为甲丁、晒丁的省称。此类称呼其他文献中少见，而多见于台湾地区碑文中。

18.《奉宪严禁告示碑》："或借庄邻有案掳跟酷索，或掳索不逊、凭空赴分司衙造局扭禀。"（第 482 页）

案："掳跟酷索"不辞，当为"掳银酷索"之误。"跟""银"形近致误。

19.《大南门菜市埔示禁碑记》："逐日輪鸠钱文及开费，登记在账，丝毫不得暧昧私吞。"（第 489 页）

案："輪鸠"无义，据前后文，当为"輸鸠"。"輪""輸"二字形似致误。参本碑前文："远近来此贩卖青菜等物，每担愿输铜钱四文，以为该庙津贴油香之费。"（第 489 页）

20.《严禁借尸吓诈示告碑记》："设与'城卒抽费'一并给示勒石，永远禁革，金呈前来等情。"（第 503 页）

《严禁借尸吓诈等事示告碑记》："设与'城卒抽费'一并给示勒石，永远禁革，金呈前来等情。"（第 505 页）

案：二例文字全同，而"设"字皆误，本当作"请"字。参《严禁恶习碑记》："请与城卒抽费一并给示勒石，永达（远）禁革，金呈前来等由。"（第 501 页）作"设"字义无所属。以上三碑内容相同，而且多数文句也相同，从文书体例、前后文语境、字义上看，都以作"请"字为是。

21.《借尸吓诈等事示禁碑记》："严禁各庄以及街衢，如遇酬神演戏、嫁娶、功德诸事，乞寮乞丐应随便听主人施赏，不准聚众吵扰，硬索多情。"（第 510 页）

案："硬索多情"不辞，当有误字。据他处碑文及前后文语境，当作"硬索多钱"。"情""钱"二字方言音近致误。参该书《严禁借尸吓诈示告碑记》："严禁各庄以及街衢，如遇酬神演戏、嫁娶、功德诸事，乞寮丐丐应随便听主人施赏；不准聚众吵扰，硬索多钱！"（第 503 页）《严禁借尸吓诈等事示告碑记》："严禁各庄以及街衢，如遇酬神演戏、嫁娶、功德诸事，丐寮乞丐应随便听主人施赏；不准聚众吵扰，硬索多钱！"（第 506 页）以上三碑内容相同，而且多数文句也相同，从文书体例、前后文语境、字义上看，都以作"钱"字为是。

22.《严禁乞勒纵横示告碑》："尝闻设此丐首，原为约束散丐，无扰民间。向来给有微资，乃是哀此甃独，矜不成人。"（第 512 页）

案："甃独"不辞，据前后文语境及文字学、词义学知识，知当为"茕独"之误。"甃""茕"形似致误。"茕独"为同义复词，义为"孤独"。而"甃"为瓦器的一种，无法与"独"连用。

23.《严禁乞勒纵横示告碑》："佥乞电察丐勒纵横，恩准示禁勒碑，以垂久远，而安乡明。"（第 512 页）

案："乡明"不辞，显然为"乡民"之误，音近而误。南方方言多有前鼻音、后鼻音不分者。本碑他处皆作"乡民"，是其明证。

24.《敬置瓦店仰答神恩碑记》："筛庆九年七月（缺）日，住僧妙琛立石。"（第 559 页）

案：终有清一代，并无"筛庆"年号，当有误字。该书所录碑文，每块碑的标题之后都有刻碑日期，本碑上所刻日期为"嘉庆九年"。则显然"筛庆"为"嘉庆"之误。但两字形体差别甚大，不知何以相乱。

25.《大上帝庙四条街桐山营公众合约》："惟此房屋，乃四条街与桐山营互相起盖物业，均不得以长住及管顾，踞为私己。"（第 630 页）

案："踞为私己"之"踞"，显然为"据"字之误，音同形近而误。

26.《船户公约》："爰集我同人，特申禁约：□后凡我船来□，倘遇风帆不顺，尚在港外，岂能□□坐视，袖生旁观？"（第 676 页）

案："袖生旁观"不辞,显然为"袖手旁观"之误,"手""生"形近致误。

27.《重修安澜桥石碑记》:"然世远年湮,不能无朽缺,自道光丁未年修理,迄今犹见捐坏。"(第 690 页)

案："捐坏"不辞,显然为"损坏"之误。"捐""损"二字形似致误。

28.《神佛诞辰碑记》:"五月:初一日,南极长生大帝圣诞。……十八日,张天师圣诞。二十日,丹阳马真人圣诞。二十二日,遭娥娘娘圣诞。"(第 713 页)

案:张天师、马真人都是史上实有其人的道家著名人物,而"遭娥娘娘"则闻所未闻。但史上有著名的孝女曹娥,为东汉时会稽郡上虞人。相传其父五月五日迎神,溺死江中,尸骸流失。娥年十四,沿江哭号十七昼夜,投江而死。世传为孝女,历代文人多有诗文题赞。如清王端履《重论文斋笔录》卷四:"苗山窆石共千古,是时黄绢无曹娥。"参阅《后汉书·列女传·孝女曹娥》、《世说新语·捷悟》刘孝标注引晋虞预《会稽典录》。据传说记载,曹娥投江之日,正为五月二十二日,与碑文所谓"遭娥娘娘圣诞"完全吻合。故知所谓"遭娥娘娘"当为"曹娥娘娘"之误。此误既与文字音、形相近有关,亦与不明典故有关。

29.《太元堂碑记》:"三面议定时值六八价银一百六十五大元正,共银即日同中交收足讫;其田随即踏明界址,交付银主。"(第 735 页)

案："共银"不辞,据同类碑文体例及前后文语境,当作"其银"。"共""其"二字形近致误。此碑实际上承担的是古文书契的功能,这里记载的是田产买卖,所以先说明水田所在地理位置,次说值银多少,再说"其银"如何交纳,末说"其田"如何接收。

30.《忠义亭申禁碑》:"一、亭前要求清吉,不准人放粪草,以致污

秽；违者照禁约责罚。"（第 747 页）

案："清吉"一词，义为清平吉祥，例如元郑光祖《三战吕布》第一折："他可是莅官清吉。"《天雨花》第十六回："今在闺中清吉否，向时娇病可安宁？"此义施诸上文甚为不合，当有误字。据本碑前后文内容，此处当作"清洁"。盖碑文本作"清洁"，因日久年湮，致"洁"字左边"氵"旁脱落，该书编者遂误录为"清吉"。

31. 《新建埤南天后宫碑记》："贼复四围纵火，烟焰弥天，火烈风狂，不可響迩，登陴者几至不守。"（第 752 页）

案："響迩"不辞，据前后文语境及词义，当为"嚮迩"之误。響、嚮二字音形皆近，所以致误。"嚮迩"一词，义为靠近、接近。《尚书·盘庚上》："若火之燎于原，不可嚮迩。"宋叶适《文林郎前秘书省正字周君南仲墓志铭》："吾方以先事造兵为发狂必死之药，敢嚮迩乎！"清焦循《忆书》六："俟至二鼓，其人始至，至则骄佚之气不可嚮迩。"

32. 《埤南天后宫置产碑记》："每年共应完库平银七两零一分七厘八毫零六忽，由庙主在于所收稿谷项下按年开销，合并声明。"（第 760 页）

案："稿谷"不辞，不见于语文辞书及任何文献，当有误字。本碑文中他处皆作"租谷"，如："除将各卖主原契当神焚化，另将包承租谷人等出具保结。"（第 758 页）"买赵添丁、赵添水田一份，……价银八十五元，批佃承种，每年应收租谷一十七石正。"（第 758 页）"批佃承种，每年应收租谷一十五石正。"（第 760 页）"买张珠明田一份，……价银一百一十元。批佃承种，每年应收租谷二十二石正。"（第 760 页）《汉语大词典》收有"租谷"一词，义为"租米；旧时农民作为地租缴纳的米"。《后汉书·梁商传》："每有饥馑，辄载租谷于城门，赈与贫馁。"《北史·崔浩传》："列置守宰，收敛租谷。"当以作"租谷"为是。盖因"稿""租"二字形近而误。

二　脱文、衍文、倒文

1. 《府正堂仝示碑记》："照以道光二十五年六台风大作，洲北场被水

冲坍。"（第 480 页）

案：据文义，"六"字后有脱文，当脱"月"字。

2.《奉宪严禁告示碑》："如有前项棍徒假冒差役在于本街地方窥伺往来民人，并无文票签单，借端掳酷索，许尔等立即擒送赴官。"（第 483 页）

案："掳酷索"不辞，缺少成分。据本碑前文"或借庄邻有案掳跟〔银〕酷索，或掳索不逊、凭空赴分司衙造局扭禀"，则知此处脱一"银"字。

3.《奉示立禁》："禁凤山寮丐□□，令丐首仍循环旧章安置，各归丐首严行约束。"（第 486 页）

案："仍循环旧章安置"不辞，当作"仍循旧章安置"，"环"字为衍文。因"循环"为习语，书手遂下意识误增"环"字。参该书其他碑文，如《田仔廊埤圳碑记》："上中下三埤各循旧章，照分灌溉。"（第 493 页）《严禁乞勒纵横示告碑》："禁凤山寮丐子，责令丐首仍循旧章安置，各归丐首严行约束。"（第 513 页）尤其是《严禁乞勒纵横示告碑》与《奉示立禁》的文字几乎全同，而无"环"字，极是。

又案：正因《严禁乞勒纵横示告碑》与《奉示立禁》的文字几乎全同，所以既可补出《奉示立禁》中的阙文，又可发现《奉示立禁》中的标点错误。今谓《奉示立禁》中所阙的两个字分别为"子""责"，而第一处逗号当于"子""责"两字中间（即"子"字后）断开，而不当于"令"字前断开。即上揭碑文当作："禁凤山寮丐子，责令丐首仍循旧章安置，各归丐首严行约束。"

4.《广济祖师庙产碑记》："一、过侯、仲、赖水田一段，坐址在山仔脚庄前洋，受丈三甲一分。"（第 612 页）

案："过侯、仲、赖水田一段"扞格难通，缺少作谓语的动词。据本碑前后文体例及语境，"过"字前当脱一"买"字。参本碑他处语例，如："买过简如俊庙地一所，价银七十五大员。又买过罗求祖埔园一丘，价银二十五大员。""买过林钦水田二段，坐址在南埔洋顶一段，受种四分。"（第612页）"买过李声任水田二段，坐址在诏安厝庄前洋。"（第613页）

又案："受丈"不辞，未见于语文辞书及各种文献。据本碑前后文体例及词义，当为"受种"。本碑中"受种"一词出现甚夥，且皆位于田地面积数量词前，如："买过梁享旱田一段，坐址在稻埕脚湖，大小四丘，受种四分五厘。""买过李声任水田二段，……受种一分八厘。""典过林添宗水田二段：一段……受种四分……；又一段……受种一分。"（第613页）古代史籍中亦多见此词，如《魏书·食货志六》："诸桑田皆为世业，身终不还，恒从见口。有盈者无受无还，不足者受种如法。盈者得卖其盈，不足者得买所不足。"《宋史·食货上五》："天下版籍不齐，或以税钱贯百，或以田地顷亩，或以家之积财，或以田之受种。虽皆别为五等，然有税赋钱一贯、占田一顷、积财千缗、受种十石而入之一等。"《清史稿·循吏二·李大本》："请视苗民家贫丁众者书诸簿，有汉佃应除者，即书簿之苗丁次第受种，出租如故，则苗民得食而饷亦无亏，乃补救之一端。"

5.《大上帝庙四条街桐山营公众合约》后署"光道十八年"。（第630页）

案：清代无"光道"年号，显然为"道光"之误倒。

6.《新建广泽尊王坛祠碑记》："圣王会出银五十二元。真人会出人银二十元。罗陈庆捐银三十二元。"（第726页）

案：据本碑体例及语境，显然可知"真人会出人银二十元"中第二个"人"字为衍文。误增的缘由，在于方言中人、银二字字音相同，刻碑人因而误增此字。

三　标点问题

1.《台澎兵备道谕告碑》："迨房书索单钱七百丈积弊相沿，虽无其例；第由来已久，未能概除。"（第421页）

案：标点有误。"虽无其例"后不当用分号，当用逗号。

2.《严禁乞勒纵横示告碑》："遇民家喜事请酒以及丧作功果等事，该

丐首准用一丐到处重头，约束散丐走避，每次定给钱一百文。"（第513-514页）

案：标点不确。"重头"与"约束"中间不当点断。此处"重头"一词，义为"从头"，情态副词。宋欧阳修《与渑池徐宰无党书》："《五代史》，昨见曾子固议，今却重头改换，未有了期。"本碑文中"重头"作动词"约束"的状语。

四 对于辞书研究的价值

1. 《台澎兵备道谕告碑》："迨房书索单钱七百丈积弊相沿，虽无其例；第由来已久，未能概除。"（第421页）

案：上文已指出"七百丈"之"丈"为"文"字之讹。此处"房书"一词，义为"书吏；承办文书的吏员"。本碑后文："缘房书加索照费，文等以遵谕便民、乞饬示禁等事呈辕。"（第421页）"房书"义同。现有辞书中唯《汉语大词典》收有"房书"一词，仅列一义："即房稿。"而于"房稿"下释义为"明清进士平日所作的八股文选集"。上揭碑文中两处"房书"当别为一义。由第161页第6条三例益知此碑文中"房书"当指承办文书的吏员，而非"房稿"。辞书当补收。

2. 《奉宪示禁》："仰台湾府遵照前详批内，明晰出示；仍将前示掣销。"（第423页）

同上："兹奉宪批前因，除将邱朗等所控各词及前案府给示掣销外，合再行出示严禁。"（第424页）

案："掣销"一词，义为"取消"。语文辞书未收该词，而收有其异体形式"撤销""撤消"。其中《汉语大词典》所举最早书证为蔡东藩、许廑父《民国通俗演义》第十回："唐绍仪南下组阁，南京政府已承认撤销。"而本碑刻于乾隆五十三年，较《汉语大词典》语例为早。"掣销"一词传世文献中偶见用例，如《清史稿·食货二·赋役》："苏松巡按秦世桢条奏八事：曰，田地令业主自丈，明注印册；曰，额定钱粮，俱填易知由单，设有增减，另给小单，以免奸胥借口；曰，由单详开总散数目，花户姓名，以便磨对；曰，设立滚单，以次追比；曰，收粮听里户自纳簿柜，加钤司府印信；曰，解放先急后缓，勒限掣销；曰，民差查田均派，与排门册对验；曰，备用银两，不得额外透支，征解银册，布政司按季提取，年终报部。"《清史稿·食货四·盐法》："新疆向听民掣销。光绪三十四年后，始于精河盐池征税万四千四百两，迪化征五千一百两，鄯善征二千四百两，余仍无税。"

3.《毋许民番私捕埤水鱼虾示告碑记》："如良善民番自备手网等项在埤捕取鱼虾者，原以十分听埤长抽的三分，以为工费。"（第 427—428 页）

案："抽的"一词，义为"抽取"，语文辞书未收该词。他例如《温陵庙增置庙产碑记》："应纳大租，就园抽的。"（第 188 页）

4.《奉宪禁各衙胥役勒索绅衿班数碑记》："什差之辈横行酷索，号曰'班数'，又自称为'铺堂'。"（第 456 页）

《严禁衙蠹酷索班数示告碑记》："惟是事关切己，难免进质公庭，最恨曲直不分，先遭衙蠹酷索刑杖，名曰'水钱'，各役称为'班数'，稍有不遂，百般凌辱。"（第 466—467 页）

案：现有语文辞书未收"班数"一词。据前后文及训诂学上的同训法、递训法①，可知班数、铺堂、水钱三词同义。《汉语大词典》收有"铺堂"一词，释义为"铺班"。仅举一例，清黄六鸿《福惠全书·钱谷·催征》："换差唤卯，行杖铺堂，种种多费。"而于"铺班"一词释为"指旧时官府差役向犯人索取贿赂而定的陋规"，亦仅举一例，清黄六鸿《福惠全书·刑名·总论》："及其赴质，衙门各役又讲规礼铺班，索及舆牧。"由此可知，班数、铺堂、水钱、铺班四词同义，并且"铺班"极有可能就是铺堂、班数的合称。该书中多见"铺堂"一词，如《奉宪禁各衙胥役勒索绅衿班数碑记》："近来绅衿赴案投质，勒索铺堂比前尤甚。"（第 458 页）《奉宪禁胥役勒索绅衿碑记》："（前略）林长青等佥呈，请饬严禁，毋许衙门刑杖什差横索'铺堂'礼等情，批仰出示严禁，毋再稍任索扰滋

---

① 关于"同训法""递训法"，参见周大璞《训诂学初稿》，武汉大学出版社，2007，第 247 页。

事。"（第 459 页）现有辞书中唯《汉语大词典订补》收录"水钱"一词，释为"小费；附加的杂费"。举例如明金木散人《鼓掌绝尘》第三十二回："一个叫做方帮，一个叫做李篾。原是终日在那些娼妓人家串进串出趁水钱、吃闲饭的白日鬼。"清李绿园《歧路灯》第一百〇一回："问料麸草价。店小二道：'一个牲口尽喂管饱，总是一百大钱，水钱两个越外。'"

5.《奉呈主示禁》："从则无事；不从，聚党较闹，不索不休。村民莫何！"（第 478 页）

《奉示立禁》："每逢庄人赛愿及婚姻喜庆、丧吊等事，党丐强索不休，横行无忌，窃抢家物，纷纷较闹，不壹而足。"（第 485 页）

《严禁乞勒纵横示告碑》："遇有庄民丧、喜等事，概以强索不从，较闹不休。"（第 512 页）

案：从以上例句可知，"较闹"一词，义为干扰、扰乱。《汉语大词典》未收此词。《台湾社会生活文书专辑》中又有"狡闹"一词，例如《中华民国十八年阴历八月初十日张门马氏立自主婚改嫁》："如有亲族人等阻挠狡闹，有己与邢安印、邢俊三人承当。"[1] 传世文献中亦偶见"狡闹"一词，如清贪木道人《彭公案》第一百四十五回："我等路过贵庄，见阁下在此立擂，不想那飞云和尚上台狡闹。"《汉语大词典》亦未收"狡闹"，而收有与其义近的同素词"搅闹"。大概"较闹""狡闹"皆为"搅闹"的异体形式或俗写。

6.《奉示立禁》："遇民间生辰及生子弥月、四月、周岁暨赛愿，进中一切喜庆事件，演戏请客，准向喜庆之家讨钱二百文。如无音觞情事，不得强索；如违拿究。"（第 485 页）

《严禁乞勒纵横示告碑》："遇民间生辰、生子弥月、四月、周岁暨赛愿、进中一切喜庆事件，演戏请客，准向喜庆之家讨钱二百文；如无音觞情事，不得强索，如违拿究。"（第 513 页）

案："音觞"一词，现有语文辞书未收。盖指前文所谓"演戏请客"。

---

① 洪丽完编《台湾社会生活文书专辑》，中研院台湾史研究所筹备处，2002，第 466 页。

演戏有音，请客有觞，故称。他例如清梁音钜《浪迹续谈》卷六："吾乡龚海峰先生官平凉时，其哲嗣四人，皆随侍署斋读书。一日偶以音觞召客斋中，四人者各跃跃作看戏之想。"清梁音钜《浪迹续谈》卷六："忆在兰州日，适萨湘林将军由哈密内召入关，过访，素知其精于音律，因邀同官以音觞宴之。"其他文献中暂未见语例。

7.《大上帝庙四条街桐山营公众合约》："拟定庙后房屋，永付桐山营，公寓门窗品物，毋许蹧弃。"（第 630 页）

案：此处"品物"一词，义为物品、东西。现有辞书中唯《汉语大词典》收有此义，仅举一例，郁达夫《浙东景物纪略·冰川纪秀》："凡中国画或水彩画里所用得着的各种点景的品物，都已经齐备了。"年代偏晚，可据本碑文例将始见书证年代提前。

第三节　《台湾中部碑文集成》校读札记

《台湾中部碑文集成》[①] 由台湾银行经济研究室编辑，台湾省文献委员会 1994 年 7 月在台湾南投市出版。该书是一部非常有价值的有关清代台湾中部地区历史、政治、社会、经济、民俗等方面的资料总集。该书收录碑碣，包括现存、已失共计 138 件，均系著者历年实地调查所获。采录范围有二：一是碑石尚存者；二是碑石虽失，拓片或录文得考者。区域限于台湾中部之一市三县，即台中市、台中县、彰化县及南投县，相当于清代彰化县辖区。断代始于清代雍正时期，至清季沦日时为止。该书《弁言》中说明："正文加以新式标点、分段，并附简略按语。至于简体字、异体字或错字，均已尽量查正，以利阅览；但未便擅为改动者，即姑仍其旧。"该书未附拓本，但我们认真研读所录碑文，发现其中仍有不少文字、标点、词语、语序可商之处。下面按错误类型分类论列，望方家不吝赐教。

---

① 　该书又收录于《石刻史料新编》第三辑第 18 册，第 189-361 页，内容完全相同，且亦未附拓本。

一 文字校理

1.《永济义渡碑记》："买过张秋幼、张仕储、陈珏、陈夘、吴正德船，日三十日，价银叁百式十员。"（第 56 页）

案："日三十日"不辞，两个"日"字必有一个有误，其中第一个"日"字为"月"字的可能性极大。碑文内容是当地民众因"浊水渡"艰于跋涉，遂捐金兴建义渡。上文大概是指雇用以上数名船户载人渡河，船户每月要有三十天值班，故言"月三十日"。

2.《三块厝义冢示禁碑》："近有一种恶习，樵牧孩童每逢清明，伺人祭扫，群讨粿物；分给不周，辄纵牛羊践踏坟墓，或污秽墓碑，或凿毁坟手。"（第 83 页）

案："坟手"不辞，当作"坟首"，义同"坟头"，即埋葬死人之后在地面上筑起的土堆，也有用砖石砌的。"手""首"同音致误。

3.《沙连保地棍阻垦示禁碑》："缘各廊园负山频溪，并无另有余地可以垦补；又屡被水冲、地震崩陷，叠报未豁。"（第 84 页）

案："负山频溪"不辞，"频"当为"濒"字之误，形近而误。"负山濒溪"为并列式的两个动宾词组，义为背靠着山，濒临溪流。正因为地势如此，所以后文云"并无另有余地可以垦补"。又可参清顾祖禹《读史方舆纪要》卷九九："山之西曰水晶山，山形如覆釜，尝产水晶，与罗侯山俱峙城内，县城盖负山濒溪也。"

4.《顶下圳私行垦筑示禁碑》："尔等□□□□□示禁，毋许在于圳埔私行垦筑，致攘圳岸，滋生事端。如散故违，许□□□□□赴县，以凭拘究，决不宽贷。"（第 104 页）

案："如散故违"不知所云，当有误字。今谓据前后文及同类文书体例，当作"如敢故违"。"散"字为"敢"字之误，形近致误。参该书《武庙抬弃病人示禁碑》："自示之后，倘敢故违，……许该看所之人密报街耆拿解赴县，以凭从重究办，决不姑贷。"（第 101 页）《德山岩油香碑》："倘敢故违，神人共殛！"（第 158 页）《台湾南部碑文集成·苃松埔严禁混垦示告碑记》："如敢故违，定行严拿详究，决不姑宽。"（第 405 页）《台湾南部碑文集成·法华寺放生池示禁碑记》："如敢故违，立拿重惩！"（第 490 页）

5.《水沙连社丁首索诈示禁碑》："咸丰六年，蒙邑主再发给三季以□，□知书吏作何吞渔，分支不发。"（第 112 页）

案：据语境，可知"分支"扞格难通。"分支"当为"分文"之误，支、文二字形近致误。

6.《贤德可嘉碑》："使其故夫君未早亡、子弱冠游泮水，母得展其内助之贤，大振家声，使其夫与子之名远驰于邑外矣。而坪项之沐慈恩享安福者，可胜既哉！"（第 155 页）

案："胜既"不辞，于义无征。今谓"胜既"当为"胜计"之误，既、计同音致误。"胜计"一词，义为计算得尽，算计得清。《庄子·大宗师》："若人之形者，万化而未始有极也，其为乐可胜计邪？"《资治通鉴·汉武帝元狩六年》："自造白金、五铢钱后，吏民之坐盗铸金钱死者数十万人，其不发觉者不可胜计。"此意义、用法施诸本例若合符节，怡然理顺。

7.《养济院园租碑》："历年将银应用之项，若是新客必守，不许希费公业。"（第 157 页）

案："希费"不辞，未见任何语文辞书收录，各大型电子语料库中亦未出现。据前后文义，此处当为"虚费"。"虚费"一词，义为白白地消耗。《后汉书·耿秉传》："以父任为郎，数上言兵事。常以中国虚费，边陲不宁，其患专在匈奴。"宋范成大《怀归寄题小艇》诗："日出尘生万劫忙，可怜虚费隙驹光。"《水浒传》第八十九回："赵枢密又道：'放着下官为证，怎肯教虚费了将军大功！'"此义置于上揭碑文若合符节。"虚"字中古音为遇摄溪母鱼韵平声合口三等，"希"字中古音为止摄晓母微韵

171

平声开口三等。古音"希""虚"相近，因此致误。今天多数南方方言，如赣方言、湘方言、客方言"希""虚"仍然同音。

8.《德遍山陬碑》："视民艰辛，禀撤禁例；单饷等费，悉暨消除。"（第159页）

案："悉暨"不辞，当为"悉概"之误，"暨""概"二字形近致误。"悉""概"在此处皆为范围副词，二者同义连文，义为一律、全都。古文中另有与此意义、用法相同的"皆""概"同义连文例。清魏源《圣武记》卷一："故吉林、黑龙江各部世皆概呼为索伦，以别于满洲。"我们在《台湾南部碑文集成》中也找到了一例"概"误作"暨"的例子，即《严禁征收锢弊示告碑记》："其铺垫仓笨草竹，暨（概）行革除。"（第378页）此处该书编者已经发现并改正。

二　标点、语序、词语校理

1.《重修邑学碑记》："始于己卯十月，七越月而告竣。"（第3页）

案："七越月"不合古代汉语的时间表达方式，疑有误。或当作"越七月"或"七阅月"，两种表达方式皆指经过七个月时间。可参该书其他碑文，如《重修天后宫碑记》："如聚沙覆篑，越三月而告竣。"（第15页）《重造利济桥碑记》："凡四阅月而工竣，计糜洋番壹仟捌佰玖拾员。"（第54页）致误的原因，有可能是词序颠倒，将"越七月"误作"七越月"；但更有可能是不明词语，导致词形错误，误将"阅月"作"越月"。"阅月"一词，义为"经一月"，古书中经见。《新唐书·李景俭传》："及延英奉辞，景俭自陈见抑远，穆宗怜之，追诏为仓部员外郎，不遣。阅月，拜谏议大夫。"明李贽《又与从吾书》："无念来归，得尊教，今三阅月矣，绝无音使，岂科场事忙不暇作字乎？"

2.《五福圳结状谕示碑》："本年亢旱，台湾县大肚保之人循照旧章程，朴仔篱地方决三分之水。不意，中途被苗栗县民张廷材即张□在枋蓼地方之下凿圳两道，横截溪流；致台邑大肚保水田，更益干涸，纷纷争控，致令填塞圳道。"（第120页）

案：上揭碑文有两处标点错误。首先，"不意"义为"不料"，与后文连成一气，后不当点断；其次，"更益干涸"是"致"的后果，亦不当与前文"致台邑大肚保水田"断开。

三　词语考释

1.《诬控肆毒示禁碑》："然亦有官清而民不乐者，何也？良由奸民较捏欺上，肆毒横行，此风气所由日甚而日穷也。"（第 102 页）

案：据前后文，"较捏"一词，义同架捏、虚捏，即凭空捏造，语文辞书皆未收此词。经查《四库全书》《四部丛刊》以及《国学宝典》《汉籍全文检索系统》等大型电子语料库，皆未见该词。极有可能"较"字为方言记音字。

2.《诬控肆毒示禁碑》："即如人命一案，自有正凶，亦有亲疏；兹则不分亲疏，株连一姓、诬捏庄邻，悬指殷实为正凶、为帮凶、为主谋、为喝杀。"（第 102 页）

案："悬指"一词，《汉语大词典》仅列一个义项："谓定向悬挂。"今谓上文中"悬指"不为此义，当别为一义。据前后文，当为凭空指证之义。"悬指"作凭空指证义的他例如《宋书·徐湛之传》："末云熙先悬指必同，以诳于晔。"清孙承泽《春明梦馀录》卷四五："其司官贿差一节，力辩皆为悬指。"又案："喝杀"一词，据前后文，义为协从犯、同谋。语文辞书皆未收此词。

3.《诬控肆毒示禁碑》："凡此，皆始则谋同保甲具禀，继则较串书差覆禀；人命之虚实未究，株连之陷害难言。"（第 102 页）

案：据前后文，"较串"一词，义同串捏，即串同捏造事实。语文辞书皆未收此词。经查《四库全书》《四部丛刊》以及《国学宝典》《汉籍全文检索系统》等大型电子语料库，皆未见此词。极有可能"较"字为方言记音字。

第四章 《新出宋代墓志碑刻辑录·南宋卷》 校读与文献价值探讨

　　《新出宋代墓志碑刻辑录·南宋卷》共 8 册，其中第 1-6 册为墓志拓本，第 7-8 册为前 6 册所收墓志的释文。全书共收录南宋（含同时期的金元）墓志碑刻 569 种，其中南宋碑志 515 种、金代碑志 50 种、元代墓志 4 种。所收金元碑志在时间上与南宋相当，在地域上属北宋故土，这些金元碑志和南宋文化有着密切联系，可以互为补充。书中所收墓志除了具有较高的史学、文学研究价值，还具有较高的文字学、汉语词汇学和语文辞书学研究价值。不过，墓志释文中还存在文字、标点等方面的问题，有必要正本清源。限于时间和精力，本章拟对原拓见于第 1-2 册的墓志释文进行校勘学和汉语词汇学、语文辞书学方面的研究。因为原拓与释文在不同分册中，一并注明所在拓片信息：分号之前，第一个数字代表释文所在册数，第二个数字代表所在页码，分号之后，第一个数字代表拓片所在册数，第二个数字代表所在页码，第三个数字代表对应的行数。

第一节　释文校勘

一　标点商榷

　　1. 李安仁墓志："李丈讳仕珉，其祖也。讳仲文，其父也，余已不及识。"（7/2；1/4/15）

　　按：释文标点不当。引文前文陈述志主李安仁的卒期及子嗣情况。引文所谓"李丈"是墓志撰者熊方的丈人（即岳父），同时也是志主李安仁的父亲，不是祖父。故"李丈讳仕珉，其祖也。讳……"标点错误。正确的标点当作："李丈讳仕珉。其祖也，讳仲文；其父也，余已不及识。"两处"其"都指"李丈"。

2. 谭轾墓志："病已甚，问者至，必更衣起坐，与语醒然，如未病。"（7/39；2/85/23）

按：释文标点不当，"起坐与语"当连读。正确的标点当作："病已甚，问者至，必更衣起坐与语，醒然如未病。"

3. 侯随墓志："所至第二子官舍，缘自幼惯从父兄之官，处之如常时，无妄喜怒以加于人。"（7/56；2/123/18）

按："缘自幼惯从父兄之官"扞格难通。"之官"当属下，义为上任，前往任所。正确的标点当作："所至第二子官舍，缘自幼惯从父兄，之官处之如常时，无妄喜怒以加于人。"

4. 何遵妻董氏墓记："事舅姑以孝，处姒娣以和，敬以待其夫，俭以佐其家，聚族千指，曾无间言，咸谓贤。如夫人宜登上寿，克享酺福，而事乃有大不然者。"（7/71；2/163/4-6）

按："如夫人宜登上寿"扞格难通。正确的标点当为："事舅姑以孝，处姒娣以和，敬以待其夫，俭以佐其家，聚族千指，曾无间言。咸谓贤如夫人，宜登上寿，克享酺福。而事乃有大不然者。""咸谓"之前的内容，皆为列举志主的各种美德，当独立为一句。"咸谓"至"酺福"，是人们对志主归宿的美好期待，宜独立为一句。

5. 邹孺人墓记："归窆有日，不敢以铭浼潜德君子，姑叙大概以纪岁月云。"（7/74；3/171/7）

按："不敢以铭"后当施句号。

二 文字校理

1. 李思彦墓志："熙宁间，南宋录帝王之后，公乃以俭像恩授员外郎。"（7/4；1/7/6）

按："侩像"不辞。据语境、词义及文史知识，当为"绘像"。宋周辉《清波杂志》卷八《郡守画像》："近世州郡，类以名贤昔尝临莅，绘像以章遗爱。"《宋史·选举志五·补荫》："又功臣绘像之家，如无食禄人，则许特奏子孙一人入官。"《元史·月鲁不花传》："召还为详定使。保定民不忍其去，绘像以祀之。"

2. 郭毅墓志："处心未尝以名利届怀。"（7/5；1/9/6）

按："届怀"不辞，当为"介怀"，介意，把不快或令人忧虑的事存于心中。《旧唐书·牛僧孺传》："僧孺识量弘远，必居事外，不以细故介怀。"《旧五代史·唐书三·庄宗本纪》："此吾复振之道也，不得以嫌怨介怀。"《宋史·吕端传》："虽屡经摈退，未尝以得丧介怀。"

3. 黄逢朋墓志："平居乡党，恭上顺下，无是非厉害之哨，有赒急拯厄之誉。"（7/8；1/17/5）

按："是非厉害之哨"扞格难通。"哨"当为"诮"之讹，形近致误。"诮"有嘲讽、讽刺义，与后文"誉"形成反义对文。南朝齐孔稚珪《北山移文》："列壑争讥，攒峰竦诮。"北齐颜之推《颜氏家训·文章》："马季长佞媚获诮。"梁启超《十种德性相反相成义》："然终不免一盘散沙之诮者，则以无合群之德故也。"

4. 曾希宰墓志："当其慊岁，不惜贿夥，伐木鸠工，克营楼宇。"（7/12；1/25/9）

按："慊岁"不辞。"慊"当为"歉"之讹，形近而误。"歉岁"义为"荒年"。金元好问《十一月五日暂往西张》诗："歉岁村墟更荒恶，穷冬人影亦伶俜。"《宋史·黄廉传》："久饥初稔，累给并偿，是使民遇丰年而思歉岁也。"

又按："不惜贿夥"语义扞格，疑当为"不惜贿货"。盖因"夥""货"二字音近而误书或误刻。"贿货"义为财物。晋左思《蜀都赋》："贿货山积，纤丽星繁。"《宋书·褚叔度传》："广营贿货，家财丰积。"

《敦煌变文集·故圆鉴大师二十四孝押座文》："休消贿货耽淫欲，莫恼慈亲纵酒狂。"① 置于志文中怡然理顺。

5. 宋辉墓志："金谷钱帛既已充创，而从卫翠华，千艘遥集，旗旌钲鼓，震耀海上，军威始大振。"（7/16；1/34/20）

按："充创"不辞。覆核原拓，实作"充刱"。"刱"为"创"的异体字，"充刱"仍不辞。今谓当为"充牣"或"充韧"，义为"丰足"。明宋濂《送钱允一还天台诗序》："计其士马之精强，城邑之壮丽，府藏之充牣、意盛气得，亦可谓一时之雄。"《初刻拍案惊奇》卷二六："亦且衣钵充牣，家道从容，所以士人每喜与他交游。"《汉语大词典》《近代汉语大词典》于"充牣"一词的"丰足"义下所举书证皆出自明代，可据本墓志用例将始见例的时代提前。

6. 范龟年墓志："吾父母年逾半百，吾当躬干蛊以安间之。"（7/18；1/39/7）

按："安间"不辞。覆核原拓，确实作"安间"。今谓当作"安闲"。志文中"安闲之"即使父母安逸舒适，安静清闲。

7. 邹宗彦墓志："峰峦辐凑，山水俱聚，远远朝隐者，不可声载。"（1/47/18）

按："声载"不辞。覆核原拓，确实作"声载"。今谓当作"胜载"。"不可胜载"即无法逐一记载，也就是数量很多。

8. 汤之尹墓志："布宣诏条，表砺风俗，轻刑薄赋，勤恤民瘼。"（7/23；1/52/15）

按："表砺"不辞。覆核原拓，实作"表砺"。今谓当为"表厉"，义为表扬、勉励。《宋史·度宗纪》："张九成孙象先力学饬行，不坠家声，其免一解示表厉。"明方孝孺《答郑仲辩书》之二："成人在乎慎重学术，

---

① 王重民等编《敦煌变文集》下，人民文学出版社，1957，第5836页。

以表厉后生。"《汉语大词典》于"表厉"词条下所举最早书证即为上揭《宋史》例，可据本墓志将始见例的年代提前。

又按："轻刑"不辞。覆核原拓，实作"轻刑"。"轻"字为"轻"字的俗写，见于敦煌文献，如 S. 189《老子道德经》："夫轻诺必寡信，多易必多难。"① 又见于明清小说，如《古本小说集成》明嘉靖刊本《三国志通俗演义》卷六《孙策怒斩于神仙》："何故因一时之忿，自轻千金之躯？"② "轻刑"义为减省刑罚。《韩诗外传》卷三："省事轻刑，则痿不作。"《宋书·沈攸之传》："今皇上圣明，将相仁厚，约法三章，轻刑缓赋，年登岁阜，家给人足。"此义施诸上揭志文，怡然理顺。当隶定为"轻刑薄赋"。

9. 张象妻韩氏墓志："虽浣濯逢纫之劳，必躬亲之。"（7/25；1/56/15）

按："逢纫"不辞。覆核原拓，确作"逢纫"。"逢"显系"缝"字之讹。

10. 彭合行状："为郡守者，谓其慈详仁惠，治積显著，乞升擢之。"（7/28；1/56/15）

按："治積"不辞。覆核原拓，确作"治積"。今谓"積"显系"绩"字之讹。"治绩"一词，义为"为政的成绩"。《三国志·蜀书·邓芝传》："（邓芝）所在清严有治绩，入为尚书。"《隋书·郇王庆传》："（杨庆）累迁荥阳郡太守，颇有治绩。"此义置诸上揭志文若合符契。

11. 刘正墓志："至于儒释道，皆喜延接。或有要求，殊无吝涩。"（7/30；1/66/15）

按："吝涩"不辞。覆核原拓，确作"吝涩"。"涩"显系"嗇"字之讹。

---

① 转引自黄征《敦煌俗字典》（第2版），上海教育出版社，2019，第640页。
② 转引自曾良、陈敏《明清小说俗字典》，广陵书社，2017，第501页。

12. 傅忠信墓志："冯翊傅公，生长我宋，毅然操戈，保守乡社，虽其间逆蘖变态，牵掣吾前，不少弛。"（7/34；2/73/6）

按："逆蘖"不辞。覆核原拓，确作"逆蘖"。今谓"蘖"当为"孽"之误。"逆孽"一词，义指叛乱作孽者。唐李商隐《为怀州李中丞谢上表》："况潞潜逆孽，许出全师，紧此州兵，横制贼境。"《旧唐书·德宗本纪》："贼寇未除，猜嫌已构，受朱泚奸凶之说，听张伯罔惑之言，曾不沈思，遂生疑阻，交通逆孽，残害忠良。"《新唐书·藩镇魏博》："厥今天下何如哉？干戈朽，铁铖钝，含引混贷，照育逆孽，殆为故常。"

13. 傅忠信墓志："迄今自朝廷君相至畦子营卒，皆知有傅总管。"（7/34；2/73/6）

按："畦子"一词，现有辞书中唯《汉语方言大词典》收录，释有二义：（1）畦田、菜畦；（2）菜园。① 此义施诸上揭志文，扞格难通，疑有误字。细审原拓，实作"畦"，"丁"字上有一石花，此盖为编者误录为"子"字之由。

14. 傅忠信墓志："帅从之，作乐燕岂，示以間暇，民乃定。"（7/34；2/73/38）

按："間暇"不辞。覆核原拓，确作"間暇"。今谓"間"当为"閒"之误。致误之由，当因"閒"字同时为"間""閑"二字的异体字，而上揭志文据语境当为"闲暇"，字可作"閒"或"閑"。唯不当刻作"間"字。前文言边境有警，民众恐慌，主帅燕饮作乐，故作从容，以安抚民心。作"闲暇"则怡然理顺。

15. 范蔚及夫人周氏墓志："尤好惇叙族义，一日念派系分散离落，而穷窭缕或失相照。乃遍历搜诀，并得其实，以成全谱。"（7/50；2/110/12）

---

① 许宝华、〔日〕宫田一郎主编《汉语方言大词典》，中华书局，1999，第5465页。

按："穷窭缕"不辞，据前后文例，"派系分散离落"与"穷窭或失相照"对偶，"缕"字当系因与"窭"字形近而衍。文中"穷窭"一词，义为贫穷的人，指贫穷的族亲。

16. 揭先哲墓志："其诸抚弱婚贫，恩记尤夥。"（7/58；2/127/5）

按："恩记"不辞，未见辞书收录。覆核原拓，实作"恩纪"，甚是。"恩纪"一词，义为"恩情"。《汉语大词典》《辞源》等收录。他例如《后汉书·孔融传》："孤与文举既非旧好，又于鸿豫亦无恩纪，然愿人之相美，不乐人之相伤，是以区区思协欢好。"《南史·蒯恩传》："恩益自谦损，与人语常呼官位，自称鄙人，抚士卒甚有恩纪。"清曾国藩《新宁刘君墓碑铭》："郑太夫人恭俭宽仁，悉秉夫教，姒妇娣妇寡居，敬之终身有恩纪。"

17. 何遵妻董氏墓记："其家以儒鸣，分教为郡，出宰萍邑者，皆其姓也。"（7/71；2/163/1）

按："分教为邑"不辞。释文所谓"为"字，原拓实作"象"，为"象"字之异体字。"象郡"正与下句"萍邑"相对。类似的"象"字写法还有，北魏元晖墓志"象"字作"象"；北齐司马遵业墓志"象"字作"象"；北齐刘悦墓志"象"字作"象"。①

18. 朱子明妻甘氏墓志："夫何姑夫以绍熙末年元夕之后，据然捐馆，葬于登仙乡鹊湖之原。"（7/72；2/165/6）

按：原拓有多处讹字，盖书手误书或刻工误刻，释文未予校正。

其一，"夫何"不辞，当为"无何"之形误。"无何"即不多时、不久。《史记·越王勾践世家》："居无何，则致赀累巨万。"唐吴筠《建业怀古》诗："衔璧入洛阳，委躬为晋臣。无何覆社稷，为尔含悲辛。"清姚锡光《东方兵事纪略·山东篇》："无何，（倭）以四巨舰猛进，至口外十

---

① 毛远明：《汉魏六朝碑刻异体字典》，中华书局，2014，第977页。

余里。"志文中"无何"后亦当以逗号点断。

其二，"攎然"不辞，当为"遽然"之形误。"遽然"即骤然、突然。《淮南子·道应训》："异日复见，曰：'回坐忘矣。'仲尼遽然曰：'何谓坐忘？'"宋苏洵《几策·审势》："如风雨雷电，遽然而至，截然而下。"明叶盛《水东日记》卷三："正宜佑余文学，匡余政治，岂期一疾，遽然而逝。"

19. 李惟肖夫人熊氏墓志："夫人母黄氏，以仲子偕计使，恭遇庆寿恩，封太孺人。"（7/72；2/167/11）

按："计使"不辞。释文所谓"使"字，原拓实作"吏"。"计吏"义为考察官吏。明赵南星《送郡伯二翁南公入朝序》："夫人朝以计吏也，计吏以安民也，然郡国之人曰，百姓率三年而大创。"清魏象枢《吏科奏疏》："窃惟三年计吏，名曰考绩，盖考察政绩之成与不成，以行朝廷黜陟之大法也。"此义置诸志文怡然理顺。当以原拓作"计吏"为是。

20. 李惟肖夫人熊氏墓志："夫人若节来归，侁侁孙子，以左以右，或前或后。"（7/72；2/167/11）

按："若节"不辞。覆核原拓，确实作"若节"。今谓"若"当为"苦"之讹文。出土文献及传世文献中"若""苦"二字相混经见，古今学者多有发覆，此不赘。《易·节》："节，亨。苦节，不可贞。"唐孔颖达疏："节须得中。为节过苦，伤于刻薄。物所不堪，不可复正。故曰'苦节，不可贞'也。"意谓俭约过甚。后以坚守节操，矢志不渝为"苦节"。《汉书·苏武传》："以武苦节老臣，令朝朔望，号称祭酒，甚优宠之。"宋陆游《涟漪亭赏梅》诗："苦节雪中逢汉使，高标泽畔见湘累。"明孙仁孺《东郭记·殆不可复》："想于陵仲子真清洁，处尘世甘心苦节。"此义置诸志文怡然理顺。释文当校改作"苦节"。

21. 王琳墓志："解人磨张者，负钱二千贯，过期不偿。叩之，名殷而实窘。密召之，谓曰：'吾兄与母，想朝夕西望，早蒙贲发，愿减其数之

半。'"（7/73；2/169/11）

按："赍发"不辞。覆核原拓，实作"赍发"，释文误录为形近字。"赍发"一词，义为资助、打发。元关汉卿《金线池》楔子："贤弟且休去，略住三朝五日，待老夫赍发你一路鞍马之费，未为迟也。"《水浒传》第二回："收拾些人事盘缠，赍发高俅回东京。"《古今小说·汪信之一死救全家》："将这伞权为枪棒，撇个架子。一般有人喝采，赍发几文钱，将就买些酒饭用度。"志中为"打发"义。

22. 王琳墓志："一病不救，吊者哭之哀，郡人闻之皆叹而懈体。"（7/73；2/169/22）

按："懈体"不辞。覆核原拓，实作"解体"，释文误录为形近字。志中"解体"一词，比喻人心离散。《左传·成公八年》："信不可知，义无所立；四方诸侯，其谁不解体。"《后汉书·杨彪传》："今横杀无辜，则海内观听，谁不解体。"宋苏轼《拟进士对御试策》："所用之人，皆如今日，乍合乍散，临事解体，不可复知，则无乃误社稷欤？"清魏源《圣武记》卷七："将相不和，士皆解体。"

23. 邹孺人墓记："不幸于嘉泰三年十月庚戌，一夕无疾澹然而逝。"（7/74；3/171/7）

按："澹然而逝"于义不通。覆核原拓，以楷体书写，实作"溘然而逝"，是。

24. 陈成墓志："谈吐之次，多援引经传，参以世缔，谆复诲喻，而蒙警策者居多。"（7/78；3/179/18）

按："世缔"不辞，未见辞书收录，且古今文献中未见用例。覆核原拓，以楷体书写，确作"缔"字。今谓原碑误刻，"缔"当为"谛"。志中"世谛"一词，为佛教术语，指有关世间种种事相的真理。《大智度论》卷三八："佛法中有二谛，一者世谛，二者第一义谛。为世谛故，说有众生；为第一义谛故，说众生无所有。"唐玄奘《大唐西域记·德慧伽蓝》：

"尔曹世谛之净行,我又胜义谛之净行;净行既同,何为见拒?"志文言志主善于引用儒家经传及佛教义理劝喻他人。

25. 陈成墓志:"异时世胄蕃衍,家誉显著,未必不由残膏賸腹,沾丐而然也。"(7/78;3/179/20)

按:"残膏賸腹"不辞,释文当有误字。覆核原拓,实作"残膏賸腹"。"賸"为"賸"的异体字。据文义,正确的词形当为"残膏賸馥""残膏剩馥",义为余泽、剩余的美好事物。《新唐书·文艺传上·杜甫赞》:"它人不足,甫乃厌余,残膏賸馥,沾丐后人多矣。"明宋濂《梅府君墓志铭》:"府君叹曰:'吾之文非不如今人,彼借吾残膏賸馥者,取青紫如拾芥。'"清吴伟业《画中九友歌》:"至尊含笑黄金投,残膏剩馥鸡林求。"

26. 于彦诚墓志:"嘉泰甲子五月二十四日疾革,沐浴据胡床,坐呼诸子具棺衾,凡家事弘画区处,秩秩俱有条理。"(7/80;3/185/12)

按:"弘画"不辞,释文当有误字。覆核原拓,实作"㔇"。"㔇"为"分"字的形讹。"分"字,北魏元彦墓志作"公"[1];上揭"㔇"字将右边捺笔讹作竖弯钩。以本校法(或曰内证法)知之。本碑前文:"此固乡论素所推重,然皆分之所当为也。"其中释文"分"字原拓作"㔇",显然与上揭"㔇"字为同一字。"分画"一词,义为处置、筹划安排,与"区处"同义连用。唐元稹《酬独孤二十六送归通州》诗:"分画久已定,波涛何足烦。"《宋史·职官志》:"时剧盗李成在舒、蕲,桑仲在襄、邓,郭仲威在扬州,薛庆在高邮,皆即以为镇抚使,其余或以处归朝之人,分画不一,许以能捍御外寇,显立大功,特与世袭。"清吴广成《西夏书事》卷二七:"当议特降指挥,据用兵以来所得土地,除元系中国旧寨及顺汉西蕃境土外,余委边臣商略,随宜分画给赐,汝其遵之。"

27. 孙庸之夫人揭氏墓志:"开禧丙寅,夫人年七十有二,寿体康宁,有加畴昔。才漏坐堂上,忽小倦,家人翊扶就寝。"(7/81;3/186/13)

---

[1] 毛远明:《汉魏六朝碑刻校注》第1册,第218页。

按："才漏"不辞，释文当有误字。覆核原拓，实作"ㄓ漏"。"ㄓ"为"午"的隶书异体字，如东汉《肥致墓碑》"丙午"作"丙ㄓ"。[1] 东汉《刘曜碑》"庚午"作"庚ㄓ"。[2]"午漏"不误。"午漏"指午时的滴漏，亦指午时。唐姚合《夏日书事寄丘亢处士》诗："树里鸣蝉咽，宫中午漏长。"宋欧阳修《下直呈同行三公》诗："午漏声初转，归鞍路偶同。"《新唐书·李德裕传》："德裕在位，虽遽书警奏，皆从容裁决，率午漏下还第，休沐辄如令，沛然若无事时。"《资治通鉴·唐文宗太和五年》"午际"元胡三省注："午际，方交午漏初刻，非正午时也。"

28. 刘时遇墓志："其四人昆仲暨母魏氏嗣公之家，不三纪之间，业益滋大，竹苞松茂，田百顷有畿。"（7/81；3/187/15）

按："有畿"不辞，释文当有误字。覆核原拓，实作"有畿"。今谓"畿"当为"奇"之音误字。"有奇"即有余。《汉书·食货志下》："而罢大小钱，改作货布，长二寸五分，广一寸，首长八分有奇。"唐颜师古注："奇，音居宜反，谓有余也。"宋赵与峕《宾退录》卷三："总四乡之地，为田五百二十顷有奇。"《明史·萧廪传》："七苑牧地，养马八千七百余匹，而占地五万五千三百顷有奇。"《清史稿·张允随传》："十三年，疏报蒙化垦田二十六顷有奇。"

29. 范天麟妻孙氏墓记："时先祖居士春秋高，先君隐君持家。"（7/84；3/191/7）

按："隐君持家"扞格难通，释文当有误字。覆核原拓，确作"隐君"。今谓"君"当为"居"之误字，"隐居持家"怡然理顺。盖因君、居二字音形皆近，原碑误刻。

30.《铁像记》："举棺之际，晴空霹雳，五色云兴千步之余，荫归葬所，礼必方散。"（7/87；3/197/12）

---

① 毛远明：《汉魏六朝碑刻校注》第 1 册，第 297 页。
② （清）顾蔼吉编撰《隶辨》，第 94 页。

184

按："礼必方散"扞格难通，释文当有误字。覆核原拓，确作"礼必"。今谓"必"当为"毕"之同音误字，"礼必方散"怡然理顺。原碑误刻同音字。

31. 揭千顷母黄氏墓记："岁在癸丑，先君捐馆。乙卯，葬于三十七都高溪桃林坡。先妣治理生计，一炊如故。"（7/88；3/202/6）

按："一炊如故"扞格难通，释文当有误字。覆核原拓，释文所谓"炊"字实作"**切**"，即"切"字，右边构件"刀"旁稍有泐蚀。"一切如故"怡然理顺。

32. 王觉母李氏墓碣："既而先伯辞世，先妣待诸孤不间长幼，爱甚己子。"（7/91；3/210/9）

按："不间"扞格难通，释文当有误字。覆核原拓，释文所谓"间"字实作"**問**"，当释读为"问"。志文中"不问"义为不管、无论，"不问长幼"怡然理顺。盖因间、问二字形体相近，释文误认。

33. 周懋功墓志："朋侪过逢，则饬俎豆，具壶觞，婆娑嬉游，酒半酣，诙调笑歌，连日夜不厌。"（7/94；3/216/7）

按："恢调"一词，辞书未见收录。覆核原拓，以正楷书写，释文所谓"恢"字实作"诙"，甚是。"诙调"义为诙谐调笑，施于上揭志文怡然理顺。盖因恢、诙二字音形皆近，释文误录。

34. 范龟年夫人章氏墓记："子孙经明行修，世似祀之。"（7/100；3/232/12）

按："世似祀之"扞格难通，当有误字。覆核原拓，以正楷书写，确实作"世似祀之"。今谓"似"字疑为"世"字之误。"世世祀之"怡然理顺，历代典籍中多见。五代杜光庭《录异记》卷四："捍大灾，御大患，功及于民者，世世祀之。"宋吕大钧《世守边郡议》："若有功德，则郡人世世祀之，仍爵其子孙。庶几亦可以为备边之一术也。"明史维堡《尚书晚订》卷四："七庙之制，亲尽则祧。惟有德之主，世世祀之。"清刘献庭《广阳杂记》卷二："明成祖，非马后子也。其母瓮氏，蒙古人，以其为元顺帝之妃，故隐其事。宫中别有庙，藏神主，世世祀之。"盖因似、祀二字音同，刻工误刻。

第二节　词语考释

一　考释辞书未收词目

1. 李安仁墓志："以学而归者，或有名母之傲；以利而处者，或有借耒之德。"（7/2；1/4/11）

按："名母""借耒"皆为典故词，现有辞书中唯《汉语大词典》收录"名母"一词，而未见辞书收录"借耒"。今谓"借耒"一词，典出汉贾谊《治安策》："借父耰锄，虑有德色；母取箕帚，立而谇语。"唐颜师古注："耰，摩田器也，言以耰及锄借与其父，而容色自矜为恩德也。""耰"为平整土地的农具，"耒"为木制翻土农具，二者同类。故"借耒"义即颜师古所注的将农具借给父亲。

2. 倪天常墓志："殆晚节口众，始议析籍。"（7/5；1/10/8）

曾如川墓志："兄弟析籍，得故居，喜曰：'先人不庐幸不圮矣。'"（3/193/6）

按："析籍"一词，义为"分立户籍"。现有辞书皆未收该词。但《汉语大词典》收录其同构同素同义词"析户"。传世典籍中"析籍"一词用例较夥，如《隋书·食货志》："大功已下，兼令析籍，各为户头，以防容隐。"宋司马光《资治通鉴》卷一七六："户口不实者，里正、党长远配；大功以下，皆令析籍，以防容隐。"明李廷机《宋贤事汇》卷下："兄彦云以声色博弈业坏。逾年，彦霄谏不入，求析籍。"

3. 倪天常墓志："而公益自经划不已，期于优羡。"（7/5；1/10/9）

按："优羡"一词，为同义复词。"优""羡"皆有"丰裕；多"义，故"优羡"义为丰饶、富裕、充足。现有辞书皆未收该词,但《汉语大词典》收录其同构同素同义词"优饶""优裕""富羡""饶羡"等。传世典籍中未见"优羡"一词表此义的用例。

4. 尹安行墓志:"居僧舍,沉潜钩探,靡不洞贯,时发为文章,醇醇然有古人风。当时名达倾异之。"(7/7;1/14/16)

按:"倾异"一词,辞书未收。"倾"有敬佩、钦慕义。《汉书·司马相如传上》:"临邛令不敢尝食,身自迎相如,相如为不得已而强往,一坐尽倾。"唐韩愈《唐故江南西道观察使中大夫洪州刺史兼御史中丞上柱国赐紫金鱼袋赠左散骑常侍太原王公神道碑铭》附诗:"有美王公,志儒之本……介然而居,士友以倾。""异"有"特别重视"义。《史记·张丞相列传》:"君之史赵尧,年虽少,然奇才也,君必异之,是且代君之位。"唐柳宗元《监察使壁记》:"宝应中,尤异其礼,更号祠祭使,俄复其初。"故"倾异"义为钦慕重视。传世文献中偶见用例,如唐释道宣《续高僧传》卷一七《释慧命传》:"天挺英姿,秀拔群表。虽居绮年,人多倾异。"清赵执信《饴山堂诗文集》卷二七《潜丘先生墓志》:"束发与前辈名流游处,莫不倾异之,谓所就非我曹所及。"

5. 尹安行墓志:"公禀性宽厚又疆明,自力学居官,大体务仁恕,不苛虐,能决干繁难事。"(7/7;1/14/29)

按:"疆明"一词,辞书未收。《汉语大字典》《汉语大词典》《辞源》等皆收释"疆"通"彊"之义,而"彊"为"强"的异体字。同时《汉语大词典》收录"强明"一词,释为强干精明。则"疆明"即"强明"之异形词,义为强干精明。传世文献中还有"彊明"的用例。《宋史·外国四·交阯传》:"士燮彊明,化越俗而咸义;尉佗恭顺,禀汉诏以无违。"《永乐大典》卷七三三〇:"忠正出于天资,彊明通于世务。"也有"疆明"用例。清雍正《蓝田县志》卷三:"君性纯厚易直,疆明正亮,所行不二。"辞书当补收该词形。

又按:揆之语境,上文中"决干"义为决断、做决定。辞书未收"决干"一词，当补收。

6. 尹安行墓志："及行法，又能原释人罪。"（7/7；1/14/29）

按："原释"一词，辞书未收，而收有其同素同构同义词"原宥""原贷"。今谓"原""宥""贷""释"等词皆有宽恕、赦免义，故"原宥""原释""原贷"皆为同义复词，义为宽恕、赦免。传世文献中"原释"一词用例较夥。《宋书·戴法兴传》："六宫尝出行，敬盛服骑马于车左右，驰骤去来，上大怒，赐敬死，系明宝尚方，寻被原释，委任如初。"《宋史·礼十七·巡幸》："命官籍所过系囚、逋负者，日引封，多原释。"《辽史·太祖本纪》："于骨里部人特离敏执逆党怖胡、亚里只等十七人来献，上亲鞫之。辞多连宗室及有胁从者，乃杖杀首恶怖胡，余并原释。"

7. 曾希宰墓志："惟慕陶朱公之富，是故家足肥羡。"（7/12；1/25/4）

按："肥羡"一词，辞书未收。"肥""羡"皆有丰富、富裕义，故"肥羡"为同义复词，义为富裕。

8. 《道州江华县阳华岩图并序》："于是忾然悼之，乃创工建亭，以成前贤之志。"（7/20；1/45/27）

按："创工"一词，义为开工（建造）。辞书未收该词。明郁存方《三茅殿碑记》："复得四方助资，始克创工。"[1] 传世文献中偶见用例。唐道世《法苑珠林》卷六一："规岩拟刹，度岭缔经。创工之日，龙飞紫廷。"清康熙《新修会昌县志》卷一四梁潜《重建仪门谯楼记》："遂创工于辛丑冬十月而讫工于壬寅夏四月。"

9. 黄珀墓志："今吾弟既从宛穸，则令原之思，其有穷哉。"（7/21；1/48/13）

按："令原之思"一词，义为因兄弟去世而引起的痛苦心情。典出《诗经·小雅·棠棣》："脊令在原，兄弟急难，每有良朋，况也永叹。"毛

---

① 转引自王文章《浙江近世道教方士研究》，福建师范大学博士学位论文，2019，第116页。

传："脊令，雝渠也。"郑笺："雝渠，水鸟。而今在原，失其常处，则飞则鸣求其类，天性也，犹兄弟之于急难。"辞书未收该词，而《汉语大词典》收录其同素同构同义词"令原之戚""令原之痛"，且皆仅举孤证。

10. 苗公泽墓志："到任，句稽课税，条然无底滞。"（7/25；1/57/12）

按："条然"一词，义为井井有条的样子。辞书未收该词，而收有其同素同构同义词"秩然"。此义传世文献中用例较夥。明周宗建《论语商》卷下："只如今日与诸君一会，目前秩然有节，条然有理。"清周中孚《郑堂读书记》："版废几百年，今始合二书，用诸家传本校其异同，拨其讹误，稍条然可读，遂再刻之。"

11. 刘正墓志："遂促装，请以己备行。"（7/30；1/66/10）

张守仁墓志："公独果敢，径请备行。"（7/31；1/67/9）

按："备行"一词，义为充备行伍、服兵役。辞书未收该词。

12. 黄璹墓志："家传秘方，治折疡，每散施以救人之厄，初不责其报也。"（7/33；2/71/9）

按："折疡"一词，最早见于《周礼·天官·疡医》："疡医掌肿疡、溃疡、金疡、折疡之祝药。"汉郑玄注："肿疡，痈而上生创者；溃疡，痈而含脓血者；金疡，刃创也；折疡，跛跌者。"《汉语大词典》收录肿疡、溃疡、金疡等三词，而唯独缺收"折疡"；其他辞书亦未收录"折疡"一词，当补收。据郑注，可知"折疡"为学科名，古外科分科之一种，指因折伤及并发疮疡之专科，或指折伤及并发之疮疡等疾病。

13. 傅忠信墓志："中原士夫迫於威劫，波荡从之，鲜有全操。"（7/34；2/73/5）

按："全操"一词，义为保全节操。辞书未收该词，而收有与其同义同构的同素词"全节""全德"等词。"全操"一词，传世文献中不乏书证。《晋书·周顗传》："及京室沦胥，抗言无挠，甘赴鼎而全操，盖事君而尽节者欤!"《宋书·龚颖传》:"璩故吏龚颖,独秉身贞白,抗志不挠,殡送旧君,哀敬尽礼,全操九载,不染伪朝。"《新唐书·卢弈传》:"于斯时也,能与执干戈者同其戮力,挽之不来,推之不去,全操白刃之下,孰与夫怀安偷生者同其风?"

14. 傅忠信墓志:"时宣抚使胡公件列勋绩,闻于上,遂授协忠大夫、华州观察使,赐真俸。"(7/34;2/73/26)

按:"件列"一词,义为一一列举。辞书未收该词,而收有与其同义同构的同素词"枚列""件举"等词。"件列"一词,传世文献中书证甚夥。宋欧阳守道《巽斋文集》卷二一《书朱文公与赵忠定公帖》:"忠定之贤,奉法有余,而循理在其中矣。文公犹件列以告,何哉?"《宋史·舆服志》:"法司以守绪函骨及俘囚故宝、法物等,庭引天纲并护尉都尉完颜好海及天纲妻完颜氏乌古论栲栳、小女琼琼一一审实,件列以闻。"元胡一桂《周易启蒙翼传》中篇:"愚合唐、宋《艺文志》,唐《五行志》,晁氏公武德昭《郡斋读书志》,郑氏樵渔仲《通志》,所载《易经》注解,及愚收拾所得在诸志外者,互相参订,件列于左,通计三百余家。"清彭孙贻《茗香堂史论》卷四:"惟《宋史》条分件列,览者易见,《元史》因之。"

又案:"真俸"一词,亦未见辞书收录,义为真实足额的俸禄,即官员所有俸禄全额支给,没有任何一项扣支。传世文献中用例较夥。宋钱若水《太宗皇帝实录》卷七九:"拜右仆射,月给真俸。"宋杜大珪《名臣碑传琬琰集》下卷二四:"上抚存甚渥,时给真俸,俾葺居第。"宋李心传《建炎以来系年要录》卷五八:"晟客居婺州,诈称战功,冒请真俸,为守臣所劾。"

15. 傅忠信墓志:"敌悉众求战,时统制王喜为前锋,不竞。"(7/34;2/73/27)

按:"悉众"一词,义为动用全部兵力。辞书未收该词,而收有与其同义同构的同素词"悉兵"一词。"悉众"一词,传世文献中用例甚夥。《后汉书·冯异传》:"贼见势弱,遂悉众攻异,异乃纵兵大战。"《三国志·

魏书·田豫传》："豫曰：贼悉众大举，非徒投射小利，欲质新城以致大军耳。"《旧唐书·封伦传》："如臣计者，莫若悉众以击之，其势必捷，胜而后和，恩威兼著。"《清史稿·圣祖本纪》："庚寅，传喇塔围温州，曾养性、祖弘勋悉众来犯，副都统纪尔他布击走之。"

16. 《守护法藏诫文》："应本院诸方僧俗二众，凡欲看检，并置经察。斋粥二时，随宜奉养。若无会借，必免遗亡。"（7/36；2/77/9）

同上："其有经文，不以远近，并不许会借出藏，以防遗坠"（2/77/11）

按："会借"一词，义为"借"。辞书未收该词，传世文献中用例较夥。元刘诜《桂隐诗集》卷一："会借回仙蓑，共卧山中月。"明雷礼《国朝列卿纪》卷一〇一："又先任曾与江南巡抚周忱会借余米十万石，以足民食。"清《康熙绛州志》卷四："独雨公先生霖捐五百金券，贷三百，会借二百。"

17. 陈瑗墓志："乾道改元，始颁赦恩，许民间有四世孙者与免役色。"（7/45；2/98/12）

按："役色"一词，义为各种兵役、徭役等的总称。辞书未收该词。传世文献中用例较夥。《宋史·食货上六·役法下》："右司谏朱勃言：'输钱免役，有过数多敷者；用钱雇役，有立直太重者；役色之内，又有优便而愿自投募，不必给雇者。'……于是诏：'复免役法……耆户长、壮丁召雇，不得已保正、保长、保丁充代，其他役色应雇者放此。……'"明嘉靖《德化县志》卷三："国初，令民有役色者，各以其色占籍。"明钱士升《赐余堂集》卷一："据云户部役色惟车户最苦。"

18. 范文郁行状："其先余杭人，五季末迁于豫章之丰城，至今为邑茂族。"（7/49；2/109/3）

孙约之墓志："子孙环山而庐，数计仅百，儒学彬彬，诚一时之茂族也。"（7/51；2/112/4）

孙庸之夫人揭氏墓志："丰城多茂族，孙、揭二姓传最久。"（7/81；3/

186/4)

按："茂族"一词，义为望族、有声望的家族。辞书未收该词，而收其同素同构同义词"盛族""望族""显族"等。传世文献中用例甚夥。唐韩愈《顺宗实录》卷五："良娣王氏，家承茂族，德冠中宫。"《宋史·杨业传》："挺陇上之雄才，本山西之茂族。"元陶宗仪《古刻丛钞·王公墓志铭》："汪汪王公，德门之秀。儒宗贤士，茂族华胄。"明鲁铎《鲁文恪公文集》卷七《南湖翁得告休叙诗序》："妇翁号南湖，姓向氏，字应奎，世为景陵茂族。"清杨士聪《玉堂荟记》卷二："令伯叔及昆仲，科第接踵，已是茂族。"

19. 范蔚及夫人周氏墓志："吏三裂其纸，而见公辞色刚毅，遂涩齿缩舌，莫敢谁何。"（7/50；2/110/10）

按："涩齿"一词，义为说话迟钝、难以表达。现有辞书未收"涩齿"，而《汉语大词典》收有其同素同构同义词"涩呐"，《汉语大词典订补》收有其同素同构同义词"涩口"。传世文献中暂未见"涩齿"的用例，该词为偶发词。①

20. 孙节妻徐氏墓志："元老自幼有声出闾里，以嗜学之酷，信耳闻，远去侍傍二百里而从予游，岁半才一得安问，其余周闻知。"（7/53；2/116/4）

按："侍傍"一词，义为陪侍左右。志文中指陪侍在父母身边。现有辞书皆未收"侍傍"，而《汉语大词典》收有其同素同构同义词"侍侧"。其实传世文献中"侍傍"一词多见。汉贾谊《新书》卷四《匈奴》："上即飨胡人也，大觳抵也，客胡使也，力士武士固近侍傍，胡婴儿得近侍侧，胡贵人更进得佐酒前。"宋张君房《云笈七签》卷五七《太清行气符》："经历九年，役使鬼神，玉女侍傍。"《金史·五行志》："泰和二年八月丙申，磁州武安县鼓山石圣台，有大鸟十集于台上，其羽五色烂然，

---

① 关于"偶发词"的定义，可参看张爱国、杨升初《试论偶发词》，《信阳师范学院学报》1984年第3期，第102-109页。

文多赤黄，赭冠鸡项，尾阔而修，状若鲤鱼尾而长，高可逾人，九子差小侍傍，亦高四五尺。"明冯梦龙《喻世明言》卷二三："生女联坐，老尼侍傍。"

又按："安问"一词，义为书信、消息。现有辞书皆未收"安问"，传世文献中偶见用例。宋曾敏行《独醒杂志》卷八："上得书大喜，谓侍臣曰：'朕不得皇太后安问且十五年，虽遣使百辈，不如此一书。'"宋黄庭坚《山谷别集》卷一八《与冯才叔机宜书二》："永州儿侄辈近得安问，未获瞻承。"宋吕祖谦《东莱别集》卷七《与汪端明》："元晦书已领，钦夫亦犹未得安问，每念之也。"宋周必大《文忠集》卷一八六《与朱熙祖书》："尊公知县比有书送莲栽来，方且遣报，想频得安问，未由再会，万万加爱。"

21. 甘斐墓志："公少业儒，未冠而父原道终其天年。公与二叔割业，而仲叔毅然欲剌公并业，惟天不夺其寿，苟免斯祸。活业由是鼎分，而公丞其一。"（7/53；2/117/7）

按："割业"一词，据前后文，显然义为"分割产业"。该词传世文献中用例较夥。明毛宪《古庵毛先生文集》卷八《庆州知州进阶奉议大夫赵公暨配邹孺人墓志铭》："择婿得朝言，自总角馆于家，延师启训，卒以有闻。复割业资其弗赡。"明毛伯温《毛襄懋文集》卷六："处异母二弟极和爱，每割业以厚之。"清章学诚《嘉庆湖北通志检存稿》卷三："尝割业塞垸堤之溃，乡人德之。"清许奉恩《兰苕馆外史》卷四："姑苏有秦与蔡二姓，自祖以来合计在楚贸易。后生业日隆，资盈百万……蒋因以甘言哛之，唆与蔡氏割业分资。"

又按："并业"一词，义为吞并他人的产业。该词传世文献中暂未见用例。

又按："活业"一词，义为赖以生活的产业。现有辞书中唯见《近代汉语词典》收录，释为"资生产业"。[①] 释义庶几正确，但释义用词不够通俗易懂。他例如唐裴休《圭峰禅师碑铭》："凡士俗有舍其家与妻子同入其

---

① 白维国：《近代汉语词典》，上海教育出版社，2015，第 846 页。

法分寺而居者，有变活业绝血食持戒法起家为近住者。"《旧五代史·晋书·康福传》："我本蕃人，以羊马为活业。"

22. 甘斐墓志："厥后公愈紧家，子孙其昌，家传四世。"（7/53；2/117/8）

按："紧家"一词，据前后文，义为严格约束家人。该词传世文献中暂未见用例。

23. 侯随墓志："噫！先考之德善著在人耳目，可质之而不诬。"（7/56；2/123/28）

按："德善"一词，义为道德善行。现有辞书皆未收录该词。他例如《礼记·祭统》："铭者，论撰其先祖之有德善、功烈、勋劳、庆赏、声名，列于天下，而酌之祭器，自成其名焉，以祀其先祖者也。"《唐会要》卷六四："不然者，纵使门生故吏为之，亦不可谬作德善之事而加之矣。"金刘祁《归潜志》卷八："雷翰林希颜为人作碑志，虽称其德善，其疵短亦互见之。"宋王之道《水调歌头·张文伯生日》："保疲瘵，旌德善，致吉祥。"

24. 范士元妻孙氏墓志："谨按夫人系出吴大帝，唐以来聚族于丰城之敷山，世为仕族。"（7/63；2/141/5）

按："仕族"一词，义为多出官宦人才的家族。现有辞书皆未收录该词。他例如《新唐书·柳公绰列传》："昭国里崔山南琯子孙之盛，仕族罕比。"宋王辟之《渑水燕谈录》卷九："家故汴都，累代仕族。"宋司马光《涑水纪闻》卷七："长安多仕族子弟，恃荫纵横，二千石鲜能治之者。"

25. 范士元妻孙氏墓志："故夫人配吾从兄显甫名士元，为长孙妇。归装甲诸妇，未尝认为己有。"（7/63；2/141/7）

按："归装"一词，义为嫁妆。其词义理据可得而说。古代谓女子出嫁为归。《易·渐》："女归，吉。"唐孔颖达疏："女人……以夫为家，故谓嫁曰归也。"《诗经·周南·桃夭》："之子于归，宜其室家。"故女子出嫁时陪嫁的财物称为归装。现有辞书皆未收录该词。此义传世文献中罕见。

又按："归装"一词另有返回时所带的物品义。该义的用例传世文献中甚夥。例如宋孙光宪《北梦琐言》卷二〇："舒溥者，万州人，粗解书记，事前恩州刺史李希玄往广州谒嗣薛王，归装甚丰。"《宋史·留正传》："正在蜀以简素化民，归装仅数箧，人服其清。"《明史·陈有年传》："数月中，疏十四上。乃予告，乘传归。归装，书一篋，衣一笥而已。"

26. 熊有智墓志："公平生任直，不肯事阿曲。"（7/68；2/154/14）

按：志中"任直"一词，义为任性直率。现有辞书皆未收录该词，但收录与该词同构近义的同素词"任放""任诞""任率""任达"等词。且"任直"一词传世文献中用例较夥，语文辞书当收。他例如《晋书·刘毅传》："任直不饰，宜得清实之誉。"宋张齐贤《洛阳缙绅旧闻记》："掷巾于地，任直使气。"《宋史·谢泌传》："一日，得对便殿，太宗称其任直敢言。"

27. 孙枘墓志："伯材生而叔父以赀富，又最幼子，爱之。延礼名士，俾专其诲，故伯材得为良子弟。"（7/70；2/160/11）

按："延礼"一词，义为以礼聘请或接待。现有辞书皆未收录该词，但收录与该词同义或近义的同素词"礼请""延请"等词。且"延礼"一词传世文献中用例较夥，语文辞书当收。他例如宋李昉《太平广记》卷五一："一旦有蓝缕道士造其门，王老与其妻俱延礼之。"宋赵与峕《宾退录》卷九："在郡延礼其秀民。"《宋史·王博文传》："延礼贤俊，谘访忠直。"《三国演义》第六十六回："曹操览之，遂罢南征，兴设学校，延礼文士。"《明史·徐达传》："归朝之日，单车就舍，延礼儒生，谈议终日，雍雍如也。"

28. 揭惟谨墓志："敬夫讳惟谨，为人和易，其学自出天性，其文自成一家，余因知敬夫抱负不录录。以试辄不偶，虽欲夸诸人，人莫余信，致成妄疾，亲故深以为忧。"（7/71；2/162/8）

按："妄疾"一词，义为妄想症。妄想症又名幻想症、妄想性障碍、偏执性障碍、偏执性精神障碍，是指一组以系统的妄想（持续三个月及以上）为主要表现的精神障碍，是一种严重的精神疾病。现有辞书皆未收录该词，可补。

29. 揭惟谨墓志："今将以其年十一月壬申葬敬夫于旧居之东祖茔侧，前事，和告余曰：'愿有以铭吾父。'"（7/71；2/162/15）

按："前事"一词，义为事前，事情发生或进行以前。在此义上，"前事"与"事前"为同素异序同义词。同类语境下，墓志中多用其同义词"先期""前期"等。现有辞书皆未收录"前事"一词，可补。

30. 周权墓志："居士娶张氏，先五年而卒，今复合茔。"（7/75；3/173/13）

按："合茔"一词，义犹合葬。现有辞书皆未收录该词，但收录与该词同义或近义的同素词"合祔"。且"合茔"一词在传世文献亦见用例，语文辞书当收。明嘉靖、清雍正《陕西通志》卷六一："邵氏一门，男妇死难共一十八人。乱定，合茔安葬。"明尹襄《巽峰集》卷一一："即以其年月日葬于里之神□，与其配叶氏合茔。"

31. 黄氏夫人墓记："嘉泰壬戌，夫君先亡。开禧改元，服阕，议富城同造孙叔载为继夫。"（7/76；3/176/6）

按："继夫"一词，义为后夫，即妇女再嫁的丈夫。现有辞书皆未收录该词，但收录与该词同构且同义的同素词"后夫"及同构相关的同素词"继室"（义为续娶之妻）。

古代有"初夫人""继夫人"之称。"继夫人"义同"继室"，"初夫人"即男子初婚所娶的妻子。如《唐会要》卷一九："谨按：鲁南昌府君庙，有荀氏、薛氏；景帝有夏侯氏、羊氏；圣朝睿宗庙，有昭成皇后窦氏、肃明皇后刘氏；故太师颜鲁公祖庙，有夫人殷氏、继夫人柳氏。"明郑晓《今言》卷二："中山王初夫人张氏，继夫人谢氏。"明焦竑《玉堂丛语》卷四《侃直》："丹徒靳文僖贵之继夫人年未三十而文僖公卒。"
"初夫人""继夫人"现有辞书皆未收录，可补。

32. 陈成墓志："先君归窆伊迩，以冷族绵力，不能丐铭于当世显士，欲勤为先君诠次平日行实，以刻诸石，垂示将来。"（7/77；3/179/6）

按："冷族"一词，义为寒门、寒微的家族，常用以谦称自己的家族。现有辞书皆未收录该词，但收录与该词同构且同义的同素词"寒族"，还收录与该词反义的同素词"豪族""显族""望族"等词。"冷族"一词在传世文献亦见用例，语文辞书当收。他例如宋王以宁《踏莎行》："我自山中，渔樵冷族。一丘一壑平生熟。"元王鹗《汝南遗事》卷四："某起繇冷族，滥窃科名。始以词赋待罪于玉堂，终于奏官承乏乎兰省。"

33. 罗逖墓志："曩岁旧居摧覆，一旦鸠工抡梓，闻者皆意其图燕申之娱。"（7/78；3/180/15）

按："摧覆"一词，义为倒塌、毁坏。现有辞书皆未收"摧覆"，而收有与其同义或近义的同素词"摧坏""摧圮""摧塌""摧颓"等词。"摧覆"一词在传世文献亦见用例，语文辞书当收。他例如《晋书·苻坚载记》："陛下应天顺时，恭行天罚，啸咤则五岳摧覆，呼吸则江海绝流，若一举百万，必有征无战。"《旧唐书·礼仪二》："乃起工徒，挽令摧覆。既毁之后，雷声隐然，众庶闻之，或以为神灵感动之象也。"《宋史·五行五》："是时，河北复大震，或数刻不止，有声如雷，楼橹、民居多摧覆，压死者甚众。"又引申为"失败"义。《金史·完颜匡传》："彼哀祈不已者，以前日负固尚且摧覆，今遂失之，是无一日之安也。"

34. 于彦诚墓志："元素，曾大考也。璋，大考也。庠，考也。"（7/80；3/185/14）

按："曾大考"一词，指称已故的曾祖父。现有辞书皆未收"曾大考"，而收有与其同义或类义的同素词"曾大父""大考"等词。其实，"曾大考"在传世文献中并不罕见，例如宋曾巩《江都县主簿王君夫人曾氏墓志》：“曾大考，尚书水部员外郎，讳仁旺；大考，右谏议大夫，讳致尧；先君，太常博士，讳易占。”宋王安石《尚书度支郎中葛公墓志铭》：“贯，曾大考也；遇，大考也；旺，累赠都官郎中，考也。”

35. 严黼墓志：“或有忿争致讼，公从容以理到之语折之，闻者负愧请止。”（7/89；3/203/12）

按：“理到”一词，义为说理透彻。现有辞书皆未收该词，而《汉语大词典》收有与其同构同素近义的“理至”一词。其实，“理到”一词在传世文献中并不罕见。唐吴兢《贞观政要·纳谏第五》：“凡人言语理到，不可不伏。”宋朱熹《朱子语类》卷六七：“伯恭谓：‘《易传》理到语精，平易的当，立言无毫发遗恨！’此乃名言。”明陆容《菽园杂记》卷二：“韩文公《送浮屠文畅师序》，理到之言也，髡缁氏乃以不识浮屠字议讥之。”《四库全书总目提要》卷一五“《续吕氏家塾读书记》三卷”条：“《温州志》称溪‘平实简易，求圣贤用心，不为新奇可喜之说，而识者服其理到’，于此书可见一斑矣。”

36. 刘宗荣墓志：“故予询之坊陌耆旧，具言公之祖若父，赀富长者。”（7/90；3/206/13）

按：“赀富”一词，义为富裕。现有辞书皆未收该词，可补。该词在传世文献中亦偶见用例，如明叶盛《水东日记》卷一：“一乡时惟常州倪云林、昆山顾玉山可相伯仲，他赀富有余，而文采不足者，不与焉。”

37. 刘宗荣墓志：“诸孤将以己巳嘉定二年十月十一日辛未葬公于宣风乡曲江馒头冈祖茔之侧，与王氏合圹，盖治命也。”（7/90；3/206/19）

按：“合圹”一词，义为合茔、合葬。现有辞书皆未收该词，可补。该词在传世文献中经见。宋吴泳《鹤林集》卷三四《惠寺丞墓志铭》：“将以某年某月，葬于凤戈之乡，与淑人合圹。”明余有丁《余文敏公集》卷一一《祭柴方伯》：“先，公窆于北地，未得迁徙与太夫人合圹。”民国《连城县志》卷三二朱筠纂《杨显圣墓志铭》：“配吴氏，后君一岁卒，与君合圹。"

38. 陈安节圹记:"既归逾年,得缓疾,以壬申七月丁未日终,享年六十。"(7/95;3/220/9)

按:据文义可知,句中"缓疾"一词,义为慢性病。现有辞书皆未收该词,可补。该词在传世文献中罕见用例。

39. 曾丕显墓志:"曾大父宗谔、大父仕权、父师政,皆隐约不耀。"(7/92;3/212/5)

殷执中妻范氏墓志:"三世曾祖浩、祖机、父冈,俱不耀。"(7/98;3/226/6)

王琰墓志:"曾大父讳毂,大父讳式,皇考讳俊彦,世为豫章之丰城人,皆潜德不耀。"(7/103;3/241/15)

丘彦亨墓志:"曾祖子章、祖景先、父宗甫,皆铲彩不耀。"(7/110;3/258/10)

按:据文义可知,句中"不耀"一词,义为不显耀、不显达。现有辞书皆未收该词,而《汉语大词典》收有其同构同素同义词"不显",辞书可补"不耀"一词。该词在传世文献中偶见用例。宋苏轼《吊李台卿》诗:"从横通杂艺,甚博且知要。所恨言无文,至老幽不耀。其生世莫识,已死谁复吊。"《元史·李治传》:"世祖在潜邸,闻其贤,遣使召之,且曰:'素闻仁卿学优才赡,潜德不耀,久欲一见,其勿他辞。'"

40. 曾光烈墓记:"初,皇祖考析橐,先君一听伯氏区别,未始过而问焉,人多以是贤之。"(7/100;3/233/6)

按:"橐",原拓作"橐",异体字,编者径录作"橐"。据文义可知,句中"析橐"一词,义为分家财。现有辞书皆未收该词,而《辞源》(第三版)收有其同构同素同义词"析产",辞书可补"析橐"一词。该词在传世文献中偶见用例。五代李瀚《蒙求》:"二疏散金,陆贾分橐。"

41. 丘彦亨墓志："曾祖子章、祖景先、父宗甫，皆铲彩不耀。至君克自振立，灼知世务艰难，悉力俭勤以殖资业。"（7/110；3/258/10）

按：据文义可知，句中"铲彩"一词，字面义为铲除光彩，比喻隐藏才能。现有辞书皆未收该词，可补。该词在传世文献中经见。金刘祁《归潜志》卷一四："两贤胡为独不出，埋光铲彩为冥鸿。朝亦潜，暮亦潜，东山不起吾何瞻？"唐贯休《苦热寄赤松道者》："埋光铲彩，不求名声。自号华阴子，常与禅月大师贯休为莫逆交。"宋释晓莹《罗湖野录》卷一："铲彩埋光，不求闻达。"清李颙《二曲集》卷一六："足下之不能韬光铲彩，是仆梦寐所未恬也。"可作为佐证的是，上揭文例中的"埋光"一词，字面义为收敛光芒，与"铲彩"相近，比喻义与"铲彩"相同，而《汉语大词典》收录"埋光"一词，且仅举两个书证，第一个书证即出自《归潜志》。所以，辞书有必要收录"铲彩"一词。

又按：据文义可知，"振立"一词，义为振作、奋发。现有辞书皆未收该词，可补。该词在传世文献中常见。《宋史·刘光祖传》："不思振立，苟且偷安，则是久远误国。"明王守仁《王阳明全集·悟真录第八》："今之人，惟同污逐垢，弗自振立，故风俗靡靡至此。"清陆士仪《论学酬答》卷三："每见陆子静之徒气质可畏，吾党诸贤虽能谨守，却又振立者少。"

42. 范九叙墓记："曾祖宗旦；祖士衡，钦州推官；考商英，晦德弗仕。"（7/111；3/263/2）

按：据文义可知，"晦德"一词，义为隐藏德才。现有辞书皆未收该词，可补。该词在传世文献中常见。魏庚阐《啸台》诗："或曰先生，晦德逍遥。稽子秀达，英风朗烈。"唐权德舆《权载之文集》卷二四《唐故朝散大夫使持节都督容州诸军事守容州刺史兼侍御史充本管经略招讨处置等使谯县开国男赐紫金鱼袋戴公墓志铭并序》："师安道之晦德，尤恶知名。故世风纯庆，及公而发。"宋欧阳修《集古录跋尾》卷四："若范君者，笔迹不传于世，而独传其家。盖其潜光晦德，非止其书阁而不传也。"明刘三吾《坦斋文集》卷下《户部度支员外郎许公克谦墓志铭》："祖榕，字伯固；父天祐，字吉乡，皆晦德不仕。"

二　增补辞书未收的义项

1. 尹安行墓志:"气直毅,有仁心,常赈给困难。"(7/7;1/14/11)

按:文中"困难"一词,义为生活穷困的人。辞书未收此义,当补。传世文献中偶见用例。佚名《祈祥品忏》卷一:"粮食盈余多金银,周济困难与□邻。""救济困难最舍得,穷人沾福上有天。"[①] 民国《庆云县志·人物志·忠义》:"民国九年,岁大饥,发己仓中余粮三十余石,以济本庄邻庄困难。"

2. 胡式及夫人周氏墓志:"君少孝谨,治生力广。析分之后,兴居雕薨。"(7/11;1/23/5)

周卓妻范氏墓记:"初,君立伯仲析分,或谓公家所有日用器皿,夫人多以为己私,物议纷纷,曾不少较。"(7/108;3/255/8)

按:文中"析分"一词,义为分立户籍、分家。在此义上,与"分析"为同素异序同义词。辞书未收此义,当补。传世文献中偶见用例。《永乐大典》卷八六四八引三国吴谢承《后汉书》卷五:"郴人谢弘等不养父母,兄弟析分。"清顾炎武《天下郡国利病书》第十三册:"嘉靖间,赋役横出,门户稍上,破产相寻。于是黠者工其术于诡寄析分,饶者恣其费于结纳请托。"

3. 吕大伦妻许氏墓记:"曾祖可容,祖该,咸有显闻,累赠太保。"(7/15;1/31/2)

按:文中"显闻"一词,义为显赫的声望。现有辞书中唯《汉语大词典》收有"显闻"一词,且仅收其动词义"显著而为世所闻知",未及此名词义,当补。还可补充其他用例。金张玮《大金集礼》卷五:"费摩氏柔惠端淑,得于天成;发庆钟祥,世有显闻。"元邓文原《巴西集》卷上《戴祖禹墓志铭》:"剡溪戴氏,自安道以清隐著其世绪,代有显闻。"明陈循《芳洲文集续编》卷二《高安城南杨氏谱序》:"自荣甫至润才,五世

---

① 濮文起主编《民间宝卷》第 8 册,黄山书社,2005,第 475、477 页。

世有显闻，如此可谓之名宗矣。"清邹漪《启祯野乘二集》卷五《李御史传》："公讳发元，字元毓，号潞阳，直隶高阳人也，代有显闻。"

4. 武元正墓志："宅此新阡，以永来嗣。"（7/24；1/54/18）

郭稳墓志："以正隆己卯秋八月十五日葬于礼义村卧龙之原，盖新阡也。"（7/26；1/58/21）

按：现有辞书中唯《汉语大词典》收有"新阡"一词，且仅列"新筑的墓道"一义。今谓"阡"确有"墓道"义。《正字通·阜部》："阡，墓道。"唐崔融《韦长史挽词》："京兆新阡辟，扶阳甲第空。"元虞集《贺丞相神道碑》："公妥其阡，有松有柏。"清宋琬《先大夫讳日》："松阡渺何处？莫剪蒿与莱。"但"阡"字更常作"坟墓"义。唐杜甫《秋日夔府咏怀一百韵》："共谁论昔事，几处有新阡。"清仇兆鳌注："《风俗通》：阡谓之冢。"① 宋欧阳修《泷冈阡表》："惟我皇考崇公，卜吉于泷岗之六十年，其子修，始克表于其阡。"清刘大櫆《方柜林墓表》："大成乃复推扬其先人之德，请余论次之，以表于其阡。"结合语境及阡的词义，上揭两处志文中"新阡"一词，当义为新坟。《汉语大词典》当补收该义。还可补充其他用例。唐岑参《河西太守杜公挽歌四首》其一："长安非旧日，京兆是新阡。"元杨维桢《杀虎行》："血号虎鬼冤魂语，精光夜贯新阡土。"《聊斋志异》卷四《姊妹易嫁》："时邑世族张姓，有新阡在东山之阳。或经其侧，闻墓中叱咤声曰：'若等速避去，勿久混贵人宅！'张闻，亦未深信。既又频得梦警曰：'汝家墓地，本是毛公佳城，何得久假此？'"《聊斋志异》的这个书证明确揭示了"新阡"有新坟义。

5. 张守仁墓志："国朝天会中，尚征□讨叛，取郡县良家子□预其籍。当于签选之际，户户人人，鲜有不为□避罄辞而相争免者。公独果敢，径请备行。"（7/31；1/67/7）

按：据语境，不难得出，文中"签选"一词，义为抽签选取（服兵役者）。现有辞书中唯《近代汉语词典》收录该词，释为"掣签选用（官

---

① （清）仇兆鳌注《杜诗详注》，中华书局，1979，第1708页。

员）"，仅举孤证。《大清会典》卷五："月选知县，于签选人员外以其次应选者，按班备拟，班各一人，一同验看考试，同签选官引见，遇有扣除，即以备拟人员简用。"墓志中别为一义，辞书当补收该义。传世文献中另有作"抽签选取（服兵役者）"义解的"签选"一词的用例，如《元史·兵志一·兵制》："十四年正月，诏：'上都、隆兴、西京、北京四路编民捕猎等户，签选丁壮军二千人，防守上都。'"《元史·兵志二·宿卫》："四年七月，谕东京等路宣抚司，命于所管户内，以十等为率，于从上第三等户，签选侍卫亲军一千八百名。"

6. 傅忠信墓志："曾祖吉、祖理、父俊，皆隐晦不仕。"（7/34；2/73/7）

朱子明妻甘氏墓志："曾祖湜、祖昂、父冕，俱隐晦。"（7/72；2/165/1）

按：上文"隐晦"一词，为隐居晦迹的缩略，义即为隐居。现有语文辞书未收该义，当补。"隐晦"此义传世典籍中不乏语例。宋张君房《云笈七签》卷一一二《进士王叡》："乃隐晦自处，佯狂混时，年八十，殂于彭山道中，识者瘗之。"《元史·选举一·学校》："举遗逸以求隐迹之士，擢茂异以待非常之人……二十八年，复诏求隐晦之士，俾有司具以名闻。"可见"隐迹"与"隐晦"同义。而"隐迹"正为隐藏踪迹、隐居义，《汉语大词典》已收，不赘。《元史·刘因传》："今圣天子选用贤良，一新时政，虽前日隐晦之人，亦将出而仕矣，况因平昔非隐晦者邪。"

7. 谭轾墓志："早孤，能自植立。事母以孝闻。"（7/39；2/85/13）

范蔚及夫人周氏墓志："周君迄今门户植立，实公之助也。"（7/50；2/110/14）

熊有智墓志："虽幼则失学，而年长能自植立。"（7/68；2/154/10）

李君妻蔡氏墓记："子男松、椿、桧、楠，各守所乡，能自植立。"（7/75；3/172/8）

孟彭年墓记:"然吾将老矣,若汝自幼读书,不以它事累及,宜勉旃,务自植立,以持门户。"(7/104;3/242/11)

吴九龄妻陈氏墓记:"逮今生理稍不至湮坠者,皆亡室相与辛苦植立之助也。"(7/107;3/250/8)

按:上揭志文中"植立"一词,义为成立、成就。现有辞书中唯《近代汉语大词典》收录"植立"一词,释为"直竖",仅举一例。①《水浒全传》第十八回:"若说高俅这贼陷害一节,但提起,毛发植立。"可补此义。"植立"本义为直立、竖立、挺立,如《淮南子·主术训》:"桥直植立而不动,俯仰取制焉。"《新唐书·刘政会传》:"黎旦,含光门未开,禁卒左右植立,将大掠长安中。"《宋史·张忠恕传》:"始,魏了翁尝勉忠恕以'植立名节,无隳家声'。"引申为人的树立,即成立、成就。《宋史·吴昌裔传》:"吴昌裔字季永,中江人。蚤孤,与兄泳痛自植立,不肯逐时好,得程颐、张载、朱熹诸书,辄研绎不倦。"《广东新语》卷一一《文语》"赵进士文"条:"而德崛起海隅,节概文章,卓有植立,为潮学者之所宗,固非待昌黎而后兴者。"

8. 范蔚及夫人周氏墓志:"尤好惇叙族义,一日念派系分散离落,而穷窭缕或失相照。乃遍历搜抉,并得其实,以成全谱。"(7/50;2/110/12)

按:"缕"字当系因与"窭"字形近而衍。《汉语大词典》收录"穷窭"一词,释为"贫穷",且仅举一例。清刘大櫆《江贞女传》:"予不幸值顾氏门祚之衰,幼叔零丁穷窭。"其实"穷窭"一词的本义"贫穷"义有更早的书证。西晋竺法护译《等集众德三昧经》卷下:"菩萨大士获此定者,则能远离恶趣之地,无有八据厄难之处,除断穷窭。"《晋书·刘敏元传》:"穷窭无子,依敏元为命。"《新唐书·张廷珪传》:"工员穷窭,驱役为劳,饥渴所致,疾疹方作。"上揭墓志中"穷窭"别为一义,为其本义"贫穷"之引申义,义为"贫穷的人",指贫穷的族亲。可据此增补。

9. 黄宗元墓志:"公曾大父世盈,大父希肇,皆潜德不仕。"(7/57;2/

---

① 许少峰主编《近代汉语大词典》,中华书局,2008,第2397页。

125/6)

郭延庆墓志："父讳永坚，潜德弗仕。"（7/66；2/151/6）

同上："曾祖而下，奕世业儒。皆有潜德；倦游仕途。"（7/66；2/151/2）

熊有智墓志："是生公之祖讳世芳，潜德弗耀。"（7/68；2/154/8）

甘荣墓记："有仁孝之德，而未获福善之报。天其或者将钟庆厥嗣，以大发其潜德欤？"（7/80；3/184/15）

王琰墓志："曾大父讳毂，大父讳式，皇考讳俊彦，世为豫章之丰城人，皆潜德不耀。"（7/103；3/241/15）

按：志中"潜德"一词，义为隐藏美德。现有辞书仅见《汉语大词典》、《辞源》（第三版）收其名词义"不为人知的美德"，未及此动词义，当补收。他例如三国魏曹睿《苦寒行》："奈何我皇祖，潜德隐圣形。"《晋书·皇甫谧传》："君平因著以道著，四皓潜德于洛滨。"《宋史·杨安国传》："夫博习修洁之士，潜德隐行，不闻于世者多矣。"

又按：现有辞书中唯见《汉语大词典》收录了与"潜德"一词同素同构的"隐德"一词。释义有二。（1）施德于人而不为人知，谓之"隐德"。举例如《晋书·王湛传》："初有隐德，人莫能知，兄弟宗族皆以为痴，其父昶独异焉。"唐韩愈《进顺宗皇帝实录表状》："顺宗皇帝以上圣之姿，早处储副，晨昏进见，必有所陈，二十余年，未尝懈倦，阴功隐德，利及四海。"宋叶适《朝散鲍公墓志铭》："梁公铭所谓'有隐德，东南士人器重之'者也。梁公，元祐名臣也。"清戴名世《先世遗事记》："余家世孝弟力田，至南居府君尤多隐德，乡里称为长者。"从释义用语来看，该义项好像是动词性的；从所举书证来看，该义项是名词性的。且正与《汉语大词典》、《辞源》（第三版）所释"潜德"的词义相同。（2）立志。举例如宋王禹偁《殿中丞赠户部员外郎孙府君墓志铭》："高祖简，徙居于蔡，曾祖中，祖真，皆隐德不仕。"元无名氏《醉写赤壁赋》第二折："祖讳德新，父讳古，皆隐德不仕。"今谓《汉语大词典》所释"立志"义为随文释义，不是严格的理据释义。实则"隐德"与"潜德"为同构同素同义词，其动词性义项也是隐藏德行。

10. 周权夫人张氏墓记："亡室葬有日矣，作烦撼实以识诸圹。"（7/69；2/159/13）

按：志中"作烦"一词，义为"劳烦"。现有辞书中唯《汉语大词典》收有该词，释为"制造麻烦，添麻烦"。且仅举孤证。晋皇甫谧《高士传·闵贡》："闵仲叔，世称节士。周党见仲叔食无菜，遗以生蒜。仲叔曰：'我欲省烦耳，今更作烦邪？'却而不受。"墓志中的"劳烦"义是"作烦"一词的引申义，当据此增补。

11. 朱子明妻甘氏墓志："里人有刘其姓者，不幸早世，遗其妻及一女，年犹童稚，无所依藉。"（7/72；2/165/9）

按：志中"依藉"一词，义为依靠，谓靠别的人或事物来达到一定目的。现有辞书中唯《汉语大词典》收有该词，释为"依据凭借"。且仅举孤证。梁启超《湖南时务学堂学约》："若从而拨弃之，则所以求先圣之道，观后王之迹者，皆将无所依藉。"志中别为一义，当据此增补。

12. 黄氏夫人墓记："其于组丽之工，律吕之和，虽造妙固不必美，有如余庆之家，一生慈祥，乃尔不克永世，八月丁未，竟以悲忧终。"（7/76；3/176/9）

按：该志中"永世"义为长寿，此义现有辞书皆未收，当补。志主终年26岁（1179-1205），"不克永世"即不得长寿。

13. 陈成墓志："余固辞以衰耄，学迂辞陋，恐不足以发光潜德，反贻泉下所羞。"（7/77；3/179/7）

按："发光"一词，义为"发扬光大"。现有辞书唯《汉语大词典》收录"发光"一词，而未及此义，当补。

14. 黄伯华夫人孙氏墓志："然姑虽幼而慧，亦自能植持，其于弟妹，挈提顾唤，纫缝补缀，有半母之功焉。"（7/101；3/234/10）

按：据文义可知，句中"植持"一词，义为成立、成就。现有辞书唯

《汉语大词典》收有"植持"一词，而未及此义，可补。"植持"该义在传世文献中罕见用例。

第三节　补充辞书书证

一　为无证或孤证条目补充书证

1. 李安仁墓志："以学而归者，或有名母之傲；以利而处者，或有借末之德。"（7/2；1/4/11）

按："名母"一词，义为直呼母名。现有辞书中唯《汉语大词典》收录。该词为典故词，典出《战国策·魏策三》："宋人有学者，三年反而名其母。其母曰：'子学三年反，而名我者何也？'其子曰：'吾所贤者无过尧舜，尧舜名；吾所大者无大天地，天地名。今母贤不过尧舜，母大不过天地，是以名母也。'"《汉语大词典》于此义项下仅举该典源为书证，传世文献中罕见用例。可据此墓志补充书证。

2. 姜降墓志："公邃晓音律，风亭月榭，每招延宾朋，式宴以乐。"（7/3；1/6/13）

按："邃晓"一词，义为"精通"。现有辞书中唯《汉语大词典》收录，仅举孤例。《新唐书·杨贵妃传》："善歌舞，邃晓音律。"该词传世文献中确实罕见用例。可据此墓志补充书证。

3. 郭毅墓志："每沉志于岩谷，以俟天时。"（7/5；1/9/6）

按："沉志"一词，义为潜隐志向。现有辞书中唯《汉语大词典》收录。仅举孤例，清沈祖孝《感述》诗："所贵能识时，不在标英名。南阳非三过，沈志犹躬耕。"该词传世文献中确实罕见用例。可据此墓志补充书证。

4. 范有极墓志："兄弟四人，□居辑睦，内外无间言。□日，有陈别籍议者，公虋额久之，曰：'初愿义聚终此身，今若此，岂予所忍言

战？'"（7/6；1/13/5）

按："别籍"一词，义为分立户籍，另立门户。现有辞书中唯《汉语大词典订补》收录此义，然仅举一个书证。唐刘肃《大唐新语·惩戒》："始，仁轨既官达，其弟仁相在乡曲升沉不同，遂构嫌恨，与轨别籍。"可据此墓志补充书证。

又按："义聚"一词，现有辞书中唯《汉语大词典》收录，释为"以义聚居"，且仅举一个书证。《宋史·樊景温传》："（樊景温、荣恕旻）兄弟异居积年。大中祥符中，景温樗树五枝并为一，恕旻家榆树两本自合，两家感其异，复义聚。"可据此墓志补充书证。另，"以义聚居"表义不够清晰，且已知"义聚"与"义居"为同构同素同义词，则"义聚"一词的释义宜改为"旧指孝义之家世代同居"，与"义居"释义相同。

5. 范有极墓志："咸以□龄延远为祝。"（7/6；1/13/18）

按："延远"一词，现有辞书中唯《汉语大词典》收录，释为长久，且仅举一个书证。前蜀杜光庭《尹居纮辛酉本命醮词》："赐臣灾厄蠲销，禄算延远，存亡俱泰，眷属咸安。"可据此墓志补充书证。传世典籍中还见其他用例，如宋佚名《五国故事》卷上："由是言之，盖非国祚延远之兆耳。"宋李攸《宋朝事实》卷七："国祚延远，过于有唐。"

6. 尹安行墓志："居僧舍，沉潜钩探，靡不洞贯，时发为文章，醇醇然有古人风。当时名达倾异之。"（7/7；1/14/16）

按："名达"一词，现有辞书中唯《汉语大词典》收录，释为有名望的贤达，且仅举一个书证。南朝宋刘义庆《世说新语·赏誉》："孙兴公、许玄度共在白楼亭，共商略先往名达。"可据此墓志补充书证。传世典籍中还有其他用例，汉王符《潜夫论》："彼大圣群贤，功成名遂，或爵侯伯，或位公卿，尹据天官，柬在帝心，宿夜侍宴，名达而犹有若此，则又况乎畎亩佚民、山谷隐士，因人乃达，时论乃信者乎？"

又按："名达"一词，还可作形容词，义为有名望的。《魏书·眭夸传》："妇父钜鹿魏攀，当时名达之士。"辞书可补充此义。

7. 张念妻倪氏墓志："恭勤治生，致家大壤。"（7/10；1/20/12）

按："大壤"一词，义为大丰收，与"大穰"为异形词。《汉语大词典》收有"大壤"，但此词形下仅举一个书证。《庄子·庚桑楚》："居三年，畏垒大壤。"当据此墓志补充书证。《汉语大词典》于"大穰"条下收有 3 个书证，最晚书证出自唐韩愈《崔评事墓铭》。当补充唐代以后书证。

8. 曾希宰墓志："尝乡党有嚚讼相竞，一日公见之，面折强争，毁斥厉喻，悉点画所非，类当如此，由是复雪。"（7/12；1/25/5）

按："嚚讼"一词，义为聚讼、众说纷纭。《汉语大词典》收录该词，仅举孤证。明唐顺之《薛翁八十寿序》："其贫者鼓刀笔，工狱书，家为胥史（吏）以机变嚚讼为常，故其所争不能锥匕，而骨肉且反目矣。"可据本墓志补充书证，且将"聚讼"一词始见例的时代提前。其实传世典籍中亦不乏"嚚讼"一词的用例。《旧唐书·温彦博传》："彦博意有沙汰，多所损抑，而退者不伏，嚚讼盈庭。"《宋史·仇悆传》："调高密丞，俗尚嚚讼，悆摄县事，剖决如流，事无淹夕，民至怀饼饵以俟决遣。"

9. 周熙墓志："既冠，慨然种学绩文，期于远到。崇宁天子作新人材，公由里选升郡庠。"（7/22；1/49/6）

按："种学"一词，义为培养学识。《汉语大词典》收录该词，仅举孤证。明方孝孺《种学斋记》："而郑君叔度，旨乎韩氏种学之言，以名其斋者欤。"可据本墓志补充书证，且将始见例的时代提前。其实传世文献中还有"种学"一词的更早用例。唐韩愈《蓝田县丞厅壁记》："种学绩文，以蓄其有，泓涵演迤，日大以肆。"

又按："作新"一词，典出《尚书·康诰》："汝惟小子，乃服惟弘王，应保殷民。亦惟助王，宅天命，作新民。"汉孔安国传："弘王道，安殷民，亦所以惟助王者居顺天命，为民日新之教。"本意谓教导殷民，服从周的统治。后因以"作新"比喻教化百姓，移风易俗。《汉语大词典》收录该词，仅举孤证。宋苏轼《王安石赠太傅制》："具官王安石少学孔孟，晚师瞿聃，网罗六艺之遗文，断以己意；糠秕百家之陈迹，作新斯人。"可据本墓志补充书证。传世文献中还有其他用例。《金史·礼八》："上都隆化，庙堂作新。"《宋史·赵与欢传》："朝令夕改，非以示作新。"《包龙图判百家公案》卷十："抑且乐育英才，作新学校，士沾时雨，人坐春风。"

10. 《解州安邑大云寺敕牒碑》："盖闻竺法兰惹，非诚日不能成；震旦伽蓝，非大国不能立。"（7/32；1/70/4）

按："竺法"一词，义为佛法。现有辞书中唯《汉语大词典》收录该词，仅举孤证。明李贽《钵盂庵听诵〈华严〉并喜雨》诗之一："竺法惊朝雨，经声落紫烟。"可据本碑文补充用例，且将始见例的时代提前。

11. 傅忠信墓志："迄今自朝廷君相至畦子营卒，皆知有傅总管。"（7/34；2/73/6）

按："畦子"一词，实作"畦丁"（详参本章第一节第二类第13条）。"畦丁"一词，《汉语大词典》《辞源》收录。志文中义同"畦夫"，宋代称奉命垦畦制盐的成年男子为畦夫。《汉语大词典》"畦丁"条下收有此义，仅举一个书证。宋王禹偁《盐池十八韵》："场吏输年额，畦丁奉月课。"可据本墓志补充词条例证。

12. 暴益墓志："凡所储偫，皆如约而办。使奸胥黠吏辈不能掯诬其过。"（7/36；2/78/12）

按："掯诬"一词，义为搜罗材料加以诬陷。现有辞书唯见《汉语大词典》收录，且仅举孤证。宋苏轼《故龙图阁学士滕公墓志铭》："诸将驻列城者，长吏或不悦，掯诬以事，有至死者。"可据本墓志补充例证。

13. 《乾明寺记》："饭禅衲，岁不下十余万人。"（7/47；2/102/11）

按："禅衲"一词，义为僧人。现有辞书唯见《汉语大词典》收录该义，且仅举孤证。明袁宗道《白苏斋类集》卷一一《巡抚福建右副都御史傅野司公墓志铭》："公为太常时，常与同里一禅衲谈衲。"可据本墓志补充例证，且将该义始见例的时代提前。

14. 范蔚及夫人周氏墓志："吏三裂其纸，而见公辞色刚毅，遂涩齿缩舌，莫敢谁何。"（7/50；2/110/10）

按："缩舌"一词，形容说不出话。现有辞书唯见《汉语大词典》收录该词，且仅举孤证。明刘若愚《酌中志》卷一《忧危竑议前纪》："今跋中乃直云吕坤所进，又曰内廷咸睹，见者缩舌。"可据本墓志补充例证，且将该词始见例的时代提前。

15. 范蔚及夫人周氏墓志："岁或旱虐，首劝豪右，相与祷祠。"（7/50；2/110/13）

按："旱虐"一词，义为干旱。现有辞书唯见《汉语大词典》收录该词，且仅举孤证。唐韩愈《祭竹林神文》："人又无罪，何为造兹旱虐以罚也？"可据本墓志补充例证。此外，传世文献中还有"旱虐"一词的更早用例。《南齐书·萧子良传》："臣思水潦成患，良田沃壤，变为污泽；农政告祥，因高肆务，播植既周，继以旱虐。"

16. 王说墓志："性复仁矜，好施惠，富于天爵。"（7/52；2/114/15）

按："仁矜"一词，义为仁爱，善体恤人。现有辞书唯见《汉语大词典》收录该词，且仅举孤证。《后汉书·陈宠传》："宠代郭躬为廷尉，性仁矜。及为理官，数议疑狱，常亲自为奏，每附经典，务从宽恕。"可据本墓志补充例证。

17. 侯随墓志："辄温绎向所积学，研精覃思，一以待举，一以垂教。"（7/56；2/123/8）

按：志中"温绎"一词，义为温习推究。现有辞书唯见《汉语大词典》收录该义，且仅举孤证。明宋濂《白云稿序》："学文以六经为根本，迁固二史为波澜。二史姑迟迟，盍先从事于经乎？濂取而温绎之，不知有寒暑昼夜。"可据本墓志补充例证。

18. 侯随墓志:"先是,先考怆祖先之未经会葬,率族人同议襄事。"(7/56;2/123/9)

按:"会葬"一词,义为合葬。现有辞书唯见《汉语大词典》、《辞源》(第三版)收录该词,且仅举孤证。《史记·吕不韦列传》:"始皇十九年,太后薨,谥为帝太后,与庄襄王会葬茝阳。"可据本墓志补充例证。

19. 揭先哲墓志:"推是而索,则操存可想矣。"(7/58;2/127/6)

按:志中"操存"一词,义为操守、心志。现有辞书中唯《汉语大词典》收有该义,且仅举孤证。明徐阶《送司封仲芳杨子赴留都》诗:"愿言励操存,千里同襟期。"可据本墓志补充例证,且可将始见书证的年代提前。

20. 葛大亨墓志:"有盗公竹者,获而弗谴何之。"(7/58;2/128/13)

按:"谴何"一词,义为责问。现有辞书中唯《汉语大词典》收有该词,且仅举孤证。《汉书·贾谊传》:"故其在大谴大何之域者,闻谴何则白冠牦缨,盘水加剑,造请室而请罪耳,上不执缚系引而行也。"唐颜师古注:"谴,责也。何,问也。"可据本墓志补充例证。

21. 戴仁表妻曾氏墓记:"时尚属抚州临川,后置安乐县,乃相次移籍,今为崇仁人。"(7/64;2/145/9)

按:"移籍"一词,义为移居。现有辞书中唯《汉语大词典》收有该词,且仅举孤证。《南史·谢灵运传》:"移籍会稽,修营旧业。"可据本墓志补充例证。传世文献中另有用例,如《旧唐书·白居易传》:"初,建立功于高齐,赐田于韩城,子孙家焉,遂移籍同州。"《宋史·周葵传》:"少力学,自乡校移籍京师,两学传诵其文。"

22. 郭延庆墓志:"提刑体察,目公为清彊吏。"(7/66;2/151/14)

按："清彊"一词，义为清廉强干。现有辞书中唯《汉语大词典订补》收有该词形，且仅举孤证。明吴廷翰《郡侯滏涯杜君擢刑部员外郎序》："夫其性清彊而毅直，令严以明，故奸宄慑息而隐慝无留情。"可据本墓志补充例证。

23. 熊有智墓志："家故饶田宅，中值兵荒之后，赀产荡析。"（7/67；2/154/13）

按：志中"荡析"一词，义为消灭、毁灭。现有辞书中唯《汉语大词典》收有该义，且仅举孤证。唐杜甫《北征》诗："奸臣竟菹醢，同恶随荡析。"可据本墓志补充例证。传世文献中偶见该义的其他用例，如《宋史·鱼周询传》："而又官立盐禁，驱民齐辇，荡析恒产，怨咨盈路。"《元史·武宗本纪》："夏秋之间，巩昌地震，归德暴风雨，泰安、济宁、真定大水，庐舍荡析，人畜俱被其灾。"

24. 朱子明妻甘氏墓志："先姑并以奁具质易，即四通之衢市屋数楹，以为经营之地。"（7/72；2/165/2）

按："质易"一词，指买卖交易。现有辞书中唯《汉语大词典》收有该义，仅举孤证。宋文同《奏为乞修洋州城并添兵状》："闾巷井邑，百货填委，实四方商贾质易毕至之地。"可据本墓志补充例证。

25. 王琳墓志："自幼作止老成。"（7/73；2/169/9）

按：志中"作止"一词，指言谈举止。现有辞书中唯《汉语大词典》收有该义，仅举孤证。宋惠洪《冷斋夜话·米元章瀑布诗》："米芾元章豪放，戏谑有味，士大夫多能言其作止。"可据本墓志补充例证。

26. 王琳墓志："大定七年八月十九日，父以疾终于家。哀毁殆灭性，里巷亦为之废务。"（7/73；2/169/10）

按：志中"废务"一词，指停止工作。现有辞书中唯《汉语大词典》收有该义，仅举孤证。元马端临《文献通考·王礼》："命有司废务禁乐三日。"可据本墓志补充例证。

27. 黄氏夫人墓记："夫人黄氏，江西名宗，自太史公而□，派别丰城、临川，载国史，登仕版，其详可考。"（7/76；3/176/1-2）

按："名宗"一词，义为有名望的宗族。现有辞书唯《汉语大词典》收录该词，且仅举孤证。明李昌祺《剪灯馀话·武平灵怪录》："名宗右族之贫穷不振者，辄与缔姻。"可据本墓志补充例证，且将始见例的时代提前。其实，传世文献中有"名宗"一词的更早用例，如《三国志·魏书·邓艾传》："孙权已没，大臣未附，吴名宗大族，皆有部曲，阻兵仗势，足以建命。"《后汉书·刘虞公孙瓒陶谦列传》赞："美哉乎，季汉之名宗子也！若虞、瓒无间，同情共力，纠人完聚，稽保燕、蓟之饶，缮兵昭武，以临群雄之隙，舍诸天运，征乎人文，则古之休烈，何远之有！"《晋书·刘聪传》："臣闻王者之立后也，将以上配乾坤之性，象二仪敷育之义，生承宗庙，母临天下，亡配后土，执馈皇姑，必择世德名宗，幽闲淑令，副四海之望，称神祇之心。"元赵显宏《南吕·一枝花·行乐》："湘川后裔，渭水名宗。"

28. 罗邈墓志："予与公为同邑人，服其月评久矣。"（7/78；3/180/15）

按："月评"一词，义为品评人物。为"月旦评"的省缩。"月旦评"典出《后汉书·许劭传》："初，劭与靖俱有高名，好共核论乡党人物，每月辄更其品题，故汝南俗有'月旦评'焉。"现有辞书唯《汉语大词典》于"月旦评"下附录"月评"，且仅举孤证。宋杨亿《受诏修书述怀感事三十韵》："月评依许劭，文体慕相如。"可据本墓志补充例证。传世文献中还偶见"月评"一词的用例，如宋郭应祥《七月十六日寿胡季海》诗："云衢虽未掇勋名，月评先已腾声望。"

29. 甘荣墓记："有仁孝之德，而未获福善之报。天其或者将钟庆厥嗣，以大发其潜德欤？"（7/80；3/184/15）

按："钟庆"一词，义为积福。现有辞书唯《汉语大词典》收录该词，且仅举孤证。《旧唐书·后妃传下·宪宗懿安皇后郭氏》："识者以为汾阳社稷之功未泯，复钟庆于懿安焉。"传世文献中还有"钟庆"一词的用例，如《宋史·公主传·秦、鲁国贤穆明懿大长公主》："长主寿考如此，乃仁宗皇帝四十二年深仁厚泽，是以钟庆于长主。"《清史稿·乐志四·桑歌》："昭受天贶，钟庆发祥。"

30.《□叔豹父二十五府君改葬记》："又六年，第四男一鹗死。俯二纪，次男献又死。"（7/89；3/204/6）

按：志中"俯"字，用同"甫"，义为刚刚、才。现有辞书唯《汉语大字典》收录该义，且仅举孤证。宋王安石《答杨忱书》："又思昔者得见于足下，俯数刻尔。"可据本墓志补充例证。

二　将始见例的时代提前

1. 尹安行墓志："忽狂盗侵掠境内，公厉然设方略，躬捕之，得正贼全火七人。"（7/7；1/14/21）

按："正贼"一词，《汉语大词典》收录，释为"正犯；主犯"，所举两个书证皆出自《水浒传》。《近代汉语词典》在《水浒传》之外，另举宋洪迈《容斋续笔》中的书证。据洪迈生卒年（1123—1202），可知此墓志早于《容斋续笔》，据此可补充"正贼"一词的更早用例。传世典籍中还有其他用例。《旧五代史·周书·世宗本纪》："先是，翰林医官马道玄进状，诉寿州界被贼杀却男，获正贼，见在宿州，本州不为勘断。"《辽史·张俭传》："有司获盗八人，既戮之，乃获正贼。家人诉冤，俭三乞申理。"

2. 孙橐墓志："伯兼生绍圣戊寅，计其归世，虽止三十有七，其子派已克家矣。"（7/8；1/16/12）

按："归世"一词，义为逝世。《汉语大词典》收录该词，仅举孤证。元佚名《前汉书平话》卷上："大汉十年九月十一日，韩信归世。"《近代汉语词典》虽增补了一个《西游记》中的书证，但仍以《前汉书平话》

为最早出处。可据本墓志将"归世"一词始见例的时代提前。

3. 刘正墓志:"初,本朝收复,籍军民南征。公以户计上,征六人。"(7/30;1/66/9)

按:"户计"一词,现有辞书唯见《汉语大词典》《近代汉语词典》收录,所释相同,释为:"元代将人口按种族、宗教、职业等的区别,分为民户、站户、军户、匠户、冶金户、打捕户、姜户、维吾尔户、也里可温户等,称'诸色户计',亦省称'户计'。"所举书证亦皆出自《元典章》《通制条格》《元史》等元代史料。而上揭《刘正墓志》明为金代墓志,葬于金大定四年(1164)。可知"户计"一词及相关制度当始于金代,而元代仍之。而传世金代文献中罕见"户计"一词,由此益可证出土墓志史料价值之高,可补传世文献之不足。

4. 傅忠信墓志:"斩酋长叱周等四人,俘囚千计。余遣还,众手膜额拜而去。"(7/34;2/73/23)

按:录文误倒。覆核原拓,实作"众手额膜拜而去",不误。"手额"一词,义为以手加额,表示庆幸。现有辞书唯《汉语大词典》收录"手额"一词,仅举二例。明高攀龙《陈志行八十序》:"世有斯人而久长于世,人必相与欣欣手额曰:'幸甚哉,斯人之有斯年也!'"清周亮工《因树屋书影》卷五:"成亦手额曰:'帝祐君,合浦珠自当还。'"可据本墓志将"手额"一词的始见年代提前。

5. 张仪墓志:"予先乃祖乃父,皆稿葬浅壤。"(7/70;2/161/21)

按:"稿葬"一词,义为用草席裹尸埋葬。现有辞书中唯《汉语大词典》收有该词,举有二例,一出自《醒世恒言》,一出自《东周列国志》,偏晚。可据本墓志将始见例的年代提前。

6.《铁像记》:"噫!苟非生平一念敦确,其能动天地、驱云雷乎?"(7/87;3/197/12)

按：志中"敦确"一词，义为敦厚、诚朴宽厚。现有辞书中唯《近代汉语大词典》收有该词，举有二例，皆出自明代李东阳的作品，偏晚。可据本墓志将始见例的年代提前。

7. 刘宗荣墓志："平生未尝撄疾，康强寿考，视听不衰。"（7/90；3/206/8）

按：志中"撄疾"一词，义为患病。现有辞书中唯《汉语大词典》收有该词，举有二例，皆出自清代作家作品，偏晚。可据本墓志将始见例的年代提前。

8. 刘宗荣墓志："故予询之坊陌耆旧，具言公之祖若父，赀富长者。"（7/90；3/206/13）

按：志中"坊陌"一词，义为街巷。现有辞书中唯《汉语大词典》收有该词，举有二例，皆出自清代作家作品，偏晚。可据本墓志将始见例的年代提前。

9.《虞芮二君让德记》："二君感而相谓曰：'吾之所争，周人所耻。不可以履君子之庭。'遂相让而退，以所争之田弃为间田。"（7/91；3/209/9）

同上："其所弃间田，在县西五十余里，而当时界石犹存。"（7/91；3/209/14）

按：结合文义可知，上揭句中"间田"一词，义为两方边界之间的土地。现有辞书中唯《汉语大词典》收有该词，仅举孤证。章炳麟《排满平议》："其或同时猋至，互争邑落，是犹滇蜀间之争火井，海滨种吉贝者之争沙洲，两无曲直，得之则是。间田瓯脱，更无第三人为其主者，既见为汉人所有，则曰汉人所有而已。"偏晚。可据本碑记将始见例的年代提前。

10.《虞芮二君让德记》："周环居民，安宁和乐，膏泽沾足，五谷丰登。"（7/91；3/209/15）

按：志中"周环"一词，义为周围、四周。现有辞书中唯《汉语大词典》收有该词，举有二例，皆出自民国作家苏曼殊作品《绛纱记》，偏晚。可据本碑志将始见例的年代提前。传世文献中亦有更早的用例，如《宋史·食货上一·农田》："今京畿周环二十三州，幅员数千里，地之垦者十才二三，税之入者又十无五六。"

又按："周环"一词另有环绕、围绕义，辞书未收。传世文献中亦有更早的用例，如北魏杨衒之《洛阳伽蓝记》卷一："有佛殿一所，像辇在焉，雕刻巧妙，冠绝一时。堂庑周环，曲房连接，轻条拂户，花蕊被庭。"梁萧绎《金楼子》卷四《立言篇》："魏明修许昌宫，作景福、承光、永宁、昌晏、百子、延休诸殿，筑建神芝观，又作长寿、康乐、永休、宜昌诸堂，建承露盘，穿虞渊池，激引流川，蛟龙吐水。珍木芳草，周环后庭。"宋许洞《虎钤经》卷九："如有所用，则众车相钩联，周环如城，以拒冲突。欲战则旋，拆开为门，内钻强弯为守。行则剖之，止则联之。"《旧五代史·唐书二十三·末帝纪》："卫士周环于阶陛，庶臣罗列于殿庭。"

11. 曾丕显墓志："女二人，长即我先室，次适同乡黄公任。"（7/92；3/212/20）

按："先室"一词，为对亡妻的称谓。大陆现有辞书中唯白维国《近代汉语词典》收有该词，① 所举最早出处为明宋濂《元故征士周君墓志铭》，偏晚。可据本墓志将始见例的年代提前。

三 补充所缺后期书证

1. 倪天常墓志："遂卜筑于祖居之前源，规模华焕，竹木园林，森爽相望。"（7/5；1/10/9）

同上："娶陈氏，生五男：长曰雍，才行高秀，屡游场屋，而未获宾荐。"（7/5；1/10/18）

---

① 另有台湾地区《重编国语辞典》收录"先室"一词，释为"称已死之妻"，仅举一个书证，出自唐元稹《茅舍》诗"先室后台榭"，台湾商务印书馆，1981，第3174页。释义正确，但所举书证并非此义，甚至其中"先室"并不是一个词。另：中国大辞典编纂处编《国语辞典》收录"先室"一词，有释义而无书证，见该书第650页，商务印书馆国际有限公司，2011年重印。

按："森爽"一词，义为"森疏而爽豁"。现有辞书中唯《汉语大词典》收录，然该义项下所举两个书证皆为唐人诗歌。根据"古今兼收，源流并重"的原则，应该补充其他朝代的书证。

又按："高秀"一词，义为卓越。现有辞书中唯《汉语大词典》收录该词，然该义项下所举两个书证分别出自《后汉书》、晋王献之《保母砖志》。根据"古今兼收，源流并重"的原则，应该补充晋代以后的例证。

2. 吕大伦妻许氏墓记："绍兴丙寅，先君子不幸捐馆舍，旅葬婺州武义县明招山。"（7/15；1/31/6）

按："旅葬"一词，义为客死葬于他乡。《汉语大词典》收录该词，举有两个书证，一出自北齐，一出自唐代。当据此墓志补充唐代以后用例。

3. 丘彦亨墓志："曾祖子章、祖景先、父宗甫，皆铲彩不耀。至君克自振立，灼知世务艰难，悉力俭勤以殖资业。"（7/110；3/258/10）

按：志中"资业"一词，义为资财产业。现有辞书中唯《汉语大词典》收录该词，然该义项下所举两个书证分别出自《后汉书》、《三国志》裴松之注引《汉末名士录》。根据"古今兼收，源流并重"的原则，应该补充南朝宋以后的例证。

4. 章厔墓记："先兄立节有属妇曰桂，受遗体而生厔。"（7/112；3/265/5）

按："属妇"一词，义为妾，指旧时的偏房。现有辞书中唯《汉语大词典》收录该词，且仅举一个书证。《尚书·梓材》："至于敬寡，至于属妇，合由以容。"西汉孔安国传："至于敬养寡弱，至于存恤妾妇。"唐孔颖达疏："以妾属于人，故名属妇。"根据"古今兼收，源流并重"的原则，应该补充先秦以后的例证。

附　录　《韩忠武王祠墓志》文字校勘商兑[*]

《韩忠武王祠墓志》，清人顾沅辑自史志等书，记录宋代抗金名将韩世忠事迹、祠墓兴修以及古今人凭吊之作，后清人程勋又辑《续编》二卷。该书版本较少，历来流行不广，一般读者难以见到。上海古籍出版社2013年将该书与《至德志》《苏亭小志》等苏州地方文献裒为一编，点校出版，以广流传，嘉惠学林。惟笔者经仔细研读，发现该版《韩忠武王祠墓志》仍有较多文字可商之处，乃不揣谫陋，择取几处敷衍成文，以就教于方家。

1. 至秀州，称病不行，造云梯，治器械，傅等始惧。（第230页）

案："傅"当作"傅"，形近而误。"傅"指苗傅。《宋史·高宗本纪》载，建炎三年，"扈从统制苗傅忿王渊骤得君，刘正彦怨招降剧盗而赏薄"，"癸未，傅、正彦等叛，勒兵向阙，杀王渊及内侍康履以下百余人"。《宋史·韩世忠传》："三年……苗傅、刘正彦反。"史称苗刘之变。事又见于《三朝北盟会编》《建炎以来系年要录》《宋史纪事本末》等。韩世忠此次至秀州，正为平定苗傅、刘正彦兵变而来。

2. 太傅金瓶原整眴，夫人桴鼓亦英雄。（第296页）

案："傅"当作"傅"，形近而误。"太傅"即本诗所咏主人公韩世忠。《宋史·职官志》："渡江后，秦桧为太师，张俊、韩世忠为太傅，刘光世为太保。"该书《韩蕲王碑》："（绍兴三十一年）又上表乞骸骨，不许，除太傅。"

　　＊　本附录主要内容发表于《江海学刊》2021年第4期。

3. 瘢胝漫漶不可以座读，龟趺土蚀生莓苔。（第 302 页）

案："不可以率读"扞格难通。"率"当作"卒"，形近而误。"卒读"即尽读、读完。"瘢胝漫漶不可以卒读"指碑文风蚀磨泐，文字漫漶不清，难以读完。"卒"讹作"率"，并非孤例。明罗曰裦《咸宾录》"哈密"条："陕巴率，子拜牙立。"（中华书局 2000 年版，第 66 页。）"率"亦为"卒"字之讹。

4. 高宗善之，谓吕颐治曰："世宗注吴越，则我可以战。俊、企宗不敢战，故欲之湖南。"（第 320 页）

案："世宗注吴越"不知所云。前文云："金兀术复谋南牧，于是移跸之议又起。张俊、辛企宗仍主前议，劝自鄂岳幸长沙。忠武曰：'国家已失河北、山东，若又弃江淮，更有何地？'仍持往吴越议。"因知所谓"世宗"乃"世忠"之讹，忠武即韩世忠的谥号；所谓"注"，当作"往"，形近而误。此处宋熊克《中兴小纪》作："上曰：'昨世忠欲往吴越。吴越则我可以战。俊、企宗不敢战，故欲避于湖南。'"宋朱熹、李幼武《宋名臣言行录》作："上曰：'昨世忠欲往吴越。吴越则我可以战。俊、企宗不敢战，故欲之湖南。'"当从。

5. 及山寺袭击，虽先兀术，尚获敌渠二人。（第 322 页）

案："先"字义未洽，盖为"失"的形误字。《宋史·韩世忠传》："初，世忠谓敌至必登金山庙，观我虚实。乃遣兵百人伏庙中……金人果五骑闯入，庙兵喜，先鼓而出，仅得二人。逸其三，中有绛袍玉带、既坠而复驰者，诘之，乃兀术也。"又该书《韩蕲王碑》："数日，虏至，果有五骑趋入庙。庙中之伏喜，先鼓而出，五骑振策以驰，仅得其二。有一人红袍白马，既坠，复跳而脱。诘二人者云，即兀术也。"据此，正确的文本当是"失兀术"，即不小心放跑了金兀术。

主要参考文献

1. 碑刻文献汇编

安阳市文物考古研究所、安阳博物馆编著《安阳墓志选编》，科学出版社，2015。

陈柏泉编著《江西出土墓志选编》，江西教育出版社，1991。

陈长安主编《隋唐五代墓志汇编（洛阳卷）》，天津古籍出版社，1991。

陈朝云：《河南散存散见及新获汉唐碑志整理研究》，科学出版社，2019。

故宫博物院、陕西省考古研究院编《新中国出土墓志·陕西》（第四卷）（全二册），文物出版社，2021。

国家图书馆善本金石组编《宋代石刻文献全编》（全四册），北京图书馆出版社，2003。

郝本性主编《隋唐五代墓志汇编》（河南卷），天津古籍出版社，1991。

河南省文物研究所编《千唐志斋藏志》（全二册），文物出版社，1984。

何新所编著《新出宋代墓志碑刻辑录·南宋卷》（全八册），文物出版社，2020。

胡戟、荣新江主编《大唐西市博物馆藏墓志》（全三册），北京大学出版社，2012。

胡戟：《珍稀墓志百品》，陕西师范大学出版总社有限公司，2016。

黄典权：《台湾南部碑文集成》（上下），台湾省文献委员会，1994。

刘文：《陕西新见隋朝墓志》，三秦出版社，2018。

刘枝万：《台湾中部碑文集成》，台湾省文献委员会，1994。

罗新、叶炜：《新出魏晋南北朝墓志疏证》，中华书局，2005。

李献奇、郭引强编著《洛阳新获墓志》，文物出版社，1996。

毛阳光、余扶危：《洛阳流散唐代墓志汇编》（全二册），国家图书馆出版
　　社，2013。

毛阳光：《洛阳流散唐代墓志汇编续集》（全三册），国家图书馆出版社，
　　2018。

毛汉光：《唐代墓志铭汇编附考》（全十八册），台湾中研院历史语言研究
　　所，1984-1994。

毛远明：《汉魏六朝碑刻校注》（全十册），线装书局，2008。

毛远明：《西南大学新藏墓志集释》（全二册），凤凰出版社，2018。

毛远明：《西南大学新藏石刻拓本汇释》（全二册），中华书局，2019。

齐运通：《洛阳新获七朝墓志》，中华书局，2012。

齐运通、杨建锋编《洛阳新获墓志二〇一五》，中华书局，2017。

乔栋、李献奇、史家珍：《洛阳新获墓志续编》，科学出版社，2008。

陕西省考古研究院编《长安高阳原新出土隋唐墓志》，文物出版社，2016。

陕西省考古研究院编《陕西省考古研究院新入藏墓志》，上海古籍出版社，
　　2019。

孙兰风、胡海帆主编《隋唐五代墓志汇编》（北京大学卷第 1 册），天津古
　　籍出版社，1992。

王连龙：《新见隋唐墓志集释》，辽海出版社，2015。

王连龙：《南北朝墓志集成》（全二册），上海人民出版社，2021。

王其祎、周晓薇：《隋代墓志铭汇考》（全六册），线装书局，2007。

王仁波主编《隋唐五代墓志汇编》（陕西卷）（全四册），天津古籍出版
　　社，1991。

王思礼主编《隋唐五代墓志汇编》（江苏山东卷），天津古籍出版社，
　　1991。

魏正瑾：《新中国出土墓志·江苏·南京》（全二册），文物出版社，2006。

吴钢：《全唐文补遗》，三秦出版社，1994-2014。

西安市长安博物馆编《长安新出墓志》，文物出版社，2011。

西安市文物稽查队编《西安新获墓志集萃》，文物出版社，2016。

向南编《辽代石刻文编》，河北教育出版社，1995。

向南、张国庆、李宗峰辑注《辽代石刻文续编》，辽宁人民出版社，2010。

银行经济研究室：《台湾南部碑文集成》（全二册），台湾省文献委员会，1994。

银行经济研究室：《台湾中部碑文集成》，台湾省文献委员会，1994。

叶炜、刘秀峰：《墨香阁藏北朝墓志》，上海古籍出版社，2016。

袁道俊：《南京博物院藏唐代墓志》，上海人民美术出版社，2003。

赵超：《汉魏南北朝墓志汇编》，天津古籍出版社，1992。

赵君平编《邙洛碑志三百种》，中华书局，2004。

赵君平、赵文成编《秦晋豫新出墓志蒐佚》（全四册），北京图书馆出版社，2012。

赵力光主编《西安碑林博物馆新藏汇编》（全三册），线装书局，2007。

赵力光主编《西安碑林博物馆新藏续编》（全二册），陕西师范大学出版总社有限公司，2014。

赵万里：《汉魏南北朝墓志集释》，科学出版社，1956。

赵文成、赵君平编《新出唐墓志百种》，西泠印社出版社，2010。

赵文成、赵君平编《秦晋豫新出墓志蒐佚续编》（全五册），国家图书馆出版社，2015。

张希舜主编《隋唐五代墓志汇编》（山西卷），天津古籍出版社，1991。

张永华、赵文成、赵君平编《秦晋豫新出墓志蒐佚三编》（全四册），国家图书馆出版社，2020。

周阿根：《五代墓志汇考》，黄山书社，2012。

周绍良主编《唐代墓志汇编》，上海古籍出版社，1992。

周绍良、赵超主编《唐代墓志汇编续集》，上海古籍出版社，2001。

2. 工具书

白维国主编《近代汉语词典》，上海教育出版社，2015。

陈振江主编《二十六史典故辞典》，天津人民出版社，1994。

（宋）丁度等编《集韵》（全二册），上海古籍出版社，2017。

（清）段玉裁：《说文解字注》，上海古籍出版社，1981。

（清）顾蔼吉：《隶辨》，中华书局，1986。

顾国瑞、陆尊梧主编《唐代诗词语词典故词典》，社会科学文献出版社，1992。

（南朝梁）顾野王撰，（宋）陈彭年等重修宋本《玉篇》，中国书店出版社，1983。

汉语大字典编辑委员会：《汉语大字典》（第二版）（九卷本），四川辞书出版社、崇文书局，2010。

何九盈、王宁、董琨主编《辞源》（第三版），商务印书馆，2015。

洪钧陶：《草字编》，文物出版社（全四册），1986。

洪钧陶：《草字编：新编》，文物出版社（全二册），2006。

（宋）洪适：《隶释·隶续》，中华书局，1985。

黄征：《敦煌俗字典》（第二版），上海古籍出版社，2019。

江蓝生、曹广顺：《唐五代语言词典》，上海教育出版社，1997。

金启华主编《全宋词典故考释辞典》，吉林文史出版社，1991。

冷玉龙、韦一心：《中华字海》（第二版），中国友谊出版公司，2000。

李荣：《现代汉语方言大词典》，江苏教育出版社，2002。

林连通、郑张尚芳：《汉字字音演变大字典》，江西教育出版社，2012。

陆尊梧等：《古代诗词典故辞典》，天津人民出版社，1992。

吕薇芬：《全元散曲典故辞典》，湖北辞书出版社，1985。

罗振鋆、罗振玉：《增订碑别字》，文字改革出版社，1957。

罗竹风主编《汉语大词典》，汉语大词典出版社，1986-1994。

毛远明：《汉魏六朝碑刻异体字典》（全二册），中华书局，2014。

（明）梅膺祚：《字汇》，上海古籍出版社，1991。

梦华主编《中华典故》，中国华侨出版社，2014。

秦公、刘大新：《广碑别字》，国际文化出版公司，1995。

秦公、刘大新：《碑别字新编》（修订本），文物出版社，2016。

（辽）释行均：《龙龛手镜》，中华书局，1985。

王平、刘元春、李建廷：《〈宋本玉篇〉标点整理本》，上海书店出版社，2017。

王政白等：《篆隶楷行草五体字典》，黄山书社，1985。

吴钢辑，吴大敏编《唐碑俗字录》，三秦出版社，2004。

（清）吴任臣：《字汇补》，上海古籍出版社，1991。

辛夷、成志伟主编《中国典故大辞典》，北京燕山出版社，1991。

许宝华、〔日〕宫田一郎主编《汉语方言大词典》，中华书局，1999。

许少峰：《近代汉语大词典》（全二册），中华书局，2008。

（唐）颜元孙：《干禄字书》，中华书局，1985。

〔日〕伊藤敏雄主编《魏晋南北朝墓志人名地名索引》，大阪教育大学出版
　　社，2008。

臧克和主编《汉魏六朝隋唐五代字形表》，南方日报出版社，2011。

曾良、陈敏编著《明清小说俗字典》，广陵书社，2017。

（明）张自烈、（清）廖文英编，董琨整理《正字通》，中国工人出版社，
　　1996。

赵应铎主编《汉语典故大辞典》，上海辞书出版社，2007。

周祖谟：《广韵校本》（全二册），中华书局，2004。

3. 专著

安静：《隋唐墓志婉辞研究》，中国社会科学出版社，2018。

蔡忠霖：《敦煌汉文写卷俗字及其现象》，文津出版社有限公司，2002。

曹先擢：《辞书论稿与辞书札记》，商务印书馆，2010。

巢峰：《巢峰辞书学论稿》，上海辞书出版社，2011。

陈东辉：《汉语史史料学》，中华书局，2013。

陈纬一、刘泽民主编《力力社古文书契抄选辑》，台湾文献馆，2006。

陈垣：《校勘学释例》，中华书局，2004。

陈垣：《史讳举例》，中华书局，2004。

陈中富：《〈干禄字书〉字类研究》，齐鲁书社，2004。

董宪臣：《东汉碑刻异体字研究》，九州出版社，2018。

董秀芳：《汉语的词库与词法》，北京大学出版社，2004。

董秀芳：《词汇化：汉语双音词的衍生和发展》（修订本），商务印书馆，
　　2011。

方一新：《东汉魏晋南北朝史书词语笺释》，黄山书社，1997。

方一新：《中古近代汉语词汇学》，商务印书馆，2010。

高小方、蒋来娣：《汉语史语料学》，高等教育出版社，2005。

郭瑞：《魏晋朝北朝石刻文字》，南方日报出版社，2010。

郭在贻：《训诂学》（修订本），中华书局，2005。

何山：《魏晋南北朝碑刻文字构件研究》，人民出版社，2016。

洪丽完：《台湾社会生活文书专辑》，中研院台湾史研究所筹备处，2002。

江蓝生：《魏晋南北朝小说词语汇释》，语文出版社，1988。

江蓝生：《近代汉语探源》，商务印书馆，2000。

姜同绚：《唐代墓志文化词语专题研究》，人民出版社，2019。

蒋冀骋：《近代汉语词汇研究》（增订本），商务印书馆，2019。

蒋绍愚：《古汉语词汇纲要》，商务印书馆，2010。

蒋绍愚：《近代汉语研究概要》（修订本），北京大学出版社，2017。

李崇智：《中国历代年号考》，中华书局，2001。

李荣：《汉字问题》，商务印书馆，1987。

李运富：《汉字学新论》，北京师范大学出版社，2012。

李宗江：《汉语常用词演变研究》（第二版），上海教育出版社，2016。

连横：《台湾通史》，商务印书馆，1947。

梁春胜：《楷书部件演变研究》，线装书局，2012。

刘百顺：《魏晋南北朝史书语词札记》，陕西师范大学出版社，1993。

刘复、李家瑞：《宋元以来俗字谱》，国立中央研究院历史语言研究所，
　　1930。

刘志生：《东汉碑刻复音词研究》，巴蜀书社，2007。

刘志生：《东汉碑刻词汇研究》，暨南大学出版社，2013。

陆明君：《魏晋南北朝碑别字研究》，文化艺术出版社，2009。

罗常培：《唐五代西北方音》，商务印书馆，2012。

罗积勇：《用典研究》，武汉大学出版社，2005。

罗维明：《中古墓志词语研究》，暨南大学出版社，2003。

吕志峰：《东汉石刻砖陶等民俗性文字资料词汇研究》，上海人民出版社，
　　2009。

毛远明：《碑刻文献学通论》，中华书局，2009。

毛远明：《汉魏六朝碑刻异体字研究》，商务印书馆，2012。

牛致功：《唐代碑石与文化研究》，三秦出版社，2002。

欧昌俊、李海霞：《六朝唐五代石刻俗字研究》，巴蜀书社，2004。

钱玄：《校勘学》，商务印书馆，2019。

裘锡圭：《文字学概要》（修订本），商务印书馆，2013。

上海汉语大词典编纂处：《汉语大词典编纂手册》，汉语大词典出版社，
　　1981。

苏宝荣：《词汇学与辞书学研究》，商务印书馆，2008。

苏宝荣：《词的结构、功能与语文辞书释义》，上海教育出版社，2011。

苏新春：《汉语词义学》，广东教育出版社，1997。

唐兰：《中国文字学》，上海世纪出版集团，2005。

汪维辉：《东汉——隋常用词演变研究》（修订本），商务印书馆，2017。

王艾录、司富珍：《汉语的词语理据》，商务印书馆，2001。

王艾录、司富珍：《语言理据研究》，中国社会科学出版社，2002。

王宁：《汉字构形学导论》，商务印书馆，2015。

王云路、方一新：《中古汉语语辞例释》，吉林教育出版社，1992。

王云路：《中古汉语词汇史》（全二册），商务印书馆，2010。

王云路、王诚：《汉语词汇核心义研究》，北京大学出版社，2014。

徐时仪：《近代汉语词汇学》，暨南大学出版社，2013。

徐志学：《魏晋南北朝隋唐五代石刻用典研究》，上海交通大学出版社，
　　2013。

徐自强、吴梦麟：《古代石刻通论》，紫禁城出版社，2003。

杨宝忠：《疑难字考释与研究》，中华书局，2005。

杨继光：《〈万历野获编〉词汇研究》，厦门大学出版社，2014。

杨琳：《训诂方法新探》，商务印书馆，2011。

姚美玲：《唐代墓志词汇研究》，华东师范大学出版社，2008。

叶程义：《汉魏石刻文学考释》，新文丰出版公司，1997。

俞樾等：《古书疑义举例五种》，中华书局，2005。

袁宾等：《宋语言词典》，上海教育出版社，1997。

袁宾等：《二十世纪的近代汉语研究》（全二册），书海出版社，2001。

曾良：《俗字及古籍文字通例研究》，百花洲文艺出版社，2006。

曾良：《隋唐出土墓志文字研究及整理》，齐鲁书社，2007。

张拱贵：《汉语委婉语词典》，北京语言文化大学出版社，1996。

张舜徽：《中国古代史籍校读法》，上海古籍出版社，1980。

张希清：《宋朝典章制度》，吉林文史出版社，2001。

张颖慧：《魏晋南北朝石刻文字整理与研究》，知识产权出版社，2015。

张涌泉：《汉语俗字丛考》，中华书局，2000。

张涌泉：《汉语俗字研究》（增订本），商务印书馆，2010。

赵超：《中国古代石刻概论》（增订本），中华书局，2019。

赵振铎：《辞书学论文集》，商务印书馆，2006。

赵振铎：《字典论》，上海辞书出版社，2012。

真大成：《中古史书校证》，中华书局，2013。

真大成：《中古文献异文的语言学考察——以文字、词语为中心》，上海教育出版社，2020。

中国人民大学、中国出版工作者协会词典编辑进修班编《词书与语言》，湖北人民出版社，1985。

周阿根：《五代墓志词汇研究》，中国社会科学出版社，2015。

周大璞：《训诂学初稿》（第3版），武汉大学出版社，2007。

周一良：《魏晋南北朝史札记》（补订本），中华书局，2015。

4. 学位论文

安静：《唐代墓志委婉语研究》，博士学位论文，华东师范大学，2013。

白艳章：《〈西安碑林博物馆新藏墓志续编〉整理与研究》，硕士学位论文，西南大学，2017。

柏亚东：《唐代墓志词语通释》，博士学位论文，华东师范大学，2008。

陈小青：《北魏墓志校读札记》，硕士学位论文，南京师范大学，2005。

程淑颜：《〈洛阳新获墓志续编〉释文校补》，硕士学位论文，安徽大学，2020。

崔蕾：《满族舒穆禄氏研究与资料整理》，硕士学位论文，广西师范学院，2010。

邓艳平：《〈秦晋豫新出墓志蒐佚〉初唐墓志整理与研究》，硕士学位论文，西南大学，2015。

董宪臣：《东汉碑隶文字研究》，博士学位论文，西南大学，2012。

凡秋莉：《东人之文四六丽金文书研究——兼谈高丽对金外交政策的嬗变》，硕士学位论文，中央民族大学，2021年。

付小燕：《〈洛阳新获七朝墓志〉（开元-天宝年间）文字词汇研究》，硕士学位论文，西南大学，2015。

高婧：《唐敬宗至武宗时期墓志疑难字考释》，硕士学位论文，河北大学，2014。

龚隽：《〈唐代墓志汇编〉（肃宗至顺宗）校补及研究》，硕士学位论文，西南大学，2010。

关云翔：《隋唐墓志疑难字词考四十二则》，硕士学位论文，安徽大学，2019。

郭艺：《北朝墓志地名索引》，硕士学位论文，吉林大学，2017。

和艳芳：《唐墓志所见山西乡里山水名研究》，硕士学位论文，西南大学，2017。

胡红雯：《唐代墓志字词校录札记》，硕士学位论文，厦门大学，2006。

黄蓓：《魏晋南北朝墓志铭流变及文体特征研究》，硕士学位论文，华东师范大学，2009。

黄程伟：《〈洛阳新获墓志二〇一五〉盛唐至晚唐墓志整理及异体字研究》，硕士学位论文，西南大学，2020。

黄晓伟：《魏晋南北朝墓志复音形容词研究》，硕士学位论文，西南大学，2010。

季芳：《〈新中国出土墓志·重庆卷〉校补及研究》，硕士学位论文，西南大学，2008。

江如昊：《〈故宫博物馆藏历代墓志汇编〉录文校补》，硕士学位论文，安徽大学，2021。

李丹洋：《唐僖宗至哀帝时期墓志释文校补》，硕士学位论文，河北大学，2018。

李宏书：《北朝墓志人名索引》，硕士学位论文，吉林大学，2017。

李奇斌：《〈秦晋豫新出墓志蒐佚〉天宝至元和年间墓志整理与研究》，硕士学位论文，西南大学，2017。

李倩：《〈西安碑林博物馆新藏墓志续编〉释文校补》，硕士学位论文，河北大学，2017。

李莹：《〈洛阳流散唐代墓志汇编续集〉释文补正与字词考释》，硕士学位论文，河北大学，2016。

龙俊旭：《唐代墓志文献中的名典问题研究》，硕士学位论文，西南大学，2016。

刘方：《〈长安高阳原新出土隋唐墓志〉唐代墓志校释》，硕士学位论文，河北大学，2019。

刘新晖：《〈秦晋豫新出墓志蒐佚〉（东汉至隋）墓志研究》，硕士学位论文，西南大学，2015。

刘月新：《唐高宗咸亨至弘道年间（670-683）墓志校补》，硕士学位论文，河北大学，2021。

罗曼：《隋代墓志词语专题研究》，硕士学位论文，西南大学，2011。

罗顺：《〈全唐文补遗〉字词斠补与研究》，硕士学位论文，西南大学，2016。

吕蒙：《汉魏六朝碑刻古文字研究》，博士学位论文，西南大学，2011。

毛娜：《〈徐陵集〉典故的语言学研究》，博士学位论文，复旦大学，2013。

彭明虹：《〈洛阳流散唐代墓志汇编续集〉释文校补及异构字研究》，硕士学位论文，西南大学，2021。

亓文香：《汉语典故词语研究》，博士学位论文，山东大学，2008。

乔占景：《隋代墓志疑难字考释》，硕士学位论文，河北大学，2013。

尚耀辉：《唐开元年间墓志校补》，硕士学位论文，河北大学，2021。

邵秀梅：《新见唐代墓志（2009-2019）整理与字词考释》，硕士学位论文，西南大学，2021。

苏杰：《武周后期（圣历至大足年间）墓志释文校补》，硕士学位论文，河北大学，2018。

孙琛琛：《唐代墓志典故词语研究》，硕士学位论文，安徽大学，2014。

孙凯：《〈长安碑刻〉中唐代墓志释文校补与俗字考释》，硕士学位论文，河北大学，2019。

孙丽阳：《唐永徽年间墓志释录校正》，硕士学位论文，河北大学，2018。

谭平：《〈洛阳出土鸳鸯墓志辑录〉女性词语研究》，硕士学位论文，西南大学，2015。

汤亚琴：《唐代墓志军事词语研究》，硕士学位论文，西南大学，2016。

万大卫：《贞观墓志校补及研究》，硕士学位论文，西南大学，2009。

王存禹：《〈唐代墓志汇编〉武周部分校补及研究》，硕士学位论文，西南大学，2009。

王静：《新出唐代墓志字词与用典研究》，博士学位论文，河北大学，2023。

王茜：《唐高宗乾封至咸亨年间（666-674）墓志校补》，硕士学位论文，河北大学，2020。

王银萍：《北朝墓志用典与女性社会生活考论》，硕士学位论文，山东大学，2021。

王玉静：《唐代墓志中的女性典故研究》，硕士学位论文，兰州大学，2021。

魏平：《汉魏南北朝墓志同根词研究》，硕士学位论文，西南大学，2004。

邬甜甜：《中晚唐墓志典故研究》，硕士学位论文，青岛大学，2013。

肖游：《〈秦晋豫新出墓志蒐佚续编〉晚唐墓志整理及词语专题研究》，硕士学位论文，西南大学，2018。

谢国剑：《汉语同构同义双音合成词研究——以魏晋南北朝隋唐五代石刻为中心》，博士学位论文，华东师范大学，2011。

邢慎宝：《魏晋南北朝石刻称谓词研究》，博士学位论文，华东师范大学，2013。

熊晓宇：《〈洛阳新获墓志二〇一五〉北魏至初唐墓志整理及文字考释》，硕士学位论文，西南大学，2020。

徐梅：《〈秦晋豫新出墓志蒐佚续编〉（汉魏六朝部分）字词专题研究》，硕士学位论文，西南大学，2017。

许帅：《唐代天宝年间墓志释文校补及字词考释》，硕士学位论文，河北大学，2021。

徐明星：《唐显庆至麟德（656-665）年间墓志校补》，硕士学位论文，河北大学，2020。

徐志学：《魏晋南北朝隋唐五代石刻用典语言形式研究》，博士学位论文，华东师范大学，2011。

杨婧：《唐代开元墓志释文校补及研究》，硕士学位论文，西南大学，2009。

杨静文：《宋代墓志典故词语研究》，硕士学位论文，西华师范大学，2017。

杨宁：《近五年（2008-2012）新见汉魏六朝石刻搜集与整理》，硕士学位论文，西南大学，2014。

杨薇薇：《〈汾阳市博物馆藏墓志选编〉整理与研究》，硕士学位论文，西南大学，2015。

杨筱婉：《〈洛阳流散唐代墓志汇编〉字词校理及词汇研究》，硕士学位论文，南京林业大学，2018。

杨莹霞：《隋代墓志字形与音义关系研究》，硕士学位论文，西南大学，2022。

叶云露：《隋代墓志词汇研究》，硕士学位论文，南京林业大学，2019。

袁步昌：《东魏墓志校读札记》，硕士学位论文，南京师范大学，2006。

张海艳：《〈唐代墓志汇编〉（武宗至哀帝年间）校补及谱系整理》，硕士学位论文，西南大学，2010。

张梦雪：《〈西安新获墓志集萃〉唐代墓志释文补正与典故词语考释》，硕士学位论文，河北大学，2019。

张敏：《唐代隶书碑刻异体字研究》，硕士学位论文，西南大学，2019。

张琼：《隋代墓志铭所见女性人物典故及其女性观念》，硕士学位论文，陕西师范大学，2011。

张宇：《〈阮庵笔记五种〉校注》，硕士学位论文，广西大学，2008。

张媛媛：《隋代墓志用典研究》，硕士学位论文，河北大学，2013。

张智启：《古村落的认定研究》，硕士学位论文，天津大学，2009。

赵海丽：《北朝墓志文献研究》，博士学位论文，山东大学，2007。

赵黎明：《唐天宝年间墓志典故用词研究》，硕士学位论文，西南大学，2010。

赵艳：《唐咸通年间（861-874）墓志释文补正与典故词语考释》，硕士学位论文，河北大学，2021。

赵阳阳：《洛阳出土北魏墓志丛札》，硕士学位论文，南京师范大学，2007。

赵壮：《墓志所见玄武门之变》，硕士学位论文，南京大学，2014。

周磊琦：《清初遗民诗人和陶诗研究》，硕士学位论文，扬州大学，2022。

周玲：《〈秦晋豫新出墓志蒐佚〉晚唐墓志整理与研究》，硕士学位论文，西南大学，2015。

邹虎：《元代碑刻文献整理及文字词汇研究》，博士学位论文，华东师范大学，2018。

5. 单篇论文

陈赛琳：《洛阳五代出土墓志对〈汉语大词典〉例证之匡补》，《汉字文化》2022 年第 18 期。

储小旵、曾良：《汉魏碑刻文字演变考五则》，《古汉语研究》2007 年第 3 期。

狄梦珊、何山：《唐〈杨弘嗣墓志〉典故词语考释八则》，《现代语文》2017 年第 12 期。

董宪臣、毛远明：《汉字类化研究与碑刻文献整理》，《古籍整理研究学刊》2012 年第 2 期。

董宪臣：《汉碑词语考释》，载《学行堂语言文字论丛》第 2 辑，四川大学出版社，2012。

董宪臣：《东汉碑刻词语考释》，《重庆工商大学学报》2012 年第 6 期。

董宪臣、毛远明：《成都新出汉碑两种字词考释——与赵超、赵久湘两位先生商榷》，载《学行堂语言文字论丛》第 4 辑，四川大学出版社，2014。

董宪臣：《东汉碑刻文字类化现象研究》，《重庆与世界》2015 年第 4 期。

董宪臣：《东汉碑刻释文补正》，《阿坝师范学院学报》2017 年第 2 期。

董宪臣：《利用类化思路考释碑刻疑难字例说》，《汉字汉语研究》2018 年第 4 期。

董宪臣：《论类化字研究对大型字书编纂的意义——以中古石刻文献为中心》，《古汉语研究》2020 年第 3 期。

董宪臣：《汉字类化与碑刻典故变体》，载《出土文献综合研究集刊》第 12 辑，巴蜀书社，2020。

董宪臣：《论汉字类化同形现象——以中古石刻文献为例》，《古汉语研究》2021 年第 1 期。

董宪臣：《对文分析与碑志文献释读举隅》，《汉字汉语研究》2022 年第 1 期。

董宪臣：《汉字发展中的类成字化现象探讨》，《辞书研究》2022 年第 6 期。

范文阳、何山：《隋唐墓志俗字考释九则》，《绵阳师范学院学报》2021 年第 2 期。

郭在贻：《俗语词研究与古籍整理》，载《古籍点校疑误汇录（一）》，中华书局，2002。

何俊芳：《北魏辛穆墓志铭考释》，《洛阳理工学院学报》2011 年第 1 期。

何山：《试析魏晋南北朝碑刻文字的系统性》，《重庆交通大学学报》2009 年第 3 期。

何山：《词语札记两题》，《中国语文》2009 年第 5 期。

何山：《魏晋南北朝碑刻隶楷书字形夹杂古文构件研究》，载《华西语文学刊》第 5 辑，四川文艺出版社，2011。

何山：《新刊碑志俗字考释八题》，《巢湖学院学报》2015 年第 4 期。

何山：《新刊隋唐碑志俗字考》，《保定学院学报》2015 年第 5 期。

何山：《六朝石刻异体字释例》，载《中国文字研究》第 25 辑，上海书店出版社，2017。

何山：《宋代墓志句读勘误举隅》，《贵州工程应用技术学院学报》2018 年第 5 期。

何山：《〈陕西新见隋唐墓志〉录文斠读》，载《励耘语言学刊》第 30 辑，中华书局，2019。

何山：《关于〈西南大学新藏墓志集释〉录文及注释的几个问题》，载《出
土文献综合研究集刊》第 11 辑，巴蜀书社，2020。

何山：《唐代碑刻俗字考释十五题》，载《中国文字研究》第 33 辑，华东
师范大学出版社，2021。

何山：《隋唐碑刻疑难字考释十题》，载《励耘语言学刊》第 34 辑，中华
书局，2021。

和艳芳：《宋代石刻题名辨正》，载《中国文字研究》第 30 辑，社会科学
文献出版社，2019。

胡红雯、曾述忠：《唐代墓志文字校正举例》，《语言科学》2005 年第
5 期。

黄程伟、何山：《〈长安高阳原新出土隋唐墓志〉俗字例释》，《保定学院
学报》2018 年第 3 期。

黄程伟、何山：《碑刻残泐字考辨举隅》，《汉字汉语研究》2019 年第
3 期。

姜同绚、毛远明：《唐代墓志五篇误读考证》，《古籍整理研究学刊》2013
年第 3 期。

姜同绚、毛远明：《唐代墓志典故误释举正》，《古籍整理研究学刊》2014
年第 2 期。

姜同绚：《词语新解六则》，《语言研究》2019 年第 3 期。

金雪：《跋元〈贾椿墓志〉》，载《碑林集刊》第 20 辑，三秦出版社，2014。

李豪：《唐〈纥干承基墓志〉考》，《文博》2019 年第 4 期。

李红、周阿根：《北魏墓志词语札记》，《保定学院学报》2011 年第 5 期。

李建廷：《魏晋南北朝碑刻疑难字例释》，载《中国文字研究》第 13 辑，
大象出版社，2010。

李献奇：《武周尔朱杲及夫人韦氏墓志考释》，《中原文物》1998 年第 4 期。

李献奇、周铮：《武周屈突诠墓志考释》，《中原文物》2002 年第 3 期。

梁春胜：《〈新出魏晋南北朝墓志疏证〉疏误举正》，《河北大学学报》2011
年第 3 期。

梁春胜：《〈汉魏六朝碑刻校注〉商兑》，《河北师范大学学报》2011 年第 4 期。

梁春胜：《〈汉魏六朝碑刻校注〉校读举正》，《长江学术》2012 年第 4 期。

梁春胜：《〈汉魏六朝碑刻校注〉商榷》，载《语言研究集刊》第 9 辑，上海辞书出版社，2012。

梁春胜：《魏晋南北朝石刻俗字考释》，《中国语文》2013 年第 4 期。

梁春胜：《六朝石刻疑难字考释》，《语言研究》2014 年第 3 期。

梁春胜：《六朝石刻疑难字例释》，载《中国文字学报》第 6 辑，商务印书馆，2015。

梁春胜：《新出北朝墓志俗字例释》，《汉字汉语研究》2018 年第 2 期。

梁春胜：《隋唐碑志疑难字考释》，《中国语文》2018 年第 4 期。

梁春胜：《六朝石刻讹混字考释》，《出土文献》2020 年第 2 期。

梁春胜：《六朝石刻疑难字考释》，《中国语文》2020 年第 3 期。

梁春胜：《唐代墓志俗字零释》，载《出土文献综合研究集刊》第 11 辑，巴蜀书社，2020。

梁春胜：《六朝石刻典故词语例释》，《古汉语研究》2020 年第 3 期。

梁春胜、刘日照：《唐代墓志讹混俗字考释》，《河北大学学报》2022 年第 3 期。

廖新冬、何山：《山西出土唐代石刻俗字考释十则》，《绵阳师范学院学报》2020 年第 4 期。

廖新冬、何山：《北周及隋代碑志俗字疏证十二则》，《巢湖学院学报》2021 年第 4 期。

刘琴丽：《墓志所见唐代的郭子仪家族》，载《唐史论丛》第 16 辑，陕西师范大学出版总社有限公司，2013。

刘秀梅、毛远明：《墓志异名考释》，《广西社会科学》2011 年第 9 期。

刘秀梅、毛远明：《〈洛阳新获墓志〉唐代墓志释文商榷》，《广西社会科学》2012 年第 4 期。

刘志生：《东汉碑刻偏正式复音词研究》，《语言研究》2006 年第 2 期。

龙仕平、邱亮：《"校勘四法"在唐碑整理中的运用》，《吉首大学学报》

2017 年第 5 期。

罗琦、何山：《唐代墓志俗字考释十一则》，《现代语文》2021 年第 11 期。

罗琦、何山：《论词义制约与中古碑刻类化字偏旁选择》，《绵阳师范学院学报》2022 年第 2 期。

罗顺、杨晨笛：《唐墓志典故辨正举隅》，《重庆三峡学院学报》2015 年第 5 期。

罗顺：《〈全唐文补编〉疑难字考释五则》，载《中国文字研究》第 36 辑，华东师范大学出版社，2022。

罗维明：《论中古墓志对辞书编纂的重要价值》，《语言科学》2004 年第 2 期。

马晓宇：《北齐宇文长墓志铭考释》，《中原文物》2019 年第 2 期。

马志祥：《唐〈严修睦妻清河崔氏墓志〉考释》，载《碑林论丛》第 24 辑，三秦出版社，2019。

毛阳光：《洛阳新出土隋〈安备墓志〉考释》，《考古与文物》2011 年第 5 期。

毛远明：《读汉魏六朝石刻札记——兼及石刻词汇研究的意义》，《成都师专学报》2002 年第 3 期。

毛远明：《〈汉魏南北朝墓志汇编〉校理》，《漳州师范学院学报》2004 年第 3 期。

毛远明：《汉魏六朝碑刻文献语言研究的思考》，《南京师范大学文学院学报》2005 年第 1 期。

毛远明：《汉魏六朝碑刻异体字研究》，《涪陵师范学院学报》2006 年第 2 期。

毛远明：《读者来信：〈元睿墓志〉释文校正》，《考古》2006 年第 5 期。

毛远明：《汉魏晋南北朝碑刻文献文字研究的初步设想》，《阿坝师范高等专科学校学报》2007 年第 2 期。

毛远明、何山：《"匃"的俗变考察》，《中国语文》2010 年第 6 期。

毛远明：《魏晋南北朝碑刻文字的时代特征》，《绵阳师范学院学报》2011 年第 1 期。

毛远明：《碑刻文献研究的历程》，《西华师范大学学报》2011 年第 4 期。

毛远明：《魏晋南北朝汉字的特征及规律》，《山西大学学报》2012 年第 6 期。

毛远明：《典故破解与石刻文字考证》，《古汉语研究》2013 年第 3 期。

毛远明：《碑刻文献整理研究回顾与前瞻》，《吉首大学学报》2017 年第 3 期。

毛志刚：《〈汉魏六朝碑刻校注〉补正》，《古籍整理研究学刊》2012 年第 1 期。

孟闯、邓章应：《〈汉魏六朝碑刻校注〉疏误举正》，载《中国文字研究》第 31 辑，华东师范大学出版社，2020。

孟祥娟：《唐〈阎庄墓志〉考释补论》，载《唐代文学研究》第 20 辑，社会科学文献出版社，2021。

孟祥娟：《唐〈韦曙墓志〉考释校补》，《文博》2022 年第 1 期。

莫砺锋：《关于〈汉语大词典〉"书证迟后"问题的管见》，《福州大学学报》2001 年第 3 期。

潘宁、周阿根：《从扬州出土墓志看〈汉语大词典〉之微瑕》，《汉字文化》2020 年第 6 期。

彭慧萍、何山：《唐〈武嗣宗墓志〉释文校补》，《河北北方学院学报》2018 年第 2 期。

邱亮、毛远明：《唐代墓志行草书误辨举隅》，载《中国文字研究》第 23 辑，上海书店出版社，2016。

邱亮、毛远明：《六朝石刻俗字考释八则》，《中国语文》2016 年第 5 期。

仇鹿鸣：《新见五代崔协夫妇墓志小考》，《唐史论丛》2012 年第 1 期。

任玲、吴继刚：《〈五代墓志汇考〉释文校勘》，《乐山师范学院学报》2016 年第 10 期。

邵磊：《南京出土明初勋贵及其家族成员墓志考》，《文献》2010 年第 3 期。

邵秀梅、何山：《北齐〈冯娑罗墓志〉用典探析》，《重庆第二师范学院学报》2019 年第 4 期。

舒韶雄、雷金瑾：《用典与墓志文字考释举隅》，《汉字汉语研究》2019 年第 1 期。

束有春、焦正安：《唐代百济黑齿常之、黑齿俊父子墓志文解读》，《东南文化》1996 年第 4 期。

孙琛琛、周阿根：《〈唐代墓志汇编续集〉录文校补》，《保定学院学报》2012 年第 3 期。

谭桥、何山：《六朝至唐碑刻"墓石"义词语组合与聚合关系研究》，《重庆第二师范学院学报》2020 年第 3 期。

王静：《〈洛阳流散唐代墓志汇编续集〉释录举正》，载《出土文献综合研究集刊》第 12 辑，巴蜀书社，2020。

王琨：《明代宁夏文人管律及其所撰墓志文考》，《西部学刊》2015 年第 9 期。

王其祎、周晓薇：《长安地区新出隋代墓志铭十种集释》，载《碑林集刊》第十九辑，三秦出版社，2013。

王庆显：《新见唐安南都护李涿墓志考释》，载《暨南史学》第 18 辑，暨南大学出版社，2019。

王盛婷、刘盛举：《试论汉魏六朝碑文中的同素异序词》，《乐山师范学院学报》2003 年第 5 期。

王盛婷：《试论汉魏六朝碑刻同根委婉语》，《西华师范大学学报》2004 年第 2 期。

王盛婷：《六朝碑刻词语考释》，《古籍整理研究学刊》2004 年第 5 期。

王盛婷：《试说汉魏南北朝碑刻婚姻词》，《古籍整理研究学刊》2005 年第 6 期。

王盛婷：《试说汉魏六朝碑同根葬词》，《西华师范大学学报》2006 年第 2 期。

王盛婷：《六朝碑刻词语札记》，《中国典籍与文化》2006 年第 3 期。

王盛婷：《六朝碑刻委婉语研究》，《乐山师范学院学报》2009 年第 4 期。

王勇：《新出唐青州户曹参军韦挺及夫人柏氏墓志所反映出的几个问题》，载《碑林集刊》第 4 辑，1996，第 112 页。

王云路、刘潇：《论汉语的同步构词——以"把别"为例》，《古汉语研究》2019年第3期。

王云路：《从"凌晨"谈汉语时间词的同步构词》，《浙江大学学报》2021年第5期。

王云路：《从中医"候脉"说起——兼谈核心义与同步构词的作用》，《辞书研究》2021年第6期。

魏平：《〈汉魏南北朝墓志汇编〉标点辨误》，《古籍整理研究学刊》2004年第1期。

魏平：《试论汉魏南北朝墓志的语言研究价值》，《乐山师范学院学报》2006年第3期。

魏平：《北魏墓志词语对〈汉语大词典〉之补益》，《重庆文理学院学报》2007年第4期。

魏平：《〈汉魏南北朝墓志汇编〉文字校正》，《漳州师范学院学报》2008年第4期。

魏平：《六朝墓志俗字的构件变化简析》，《重庆工商大学学报》2012年第6期。

魏平：《〈洛阳新获墓志续编〉释文校勘六则》，《闽南师范大学学报》2021年第6期。

吴会灵：《六朝碑刻军事词语考释》，《语文学刊》2008年第5期。

吴继刚、毛远明：《汉魏六朝碑刻异体字研究的几个问题》，《古汉语研究》2012年第2期。

吴继刚：《汉魏六朝碑刻中的双形符字和又声符字》，《西华师范大学学报》2014年第6期。

吴继刚：《〈汉语大字典〉简化字溯源——基于汉魏六朝碑刻》，《平顶山学院学报》2020年第1期。

吴继刚：《碑刻文献在辞书编纂与出版中的价值》，《乐山师范学院学报》2020年第9期。

吴建伟：《〈西安碑林博物馆新藏墓志汇编〉录文商补》，《中国国家博物馆馆刊》2012年第2期。

吴金华：《略说古汉语复音词中的典故词》，《语言研究》2008 年第 1 期。

肖毅、黄萍：《"大王父"一词之"祖父"义项析》，《长江学术》2022 年第 3 期。

谢国剑：《唐〈张弼墓志〉释文校补——与胡明塈先生商榷》，《韶关学院学报》2011 年第 11 期。

谢国剑：《从中古石刻文献稀看大型辞书训释之不足——以涉佛词语为例》，《江西社会科学》2013 年第 7 期。

谢国剑：《隋唐石刻文献稀见词语释读一则》，《现代语文》2013 年第 7 期。

谢国剑：《释"缇油"》，《语文学刊》2013 年第 14 期。

谢国剑：《古籍俗讹字考辨二题》，《韶关学院学报》2015 年第 5 期。

谢国剑：《中古石刻文献词语释读四则》，《古汉语研究》2016 年第 1 期。

谢国剑：《释"鍫"》，载《中国文字研究》第 24 辑，上海书店出版社，2016。

谢国剑：《中古石刻文献字词札记七则》，载《中国文字研究》第 28 辑，上海书店出版社，2018。

谢国剑：《"畴""俦"字词关系辨考》，载《中国文字研究》第 32 辑，华东师范大学出版社，2021。

谢国剑、安静：《从"樊"字看汉语字词关系的判定》，载《中国文字研究》第 35 辑，华东师范大学出版社，2022。

熊晓宇、何山：《新刊唐代墓志异体字释例》，《阿坝师范学院学报》2018 年第 1 期。

徐秀兵：《墓志行草书字形误释辨正九则》，载《文津学志》第 18 辑，国家图书馆出版社，2022。

薛苏晨：《北魏墓志词语考释九则》，《辽宁工业大学学报》2022 年第 4 期。

杨继光：《〈台湾南部碑文集成（上）〉校读札记》，《闽台文化交流》2009 年第 1 期。

杨继光：《〈台湾南部碑文集成（上）〉校勘琐记》，《漳州师范学院学报》2009 年第 1 期。

杨继光：《〈台湾南部碑文集成（下）〉校读札记》，《漳州师范学院学报》
　　2010 年第 1 期。

杨继光：《〈台湾中部碑文集成〉校读札记》，《泉州师范学院学报》2011
　　年第 3 期。

杨继光：《河南散见墓志校理二则》，《江海学刊》2020 年第 6 期。

杨继光、鞠雪：《河南汉唐墓志商补举隅》，《绵阳师范学院学报》2021 年
　　第 4 期。

杨继光、邱召鑫：《〈河南散存散见及新获汉唐碑志整理研究〉录文校补》，
　　《贺州学院学报》2021 年第 2 期。

杨继光：《〈韩忠武王祠墓志〉文字校勘商兑》，《江海学刊》2021 年第
　　4 期。

杨继光、邱召鑫：《〈河南散存散见及新获汉唐碑志整理研究〉文字商榷》，
　　《保定学院学报》2021 年第 5 期。

杨继光：《〈西南大学新藏墓志集释〉校读释例》，《保定学院学报》2023
　　年第 3 期。

杨继光：《〈西南大学新藏墓志集释〉文字校理》，载《古籍研究》第 77
　　辑，凤凰出版社，2023。

杨筱婉、周阿根：《〈新出唐墓志百种〉录文校补》，《中北大学学报》2016
　　年第 6 期。

杨莹霞、何山：《山西隋唐石刻文字误释举正》，《长治学院学报》2020 年
　　第 4 期。

杨莹霞、何山：《北魏〈邴勖墓志〉释文校补》，《保定学院学报》2021 年
　　第 2 期。

姚美玲：《唐代墓志中的"礼也"释证》，《语言科学》2007 年第 2 期。

殷小波、何山：《〈新见隋唐墓志集释〉释文校理》，《绵阳师范学院学报》
　　2019 年第 2 期。

曾良：《〈唐代墓志汇编〉核校》，载《新国学》第 6 卷，巴蜀书社，2006。

曾良：《俗字与古籍校勘七题》，《文献》2007 年第 2 期。

曾良：《"丘乙巳"解读与古籍整理》，《中国典籍与文化》2008 年第 2 期。

曾良：《略谈汉语史中词的俗音俗写研究》，《中国语文》2021年第4期。

张海艳、毛远明：《碑刻文献正读例释》，《文献》2015年第4期。

张敏、何山：《唐〈王同皎墓志〉用典例释》，《河北北方学院学报》2018年第2期。

张颖慧：《〈汉魏六朝碑刻校注〉订补》，《沈阳师范大学学报》2012年第2期。

张永惠：《〈汉魏六朝异体字典〉疏误举正》，《语言研究》2022年第1期。

张永惠：《中古石刻俗字考释举隅》，载《中国文字研究》第36辑，华东师范大学出版社，2022。

章红梅、毛远明：《六朝石刻疑难字考释四题》，《古汉语研究》2014年第2期。

赵家栋：《汉魏南北朝墓志校读拾补》，载《民俗典籍文字研究》第19辑，商务印书馆，2016。

赵家栋：《〈汉魏六朝碑刻异体字典〉补正》，《古汉语研究》2020年第4期。

赵瑞娟、何山：《新见唐代墓志典故词语考释举隅》，《重庆第二师范学院学报》2021年第2期。

赵瑞娟：《隋唐墓志典故词语考释九则》，《现代语文》2021年第4期。

赵振华：《唐代粟特人史多墓志初探》，《湖南科技学院学报》2009年第11期。

周阿根：《五代墓志校点举误》，《古籍整理研究学刊》2007年第2期。

周阿根：《〈唐代墓志〉校读札记》，《语言科学》2008年第4期。

周阿根：《〈唐代墓志〉校点商榷》，《江海学刊》2009年第1期。

周阿根：《〈全唐文补编〉文字校勘举隅》，《语言科学》2009年第5期。

周阿根：《〈唐代墓志〉文字校勘商兑》，《江海学刊》2010年第3期。

周阿根：《五代墓志俗字考辨》，《学术界》2010年第9期。

周阿根：《五代墓志词语考释》，《扬州大学学报》2011年第6期。

周阿根：《从墓志文献看〈汉语大词典〉例证之不足》，《洛阳理工学院学报》2012年第2期。

周阿根：《墓志文献校理疏误例说》，《学术界》2012 年第 4 期。

周阿根：《〈辽代石刻文续编〉校点琐议》，《语言科学》2013 年第 2 期。

周阿根、叶太青：《汾阳出土唐代墓志校理》，《安徽理工大学学报》2014 年第 1 期。

周阿根、王凤琴：《五代墓志对〈汉语大词典〉之补益》，《宁夏大学学报》2014 年第 4 期。

周阿根、王凤琴：《〈新出唐墓志百种〉文字校理》，《阅江学刊》2014 年第 4 期。

周阿根：《〈新见北朝墓志集释〉文字校理》，《江海学刊》2016 年第 3 期。

周阿根：《〈宋代墓志辑释〉文字校勘商兑》，《江海学刊》2017 年第 1 期。

周阿根：《墨香阁藏北齐墓志录文校补》，《江海学刊》2018 年第 6 期。

周阿根：《〈陕西新见隋朝墓志〉文字校理》，《江海学刊》2019 年第 3 期。

周阿根：《〈隋代墓志铭汇考〉文字校理》，《江海学刊》2019 年第 5 期。

周阿根：《墨香阁藏北朝墓志录文献疑》，《江海学刊》2021 年第 4 期。

周北南、毛远明：《从中古碑刻文献看典故词语的生成、结构调整和规范化——以"陈辖""孔罇"为例》，《东南大学学报》2014 年第 3 期。

周祥：《墓志中的"雪泣""雨泣"与"露泣"》，载《中国文字研究》第 27 辑，上海书店出版社，2018。

周祥：《新出唐代墓志文献释读校理》，《西北民族大学学报》2018 年第 6 期。

周祥：《新出唐代墓志文献校读》，《现代语文》2020 年第 1 期。

周祥：《隋唐墓志文献典故词语考释》，《古汉语研究》2022 年第 3 期。

周永研、潘玉坤：《〈墨香阁藏北朝墓志〉文字校理》，载《古籍研究》第 72 辑，凤凰出版社，2020。

6. 古籍

（西汉）董仲舒撰《春秋繁露》，凌曙注，中华书局，1975。

（西汉）刘向集录《战国策》，上海古籍出版社，1998。

（西汉）司马迁撰《史记》，（南朝宋）裴骃集解，（唐）司马贞索隐，（唐）张守节正义，中华书局，1959。

（西汉）桓宽撰《盐铁论校注（增订本）》，王利器校注，天津古籍出版社，1983。

（东汉）班固撰《汉书》，（唐）颜师古注，中华书局，1962。

（东汉）应劭撰，王利器校注《风俗通义校注》，中华书局，1981。

（魏）何晏集解，（南朝梁）皇侃义疏《论语集解义疏》，商务印书馆，1937。

（晋）陈寿撰《三国志》，（南朝宋）裴松之注，中华书局，1982。

（晋）郭象注，（唐）成玄英疏《庄子注疏》，曹础基，黄兰发点校，中华书局，2011。

（晋）葛洪集，成林、程章灿译注《西京杂记全译》，贵州人民出版社，1993。

（南朝宋）范晔撰《后汉书》，（唐）李贤等注，中华书局，1965。

（南朝宋）刘义庆撰《世说新语笺疏》，（南朝梁）刘孝标注，余嘉锡笺疏，中华书局，2011。

（北齐）魏收撰《魏书》，中华书局，1974。

（南朝梁）沈约撰《宋书》，中华书局，1974。

（南朝梁）萧子显撰《南齐书》，中华书局，1972。

（南朝梁）萧绎撰，许逸民校笺《金楼子校笺》，中华书局，2011。

（南朝梁）萧统编《文选》，（唐）李善注，中华书局，1977。

（南朝梁）萧统编《六臣注文选》，（唐）李善等注，中华书局，1987。

（南朝梁）释慧皎撰《高僧传》，汤用彤校注，中华书局，1992。

（唐）魏徵撰《隋书》，中华书局，1973。

（唐）房玄龄等撰《晋书》，中华书局，1974。

（唐）李延寿撰《北史》，中华书局，1974。

（唐）李延寿撰《南史》，中华书局，1975。

（唐）李百药撰《北齐书》，中华书局，1972。

（唐）姚思廉撰《梁书》，中华书局，1973。

（唐）姚思廉撰《陈书》，中华书局，1972。

（唐）欧阳询撰《艺文类聚》，汪绍楹校，上海古籍出版社，1982。

（唐）李匡乂撰《资暇集》，清张海鹏编《墨海金壶》本子部第 125 册，

　　民国十年上海博古斋影印清嘉庆十三至十六年海虞张氏刻本。

（唐）杜甫撰，（清）仇兆鳌注《杜诗详注》，中华书局，1979。

（唐）柳宗元撰《柳河东集》，（唐）刘禹锡辑，上海古籍出版社，2008。

（后晋）刘昫等撰《旧唐书》，中华书局，1975。

（宋）欧阳修、宋祁著《新唐书》，中华书局，1975。

（宋）司马光编著《资治通鉴》，（宋）胡三省注，中华书局，2011。

（宋）李昉等编《太平御览》，中华书局，1960。

（宋）李昉等编《太平广记》，中华书局，1995。

（宋）魏泰撰《东轩笔录》，李裕民点校，中华书局，1983。

（宋）洪兴祖撰《楚辞补注》，白化文等点校，中华书局，1983。

（宋）朱熹集注《诗集传》，上海古籍出版社，1980。

（元）脱脱等撰《辽史》，中华书局，1974。

（元）脱脱等撰《金史》，中华书局，1975。

（元）脱脱等撰《宋史》，中华书局，1977。

（元）陈澔撰《礼记集说》，四库全书本。

（元）陶宗仪撰《南村辍耕录》，中华书局，1959。

（明）宋濂等撰《元史》，中华书局，1976。

（明）施耐庵、罗贯中：《水浒全传》，上海人民出版社，1975。

（明）罗贯中：《三国演义》，人民文学出版社，1979。

（明）吴承恩：《西游记》，陈先行、包于飞校点，上海古籍出版社，1994。

（明）陆人龙编著《型世言》，陈庆浩校点，江苏古籍出版社，1993。

（明）凌蒙初编著《初刻拍案惊奇》，张明高校注，中华书局，2014。

（明）凌蒙初编著《初刻拍案惊奇》，吴书荫校注，中华书局，2014。

（明）李侃、胡谧纂修《成化山西通志》，明成化十年刻本。

（明）焦竑撰《焦氏笔乘》，李剑雄点校，上海古籍出版社，1986。

（明）冯梦龙编著《醒世恒言》，顾学颉校注，人民文学出版社，1956。

（明）冯梦龙编著《警世通言》，严敦易校注，人民文学出版社，1956。

（明）冯梦龙编著《喻世明言》，严敦易校注，人民文学出版社，1999。

（明）洪楩编印《清平山堂话本》，石昌渝校点，江苏古籍出版社，1990。

（明）西周生：《醒世姻缘传》，黄肃秋校注，上海古籍出版社，1981。

（明）李中馥撰《原李耳载》，凌毅点校，中华书局，1987。

（明）王守仁撰《王阳明集》，王晓欣、赵平略点校，中华书局，2016。

（明）沈德符撰《万历野获编》，谢兴尧断句，中华书局 1959。

（明）焦竑撰《玉堂丛语》，顾思点校，中华书局，1981。

（明）顾起元撰《客座赘语》，谭棣华、陈稼禾点校，中华书局，1987。

（清）王弘撰撰《山志》，何本方点校，中华书局，1999。

（清）彭定求等编《全唐诗（增订本）》，中华书局编辑部点校，中华书局，1999。

（清）张廷玉等撰《清朝文献通考》，商务印书馆，1936。

（清）孙诒让撰《周礼正义》，王文锦、陈玉霞点校，中华书局，1987。

（清）蒲松龄：《聊斋俚曲集》，国际文化出版公司，1999。

（清）吴敬梓：《儒林外史》，人民文学出版社，1977。

（清）李绿园：《歧路灯》，栾星校注，中州书画社，1980。

（清）许梿选编《六朝文絜》，中华书局，1936。

（清）曹雪芹著，（清）无名氏续《红楼梦》，程伟元、高鹗整理，中国艺术研究院、红楼梦研究所校注，人民文学出版社，2008。

（清）王先慎撰《韩非子集解》，钟哲点校，中华书局，1998。

（清）王先谦撰《汉书补注》，中华书局，1983。

（清）王先谦撰《荀子集解》，沈啸寰、王星贤点校，中华书局，1988。

（清）文康：《儿女英雄传》，松颐校注，人民文学出版社，1983。

（清）阮元校刻《十三经注疏（附校勘记）》，中华书局，1980。

（清）胡鸣玉撰《订讹杂录》，嘉庆萧山陈氏湖海楼刊本。

（清）沈复：《浮生六记》，林语堂译，外语教学与研究出版社，1999。

（清）林则徐：《林则徐全集》第9册，海峡文艺出版社，2002。

（清）章学诚：《文史通义》，上海书店出版社，1988。

赵尔巽等撰《清史稿》，中华书局，1977。

（清）皮锡瑞撰《尚书大传疏证》，清光绪丙申师伏堂本。

（清）郭沛霖撰《日知堂笔记》，顾菊英点校，中华书局，2007。

陈灨一撰《睇向斋秘录（附二种）》，杜春和点校，中华书局，2007。

睡虎地秦墓竹简整理小组整理《睡虎地秦墓竹简》，文物出版社，1978。

杨伯峻著《列子集释》，中华书局，1979。

杨伯峻编著《春秋左传注》，中华书局，1981。

佚名编著《京本通俗小说》，程毅中、程有庆点校，江苏古籍出版社，1991。

蒋礼鸿撰《商君书锥指》，中华书局，1986。

何宁撰《淮南子集释》，中华书局，1998。

李修生主编《全元文》第五册，江苏古籍出版社，1999。

《十三经注疏》整理委员会整理《毛诗正义》，北京大学出版社，2000。

黎翔凤撰《管子校注》，梁运华整理，中华书局，2004。

王利器撰《颜氏家训集解》（增补本），中华书局，2013。

后　记

　　2022年初，文学院为庆祝闽南师范大学建校65周年及获批中国语言文学一级学科博士点，策划出版一套出土文献与中国文学研究丛书。总理其事的良武兄大概看到我发表过几篇墓志碑刻校读研究方面的小文，认为我能胜任其事，遂布置我承担其中一本书稿的写作任务。良武兄盛情邀请，我自然十分感激，但是一开始我是婉言谢绝这个任务的。为什么呢？首先，按当时的计划，距离丛书出版的时间比较短，满打满算不到两年，而我是一个很懒散、很随性的人，加之先天体弱多病，不喜欢折腾，更不习惯带着压力和紧迫感去做事。28岁博士毕业，到如今16年了，没有做过博士后，也从没出外访学，且极少参加校外的学术活动，申报各级各类科研项目也很不积极，甚至在博士毕业10多年后才第一次撰写国家社科基金项目申报书，这在国内学术界简直是个异类。其次，手头有两个课题在研，一个是国家社科基金重大招标项目的子课题，一个是教育部人文社科研究一般项目，这两个课题对于别人来说也许不多也不大，但对于我来说却已经是不小的挑战了。它们都要求我花费大量时间去阅读海量的语料，而且与这本小书所看的语料差别较大，接了这本小书的撰写任务，势必要有相当长一段时间暂停以上两个项目的研究，同时这本小书的质量也难以保证。

　　后来怎么又接受了这个任务呢？首先还是因为自己懒散的性格。加入丛书出版计划的话，前期联络出版社和编辑等我所畏惧又不擅长的琐事都有人帮忙办理，自己不用操心，只管安心完成书稿的撰写，这不是难得的好事吗？其次当然是因为有一定的研究基础。我向来对于研究没有明确的计划，比较随心所欲。只要是当时自己感兴趣的领域的文献，都会去阅读和思考。从读硕士研究生开始，迄今 20 多年，涉猎过的汉语史语料包括汉译佛经、敦煌文献、明清小说、史料笔记、墓志碑刻、清代奏折、契约文书，等等，且在这些领域都发表过研究成果，虽然大多数是浅层次的，也获批过几项省部级科研项目。其中墓志碑刻方面，先后发表过长短总计约 10 篇文章，五六万字。这些研究基础勉强给了我接下这本书稿的写作任务的信心。毕竟，信心比黄金更宝贵。第三个原因是给我的硕士研究生们提供一个学位论文选题的示范。自 2012 年开始正式指导硕士研究生，迄今我名下已毕业 20 多位，其中汉语言文字学专业 11 人。在这 11 名汉语言文字学专业的硕士研究生中，有 6 人的学位论文被评为省级、校级优秀，7 人获得国家奖学金，1 人考取博士研究生（后由于家庭原因及身体原因放弃入学资格）。虽然看起来指导成绩尚可，但带研究生的过程真是一言难尽。其中最大的难题是学生没有问题意识，不会主动提出研究选题，都等米下锅。所以，这些硕士研究生的学位论文选题绝大多数是我基于自己有限的学术认知搜肠刮肚、绞尽脑汁想出来的，而且多数还是经过一再更改才最终定下来的。也就是说，我提供给研究生的选题数量是历届毕业研究生总人数的两倍甚至三倍以上。其中墓志碑刻研究方面的选题，我也在很多年前就想让学生做，跟他们介绍学界现有研究成果非常丰硕，并且还在不断产出新的研究成果，包括大量硕士、博士学位论文。但是学生还是不敢选这方面的题目去做学位论文。于是才有了我断断续续发表一些墓志碑刻校读研究的小文章，并最终接下这本书稿的写作任务，目的就是让我的研究生们近距离地体验这个领域的研究过程和研究范式。当然，我这个示范也许不算很成功。最后一个原因是与学界同仁保持学术交流的需要。如前所述，由于自己身体、性格的原因，我在学术界算是极不活跃的，与学界朋友的交流主要是靠"神交"——通过网络、电话交流，然后就是入行 20 多年来屈指可数的几次学术活动。我虽然自问对名利比较淡泊，基本可以做到"不汲汲于富贵，不戚戚于贫贱"，不至于"疾没世而名不称焉"，但"独学而无友，则孤陋而寡闻"，还是希望在专业领域拿出点东西来跟同行们交流。"嘤其鸣矣，求其友声""同声相应，同气相求"，这本小书也算是抛砖引玉吧。

　　行文至此，到了该说感谢的时候了。我的硕士生导师曾良老师，忠厚诚朴，与人为善，治学勤勉，孜孜不倦，平素若不善言谈，聊起学术来则神采飞扬，兴致勃勃，口若悬河，字字珠玑，恨不得倾囊相授，他是我走上学术道路的领路人。我的博士生导师叶宝奎老师，平易近人，兼容并包，精通音韵学，关心学生成长。我的妻子张荣荣博士，在繁重的教学、科研、行政工作之余，承担了大部分的家务和育儿事务，是我科研路上的坚实后盾。我的同事陈良武教授，淡泊名利，潜心治学，不厌其烦，多方联络，为本套丛书的顺利出版付出了艰辛的劳动，没有他的鼓励和督促，这本小书也不会顺利面世。本书的出版得到了闽南师范大学科研处、文学院领导的大力支持，得到闽南师范大学学术专著出版基金资助，在此谨向他们表示诚挚的谢意。也感谢社会科学文献出版社领导和编辑们的大力支持和辛勤工作。最后，要特别感谢几个全国性的学界同行 QQ 群，如古代汉语研究交流群、语言学学术与资料交流群、语言学资料 1 群、国学大师网交流 6 群，等等。来自全国各地五湖四海的语言学专业同行们，天天在网上云相见，聊学术，谈生活，极大地丰富了我在许多领域的认知，缓解了许多工作和生活上的压力和苦闷。尤其令人感动的是，在群里求助想要的电子书，基本上总能第一时间得到，而且群友们是争先恐后地应援。这些群友许多是从未谋面的学界同行，有资深学者，有中坚骨干，有崭露头角的青年才俊，也有刚刚入行的新生力量，但他们助人为乐的精神是一样的。

　　毋庸讳言，由于个人学术水平和时间精力的关系，书中必然存在不足之处，敬请学界同仁批评指正。

杨继光

2023 年 5 月 29 日于漳州

图书在版编目（CIP）数据

碑刻文献校读考辨 / 杨继光著 . --北京：社会科
学文献出版社，2025.4. --（出土文献与中国文学研究
丛书）. --ISBN 978-7-5228-4112-0

Ⅰ . K877.424

中国国家版本馆 CIP 数据核字第 2024ST1310 号

出土文献与中国文学研究丛书

碑刻文献校读考辨

著　　者 / 杨继光

出 版 人 / 冀祥德
责任编辑 / 胡百涛
责任印制 / 岳　阳

出　　版 / 社会科学文献出版社 · 人文分社 （010）59367215
　　　　　　地址：北京市北三环中路甲 29 号院华龙大厦　邮编：100029
　　　　　　网址：www.ssap.com.cn
发　　行 / 社会科学文献出版社 （010）59367028
印　　装 / 三河市东方印刷有限公司

规　　格 / 开　本：787mm × 1092mm　1/16
　　　　　　印　张：17　字　数：257 千字
版　　次 / 2025 年 4 月第 1 版　2025 年 4 月第 1 次印刷
书　　号 / ISBN 978-7-5228-4112-0
定　　价 / 128.00 元

读者服务电话：4008918866